东道国投资便利化水平对中国对外直接投资效率的影响研究

李丹 著

延边大学出版社

图书在版编目（CIP）数据

东道国投资便利化水平对中国对外直接投资效率的影响研究 / 李丹著. -- 延吉：延边大学出版社，2023.3
ISBN 978-7-230-04566-7

Ⅰ.①东… Ⅱ.①李… Ⅲ.①对外投资－直接投资－研究－中国 Ⅳ.①F832.6

中国国家版本馆CIP数据核字(2023)第042055号

东道国投资便利化水平对中国对外直接投资效率的影响研究

著　　者：李　丹
责任编辑：孟祥鹏
封面设计：文合文化
出版发行：延边大学出版社
社　　址：吉林省延吉市公园路977号　　邮　　编：133002
网　　址：http://www.ydcbs.com　　E-mail：ydcbs@ydcbs.com
电　　话：0433-2732435　　传　　真：0433-2732434
印　　刷：廊坊市广阳区九洲印刷厂
开　　本：787×1092　1/16
印　　张：13
字　　数：220 千字
版　　次：2023 年 3 月 第 1 版
印　　次：2023 年 3 月 第 1 次印刷
书　　号：ISBN 978-7-230-04566-7

定价：68.00元

前　言

近年来，中国的对外直接投资在"量"上持续增长。但受到国际政治、经济等因素的影响，中国的对外直接投资在"质"上仍然存在一系列问题，这在一定程度上阻碍和制约了中国的对外直接投资。因此，如何在扩大对外直接投资规模的基础上，提高对外直接投资效率，充分挖掘投资潜力，优化投资空间布局，实现对外直接投资的高质量发展是目前亟待解决的重要问题。

为了进一步夯实中国与投资东道国的投资基础，实现对外直接投资的高质量持续增长，本书从多维视角构建了东道国投资便利化评价指标体系，采用主成分分析法，以多元化角度客观评估东道国的投资环境，并将其纳入投资非效率模型中，采用随机前沿分析法，实证分析东道国的投资便利化水平对投资效率的影响，测算中国对东道国的投资效率及发展空间。此外，针对行业层面投资效率的研究空白，本书结合"中国全球投资跟踪报告"对中国在能源、运输以及房地产行业的直接投资效率进行了异质性实证分析与效率值测算；最后在实证分析的基础上，提出相应的对策建议，以实现中国对外直接投资的提质增效。这将有助于进一步优化投资布局，推动中国在全球范围内进行更深层次的多元化投资合作，实现互利共赢。

本书主要从以下七个部分展开具体研究：

第一部分为研究综述。当前全球政治经济格局深刻而复杂的变化以及中国对外直接投资的增长趋势为本书提供了重要的研究背景，在文献研究的基础上，笔者介绍了本书的主要内容与研究框架。第二部分为理论基础与作用机制。在梳理了对外直接投资理论演进过程的基础上，本书从理论机理上进行了模型推演，并基于契约质量、交易费用等理论，分析了东道国投资便利化水平影响直接投资效率的作用机制，为后文的实证分析提供理论依据。第三部分为中国对外直接投资的发展现状分析。在系统梳理中国对外直接投资整体发展现状的基础上，指出目前中国对外直接投资面临的主要障碍与挑战。第四部分为东道国投资便利化水平的测度与评价。为了客观、全面地评价东道国的投资便利化水平，本书基于东道国营商环境、金融及经济环境、劳动力供给环境、政策及法制环境、政治环境、基础设施环境等六个方面构建评价指标体系，并采用主成分分析法对东道国的投资便利化水平进行了测算与分析。研究表明，东道国总体投资环境处于"中等"水平且呈逐渐改善的趋势。第五部分为国家视角下东道国投资便利化水平对中国对外直接投资效率影响的实证研究。首先构建随机前沿引力模型，将测算出来的东道国的投资便利化水平得分作为投资非效率项引入模型，并基于全样本数据针对中国对外直接投资效率进行了实证研究；其次从收入水平维度进行了异质性实证检验；最后进一步测算分析了中国对各东道国的投资效率和投资潜力。研究表明，东道国的营商环境、政策及法制环境、基础设施环境与投资效率损失呈负相关；金融及经济环境、政治环境与投资效率损失呈正相关；劳动力供给环境对投资效率损失没有显著影响；中国对东道国的直接投资效率呈现出水平低、差异大的特征；中国对各区域的直接投资潜力均呈逐年上升的趋势。第六部分为行业视角下东道国投资便利化水平对中国对外直接投资效率影响的实证研究。本书选取能源行业、运输行业及房地产行业，采用随机前沿引力模型分析了不同行业中东道国的投资便利化水平与中国对外直接投资效率的关系，并进一步测算了行业投资效率，以期为中国的对外直接投资提供基于行业层面的决策参考。研究结果表明，东道国劳动力供给环境、政策及法制环境对于提升能源行业的投资效率有显著的影响，政策及法制环境的改善有助于提升运输行业的投资效率，而良好的政策及法制环境、基础设施环境能够提升房地产行业的投资效率。从效率值的对比看，中国在房地产行业的投资效率最高且波动幅度最大，在能源行业的投资效率居中，在运输行业的投资效率最低且波动幅度较小。第七部分为研究结论与对策建议。在系统归纳全书研究结论的基础上，从国家、产业及社会三个层面出发，本书提出了相应的对策建议，为实现中国对外直接投资的提质增效提供有益的决策参考。

笔者在撰写本书的过程中参考了大量的文献和资料，在此对相关文献、资料的作者表示由衷的感谢。此外，由于笔者时间和精力有限，书中难免会存在不足之处，敬请广大读者批评指正。

李丹

2022年11月

目　录

第1章　研究综述 ... 1
1.1　选题背景和意义 ... 1
1.2　文献综述 ... 4
1.3　研究内容 ... 15
1.4　研究方法 ... 17
1.5　创新点与不足 ... 17

第2章　理论基础与作用机制 ... 19
2.1　相关概念的界定 ... 19
2.2　对外直接投资理论 ... 21
2.3　基于投资便利化的对外直接投资效率的理论模型推演和作用机制 ... 30
2.4　本章小结 ... 36

第3章　中国对外直接投资发展现状分析 ... 37
3.1　中国对外直接投资发展概况 ... 37
3.2　中国对外直接投资的总体特征 ... 56
3.3　中国对外直接投资存在的问题 ... 57
3.4　本章小结 ... 60

第 4 章 东道国投资便利化水平的测度与评价 61

4.1 投资便利化评价指标体系的构建 61
4.2 东道国投资便利化评价指标权重的确定 69
4.3 东道国投资便利化水平的评价结果与分析 77
4.4 本章小结 90

第 5 章 东道国投资便利化水平对中国对外直接投资效率的影响：基于国家视角的实证 92

5.1 理论模型 92
5.2 模型设定与数据说明 96
5.3 实证检验与结果分析 100
5.4 异质性实证检验 112
5.5 投资效率分析 114
5.6 投资潜力分析 122
5.7 本章小结 130

第 6 章 东道国投资便利化水平对中国对外直接投资效率的影响：基于行业视角的实证 132

6.1 行业的选择 132
6.2 模型设定与数据说明 134
6.3 行业异质性实证检验与结果分析 135
6.4 分行业投资效率分析 153
6.5 本章小结 167

第 7 章　研究结论与对策建议 169

7.1　研究结论 169

7.2　对策建议 171

参考文献 179

第 1 章　研究综述

1.1　选题背景和意义

1.1.1　选题背景

近年来，扩大对外直接投资（Outward Foreign Direct Investment, OFDI）已成为世界各国开展对外经贸合作、推动经济增长的主要形式。2021 年 9 月 21 日，中国国家主席习近平在第七十六届联合国大会一般性辩论上提出全球发展倡议，推动发展问题回归国际核心议程，发出了实现共同发展繁荣的时代强音。全球发展倡议的提出，有助于中国与其他国家继续坚持共商共建共享的全球治理观，加强在贸易投资、基础设施、金融等领域的高质量合作，维护供应链、产业链稳定，形成合力，从而推动全球发展迈向平衡协调包容新阶段，携手开创普惠平衡、协调包容、合作共赢、共同繁荣的全球发展新时代。全球发展倡议的提出，有助于改善东道国的投资环境，提高投资便利化程度与互联互通水平，同时也有助于推动中国在投资规模等方面的发展。

近年来，虽然中国对外直接投资规模呈逐渐增长的趋势，但在投资质量方面却存在一些问题。从国际环境来看，受到国际政治、经济和保护主义等因素的影响，世界经济格局发生了深刻变化，特别是 2020 年新冠肺炎疫情的暴发，使得全球供需大幅度减少，国际金融市场动荡以及国际政治冲突加剧。同时由于投资国家数量众多、差异较大，多种因素交织在一起，使得投资的不确定性增强。从国内环境来看，中国正处于经济结构调整、产业转型升级、构建国内国际双循环新发展格局的关键时期，提升中国对外直接投资效率、优化中国在东道国的投资布局将极大地推动中国经济的高质量发展。因此，如何提高对外直接投资效率、充分挖掘投资潜力、优化投资空间布局、实现对外直接投资的高质量发展是目前亟待解决的重要问题。

1.1.2 研究意义

随着中国企业"走出去"步伐的加快，中国的对外直接投资为东道国的经济社会发展提供了巨大动力，同时也为中国开展全方位、宽领域、多层次的对外直接投资开辟了新的空间。由于东道国的投资便利化程度会对直接投资产生较大的影响，因此近年来世界各国都在积极提升本国的投资便利化水平，以吸引更多的外商投资。中国对外投资的东道国投资环境存在较大差异，而差异化的投资环境将会对中国向沿线国家的直接投资效率产生较大影响。因此，研究东道国投资便利化水平对中国对外直接投资效率的影响，对于提高中国对外直接投资的投资效率，实现投资的高质量可持续发展具有十分重要的意义。

1.1.2.1 理论意义

第一，本书基于 Helpman et al.（2004）、Yeaple（2008）的异质性企业理论，将东道国的投资便利化水平引入模型，进行模型推导与演绎；同时，在宏观层面分析影响对外直接投资效率的作用机制，以期为中国对外直接投资决策提供理论层面的支持。

第二，近年来，中国对外直接投资的国家数量较多，中国与这些国家在社会、经济、政治等方面存在较大差异，而东道国迥异的市场环境又会对投资效率产生一定的影响，因此有必要对东道国的投资便利化水平进行客观合理的评价。笔者选择合适的衡量指标，构建东道国投资便利化水平评价指标体系，系统客观地评价东道国的投资便利化程度，并进一步基于东道国的投资便利化视角分析测算中国对外直接投资效率、潜力等，既进一步丰富与完善了已有投资环境的相关理论研究，也为投资效率的研究提供了新的理论视角。

1.1.2.2 现实意义

第一,目前中国对外直接投资急需解决以下几个关键问题:东道国的投资便利化水平如何?不同投资便利化水平对投资效率有怎样的影响?中国的对外直接投资效率及投资潜力如何?中国在不同行业的投资效率如何?中国应如何优化对外直接投资布局?针对以上问题,笔者从构建东道国的投资便利化水平评价指标体系入手,从多指标维度量化分析东道国的投资便利化水平对中国投资效率的影响,从国家和行业两个层面实证分析并测算中国对外直接投资效率,并提出相应的建议,这对提升中国对外直接投资效率,推动中国与其他国家深层次、多元化投资合作,实现互利共赢具有重要的现实意义。

第二,中国对外直接投资已经在"量"上突飞猛进,如何提升中国对外直接投资的"质"是一个重要的现实问题。在新常态下,提升中国对外直接投资效率有助于促进中国经济增长。笔者从"质"的层面分析中国对外直接投资的效率,有助于中国对外直接投资高质量发展,有助于充分发挥全球发展倡议与"一带一路"倡议的引领效应、红利效应、包容效应和协同创新效应,进而带来区域乃至全球联动发展效应。

第三,本书基于东道国投资便利化述评视角,研究中国在不同行业的直接投资效率,旨在为中国企业进行对外直接投资的区位选择、防范投资风险等提供参考依据,有助于中国结合自身的产能优势,与东道国在不同行业间开展投资合作,促进资源优化配置及资本有序流动,进一步优化中国产业结构。

1.2 文献综述

1.2.1 对外直接投资动因的相关研究

近年来，国内外学者主要从市场寻求动因、资源寻求动因、技术寻求动因、制度动因四个方面研究了中国对外直接投资。高鹏飞（2019）认为，中国早期的对外直接投资以市场寻求动因和效率寻求动因为主；2001—2012 年，中国的对外直接投资以效率寻求动因与资源寻求动因为主；2013 年以后，中国对外直接投资由此进入"全投资动因"时代。余官胜（2014）认为，与发达国家企业相比，发展中国家企业对外直接投资的动机呈现多样化的特征。李童和皮建才（2019）立足技术、制度、资源寻求角度，对中国逆向与顺向对外直接投资进行了研究。

1.2.1.1 市场寻求动因

Ye（1992）通过发放问卷的方式研究了中国的对外直接投资，结果表明，中国的对外直接投资以市场寻求动因和技术寻求动因为主。Taylor（2002）、Deng（2002）认为，中国对外直接投资的动力主要来自企业扩大海外市场份额或开发新的海外市场。Bevan et al.（2004）认为，东道国的市场规模越大，越能够促进外国企业对其进行对外直接投资。Buckley et al.（2007）认为，中国对外直接投资的主要动因来自市场寻求动机，其中东道国国内通胀率、两国之间的贸易额显著促进了中国的对外直接投资。Cheng & Ma（2007）认为，中国倾向于投资东道国市场规模较大、资源禀赋较高、劳动力成本较低的国家。Zhang & Daly（2011）认为，东道国人均国内生产总值（Gross Domestic Product, GDP）、经济增长率的提高有助于增加中国对外直接投资。

国内学者在这方面也做了大量工作。王娟和方良静（2011）的研究表明，东道国的市场规模、资源禀赋和对外开放水平对中国的对外直接投资有显著的正向影响，这些因素对我国对外投资布局具有重要影响。杨嫒和邓涛涛（2017）的研究表明，2007 年之前，中国的对外直接投资主要集中于市场规模大，自然资源、技术等战略性资源充裕的东道国；2007年以后，战略性资源及制度、距离的影响作用越发明显，市场规模的影响减弱。倪沙等（2016）、周强（2017）的研究表明，中国对"一带一路"沿线国家的对外直接投资与中国及东道国的市场规模呈显著的正向关系。此外，也有部分研究得出了相反的结果。项本武（2009）的实证结果表明，东道国的市场规模与中国的对外直接投资呈现出显著的负向影响。

1.2.1.2 资源寻求动因

随着中国经济的飞速发展，中国对石油、矿产等资源的需求快速增加，为保证经济的持续稳定发展，中国的对外直接投资以资源寻求动因为主。Buckley et al.（2007）、Cheung & Qian（2009）、Kolstad & Wiig（2012）的研究结论基本一致，他们认为，许多中国企业，特别是资源密集型企业的对外直接投资多是资源寻求动因。董艳等（2011）、周升起等（2011）、宋勇超（2013）认为，资源禀赋高的国家是中国对外直接投资的重点市场。李磊和郑昭阳（2012）采用广义矩估计法（Generalized Method of Moments, GMM），对中国2003—2008年的对外直接投资数据进行了分析，分析表明，与石油资源相比，中国对矿产资源的寻求动机更大。蒋冠宏和蒋殿春（2012）的研究表明，中国对发展中国家的直接投资以市场寻求动因和资源寻求动因为主，而对发达国家的直接投资则以战略资产寻求动因为主。

此外，还有部分学者从国有企业的角度展开研究。Ramasamy et al.（2012）认为，国有企业倾向于对资源丰裕国家进行投资，而私营企业倾向于对市场规模较大的国家进行投资。邱立成和杨德彬（2015）的研究表明，国有企业更加青睐自然资源丰裕的发展中国家，民营企业则以市场寻求动因与战略资产寻求动因为主要动因。宋利芳和武睆（2018）的研究表明，中国国有企业具有自然资源偏好特征，但同时面对投资风险与自然资源两个因素时，往往会在两者之间权衡利弊。

1.2.1.3 技术寻求动因

随着先进科学技术、高效的管理经验对经济增长的拉动作用愈发明显，对外直接投资动因也逐渐向技术寻求型转变。Kogut & Chang（1991）针对 20 世纪六七十年代日本企业的投资行为进行了研究，发现当时的日本制造企业通过对外直接投资的方式获得美国先进的生产技术和管理经验，这属于典型的技术寻求型对外直接投资模式。在此之后，企业在获取先进技术的基础上进行自主创新，从而带来对外直接投资的逆向技术溢出效应，成为学术界的研究焦点。Mathews（2006）针对发展中国家对外直接投资的实际情况，提出了"LLL"理论框架，即发展中国家首先通过对外直接投资与发达国家建立联结（linkage），并将双方的这种关系作为杠杆（leverage），进而通过消化吸收的方式学习（learning）发达国家的先进技术。Luo & Tung（2007）认为，新兴经济体为了获取发达国家先进的生产技术以发展国内产业和经济，对外直接投资是最优的方式。杜群阳和朱勤（2004）提出了"MAL 三优势论"，"M"即国内市场优势，指企业拥有领先于国内市场其他企业的经营优势；"A"即技术吸收优势，指企业能够吸收、消化东道国的技术要素，具备良好的模仿学习、技术管理能力；"L"即技术要素区位优势，指东道国具备的在特定产业技术资源方面的区位优势。杜群阳和朱勤认为，当中国企业具备了国内市场优势和技术吸收优势后，如果能够在具备技术要素区位优势的国家进行对外直接投资，那么最合理的模式就是以技术寻求为动因，在获取发达国家先进技术的基础上进行自主创新，这将成为中国对外直接投资的主流。

大量实证研究表明，中国对发达国家的对外直接投资属于学习型的逆向投资，可以通过逆向技术溢出，提升自主创新能力，促进中国经济的高质量发展。Child & Rodrigues（2005）认为，许多中国企业进行对外直接投资，主要的目的是获得技术、品牌等战略性资产，进而提升国际竞争力。Chen & Jing（2012）认为，企业通过多种投资形式与海外企业、研发机构建立联系，实现研发成果向母公司的逆向流动，母公司则通过对逆向成果的吸收、消化和再创新，实现技术进步。Li & Cui（2018）从资源基础理论的视角提出，与获取劳动力和海外市场份额相比，中国跨国公司的对外直接投资倾向于获取战略性资源。

国内学者在这方面也展开了研究。郭飞和黄雅金（2012）、蒋冠宏等（2013）、林进智和郑伟民（2013）普遍认为，对外直接投资促进了中国企业的技术创新。祁春凌等（2013）的研究表明，中国对技术水平较高的发达国家的对外直接投资以技术寻求型为主，这种方式的对外直接投资是中国规避发达国家技术转让限制、高技术产品出口限制的重要途径。司月芳等（2016）对华为公司的研发国际化方式进行了研究，结果表明华为公司通过多种形式的跨境合作主动获取了领先的技术及研发资源，并通过海外卓越中心流向国内母公司，从而成为全球领先企业。柳香如和邬丽萍（2020）采用面板平滑转换模型实证研究表明，中国对外直接投资逆向技术溢出的产业升级效应存在显著的非线性。陈浦秋杭等（2020）认为，对外直接投资能够显著促进全要素生产率，经济发展水平较高的地区的逆向技术溢出效应较大。韩先锋等（2020）的研究结果表明，对外直接投资对绿色创新效率具有显著正向影响，同时与西部地区相比，中国东中部地区逆向绿色创新溢出更高。

1.2.1.4 制度动因

除了上述动因，近年来很多学者开始从制度层面分析对外直接投资。制度因素尤其是东道国的制度因素，成为影响中国对外直接投资的另一重要动因，这些制度因素在很大程度上决定了东道国的投资环境，并影响了中国对外直接投资的流向。Habib & Zurawicki（2002）通过对比发达国家与发展中国家的制度差异，指出一国的对外直接投资不仅受到东道国和母国制度的影响，还受到两国制度差异的影响。Peng et al.（2008）、Kesternich & Schnitzer（2010）认为，东道国复杂的制度因素意味着对外直接投资企业在东道国投资需要面临巨大的风险和成本。Alessia et al.（2013）认为，制造类企业倾向于投资市场规模较大的国家，而资源类企业则比较关注东道国的政治制度。

目前，关于东道国制度环境对中国对外直接投资影响的研究主要有两种观点。杨博飞等（2021）认为，这两种观点一种是制度动因的风险规避，另一种是制度风险偏好。根据制度动因的风险规避这一观点可知，中国企业进行对外直接投资倾向于选择政治稳定、基础设施完善、市场监管到位、法律法规健全等制度环境良好的东道国，从而规避不良制度环境所带来的投资风险。

  蒋冠宏和蒋殿春（2012a）的研究表明，东道国的制度对中国的对外直接投资存在着显著影响。陈岩等（2012）的研究指出，非洲国家的不同制度因素显著影响中国对非洲的对外直接投资。冀相豹（2014）认为，中国的对外直接投资具有显著的制度依赖性，中国对发达国家直接投资，倾向于制度环境良好的国家，而对发展中国家则正好相反。邱立成等（2015）认为，政治环境是否稳定是影响中国企业投资的主要因素，中国民营企业有很强的风险规避特征。刘敏等（2016）的研究表明，中国偏好制度环境优于中国的国家，具有风险规避的特征。姜慧（2017）考察了东道国的腐败控制力度对中国基础设施投资的影响，认为当东道国的腐败控制力度较大时，会促使中国对其进行基础设施投资。庄序莹等（2020）对东道国的税收制度与中国对外直接投资的关系进行了研究，研究表明，中国的企业更愿意投资税负低、税收效率高且与中国签订税收协定的国家。海力皮提木·艾比卜拉等（2021）基于"东道国引资偏好"角度，分析了企业进入海外市场的方式，认为当东道国能够提供较大的政策支持时，企业会通过绿地新建投资的方式进入海外市场。刘文勇（2020）认为，东道国政治经济环境的不确定性是对外直接投资中越来越重要的影响因素。

  同时，还有一些学者认为中国的对外直接投资表现出"制度风险偏好"的特征。Buckley et al.（2007）的研究表明，中国企业的对外直接投资具有制度风险偏好的特征，较高的政治风险以及相近的文化，都能够促进中国的对外直接投资。Kolstad & Wiig（2012）研究发现，中国企业倾向于投资制度风险较高的东道国。邱立成和杨德彬（2015）认为，与民营企业不同，中国的国有企业更愿意投资政治风险较高的国家。

1.2.2 中国对外直接投资的相关研究

1.2.2.1 中国对外直接投资影响因素的相关研究

  不少学者从投资动因的角度进行了研究。贾庆国（2015）指出，"一带一路"倡议对外输出资金、技术和管理经验，并不是单一动因的投资。史正富（2015）对比分析了基于市场机会和基于国家战略导向的两种投资机会，研究表明这两种投资动因的实现机制方法存在着显著差异。孟庆强（2016）认为，中国对沿线国家的直接投资动因以市场寻求型、效率寻求型以及自然资源寻求型为主，此外沿线国家的基础设施建设和较高的关税水平也是中国利用直接投资的方式进入东道国市场的重要原因。刘来会（2017）采用 Heckman 两阶段模型分析了中国对沿线国家直接投资的动因，并认为中国对沿线国家的直接投资动因以市场寻求型和资源寻求型为主，从细分市场来看，对高收入沿线国家以市场寻求动因为主，而对中低收入沿线国家则是以资源寻求型为主。黄宪和张羽（2018）认为，国内消费结构的变化和产业转型升级是推动中国对外直接投资结构变化的重要因素。王昱（2018）利用极值边界分析模型研究了中国对沿线 30 个国家的投资动因，结果表明，中国对沿线国家的直接的"稳健性"动因来自市场寻求与资源寻求的目的。钟汝谦（2019）采用差分 GMM 法，分析了中国对沿线 60 个国家直接投资的动因，得出中国对沿线国家的直接投资动因主要来自市场寻求、效率寻求与资源寻求。成雪婷（2020）认为，中国在"一带"国家的投资动因与"一路"国家的投资动因有明显差异，对于市场和效率寻求型对外直接投资，中国会选择法律环境、市场监管质量较好的沿线国家，而对于资源寻求型对外直接投资，中国往往会选择政治环境较差的国家。

有些学者从其他影响因素角度进行了研究。翟卉和徐永辉（2016）研究发现，中国对外直接投资呈现区域差异，平均工资水平等劳动力成本因素对东南亚、南亚、欧洲等地区的影响较大，而自然资源禀赋则对中亚、西亚地区的影响较大。陈晖（2017）的研究结果显示，中国的对外直接投资主要受东道国政治风险、法治水平和经济环境这三个制度指标的影响。彭继增等（2017）的研究结果与以往的研究结果有所不同，这一结果显示，东道国的市场规模与中国的对外直接投资呈现出显著负相关关系，而东道国的科技水平、基础设施水平、税收水平对中国的对外直接投资有正向影响。刘欣（2017）的研究结果显示，中国对沿线国家的直接投资倾向于政府债务负担小、国家法制不严格的东道国。翟卉（2017）的研究结果表明，出口水平、基础设施条件、技术水平对中东欧地区影响显著，自然资源禀赋对中亚、西亚和中东地区影响较为显著，市场规模、出口水平对南亚地区影响较大，而东道国市场规模、劳动力成本、基础设施、出口水平等因素对东南亚地区影响较为显著。王梦娇（2017）、王颖等（2018）、熊彬等（2018）也得出了相似结论。

在所采用的研究方法方面，王培志等（2018）运用双重差分法，对比分析了中国对46个沿线国家与103个非沿线国家的对外直接投资。张晴等（2018）则基于双边金融发展、双边贸易、自然资源、技术水平等方面，利用系统广义矩阵法进行了实证分析。刘惠敏（2019）采用扩展的引力模型、系统GMM估计法得出，中国与东道国的地理距离、文化距离对中国的直接投资呈现负向影响，东道国的制度环境则呈现正向影响。焦文仪（2020）则利用扩展的引力模型，运用固定效应分析以及GMM模型方法进行了实证检验。

此外，还有部分学者从东道国的营商环境、政治稳定性、文化差异等多个角度进行了研究。周乾（2019）指出，不同的投资动机下营商环境的影响存在一定差异，对于市场寻求型和技术寻求型对外直接投资而言，东道国优越的营商环境能够促使中国对其进行直接投资，但对于资源寻求型对外直接投资则倾向于营商环境水平较低的国家。王霞、程磊等（2020）认为，中国与沿线东道国家之间的文化差异对直接投资具有负向影响，但东道国制度质量的提升可以在短期内弥补文化差异的影响。陈升和过勇（2021）指出，总体来说东道国营商环境能够促进中国的对外直接投资，但在经济发展水平不同的国家之间的影响又有所差异，沿线发展中国家的良好的营商环境对中国对外直接投资更具吸引力。尚涛和赵玉锦（2021）指出，东道国微观与宏观的营商环境均对中国向沿线地区进行对外直接投资具有重要影响。孙泽生等（2021）的研究结果显示，美国的域外竞争对中国向沿线国家进行直接投资产生了阻碍和激励的复合效果，具有多重溢出效应。

1.2.2.2 中国对外直接投资区域和产业选择的相关研究

郑蕾和刘志高（2015）指出，中国应在考虑东道国的文化习俗的基础上，进行合理的空间分布和产业选择。周五七（2015）认为，周边国家是中国投资的首选，但同时中东欧也是中国扩大投资的一个重点区域。钟飞腾（2015）认为，中国应探索出具有中国特色的产业转移机制。廖萌（2015）、王继源等（2016）普遍认为，中国应加强与沿线国家在基础设施领域的互联互通，促进区域经济发展，提高竞争力。孟祺（2016）认为，要实现中国在全球价值链的升级应构建新型的全球价值链，扩大制造业产能合作。李坤（2016）提出了针对处于"核心区""扩展区""辐射区"的沿线各国的直接投资产业选择建议。周国兰等（2017）认为，中国与沿线国家存在产业互补，因此中国应提高与东道国的产业关联程度，加快国内过剩产能向沿线国家的转移，同时增强高技术产业出口竞争优势。詹琳等（2020）将中国农业企业的直接投资的动机与区位选择相结合，针对每一种动机提出了农业企业的区位选择策略。佘梦莹和刘宏伟（2020）针对中国高铁产业对外直接投资进行了研究，并认为蒙古国、新加坡、越南和柬埔寨是中国高铁产业直接投资的理想东道国。

1.2.3 对外直接投资效率的相关研究

1.2.3.1 对外直接投资效率的理论研究

随着中国对外直接投资规模的扩大，学术界的关注焦点开始从对外直接投资的数量方面转变为质量方面，研究如何提高中国对外直接投资的效率是极其重要的。2002年，外经贸部（现为商务部）发布了《境外投资综合绩效评价办法（试行）》，从微观层面评估中国企业的对外投资绩效。而联合国贸易和发展会议（United Nations Conference on Trade and Development, UNCTAD）提出对外直接投资绩效指数，该指数指一国对外投资流量占世界对外投资流量的份额与该国国内生产总值占世界生产总值的份额的比率。

基于此，学者们开始关注对外直接投资效率的研究，但在早期基本处于定性研究阶段。程学童（2001）分析了浙江省对外直接投资的绩效和潜力。朱磊（2005）分析了台商对外直接投资的微观效率和宏观效率。王书杰（2016）从宏观和微观两个层面分析了造成海外直接投资绩效不理想的主要原因。赵春艳和程璐（2017）基于理论与案例分析法，以NEC和SK海力士两家半导体公司为例，对其直接投资效率进行了对比分析。

1.2.3.2 对外直接投资效率的实证研究

（1）关于实证研究方法的选择

近年来，更多的学者采用不同的实证方法来分析对外直接投资效率及潜力，主要包括固定效应模型分析、数据包络分析（Data Envelopment Analysis, DEA）和随机前沿引力模型分析。

张娟等（2016）利用固定效应模型分析了中国在1999—2013年对中东欧国家交通基础设施的投资效率。祖煜和李宗明（2018）利用固定效应模型，研究了东道国的治理水平与中国对外直接投资效率的关系。朱顺和和孙穗（2019）利用固定效应模型，选取2003—2017年数据，分析了中国对东盟国家直接投资效率以及中国的直接投资对东盟各国经济增长的影响。

金波（2011）使用DEA方法，运用CCR模型与BCC模型，研究了中国对非洲投资的技术效率、纯技术效率与规模效率。田泽等（2016）利用超效率DEA方法，研究了中国对非洲直接投资的效率。薛昌骋和廖青虎（2017）运用改进的DEA交叉模型与聚类分析的方法，分析了天津2015年对63个国家直接投资的效率。倪鲲、王雷（2021），张晨阳和雷良海（2018）基于DEA-Malmquist指数法测算了中国对沿线国家的直接投资效率。田泽等（2021）利用动态DEA模型对投资效率进行了测算，并认为中国对亚非欧国家的直接投资效率普遍不高且呈现出较为明显的国别差异。胡玫和郑伟（2021）通过DEA-Malmquist指数模型分析了中国对东盟十国的直接投资效率。

近年来，学者们将随机前沿引力模型引入投资效率的分析中，使得直接投资效率的实证分析有了较大突破。Stack et al.（2015）、李计广等（2016）、胡浩等（2017）、李金叶（2018）、熊彬和范亚亚（2019）采用随机前沿引力模型，主要研究了中国对沿线国家的直接投资效率，并进一步分析了造成效率损失的主要因素。此外，乔晶和胡兵（2014）运用双边随机前沿模型，崔娜等（2017）运用异质性随机前沿模型，研究了中国对外直接投资效率问题。

（2）关于研究对象及效率损失影响因素的相关研究

目前，在采用随机前沿引力模型进行投资效率实证研究的文献中，学者们选择不同的研究对象，基于不同的研究视角，分析造成效率损失的主要影响因素。目前研究对象主要集中于"一带一路"、东盟等区域，也有少部分文献对中东欧国家、非洲国家、中亚国家、西亚国家等进行了研究。而效率损失的影响因素主要是基于东道国的制度层面，也有少部分文献从东道国金融环境等角度进行了研究。

首先，刘孟旎等（2017）将世界银行发布的全球治理指数的6个指标引入投资效率损失模型进行实证分析，并认为中国对外直接投资效率呈上升趋势且存在国别差异。程中海和南楠（2017）的研究表明，中国对沿线国家直接投资效率普遍较低，投资自由度、法律规范和民主程度是影响投资效率的主要因素。季凯文和周吉（2018）的研究表明，东道国的经济自由度、政治稳定与政府效率、法律和腐败监管程度、劳动力丰裕程度是影响投资效率的主要因素。

胡冰和王晓芳（2019）从东道国金融生态角度进行研究，认为东道国的金融环境与对外直接投资效率呈正相关关系，而东道国的经济、政治及信用环境则与对外直接投资效率呈负相关关系。孙江明等（2019）立足东道国的多维制度视角进行分析，认为东道国法律、监管质量和货币自由度是影响投资效率提升的主要因素。高越和张孜豪（2020）研究发现，东道国的政治制度质量、经济制度质量以及双边投资协定对中国对外直接投资效率的提升有较大影响。张友棠和杨柳（2020）基于东道国的金融环境视角进行了研究，认为中国对沿线国家的直接投资效率与东道国的金融深度、金融效率、金融稳定性、银行系统规模和金融诚信文化呈正相关关系。董有德和夏文豪（2021）则是基于投资便利化角度测度了中国对沿线国家的投资效率。

其次，针对中国对东盟国家直接投资效率的研究。屠年松和王浩（2019）基于东道国经济自由度视角研究了中国对东盟各国直接投资效率。付韶军和王茜（2019）从东道国的政府治理角度进行了研究，认为东盟各国的法律制度、政府效率的改善能够降低投资效率的损失。郭秦雯（2020）认为，东盟各国的监管质量、法律法规是影响投资效率提升的因素。崔日明和李丹（2021）的研究结果表明，中国对东盟直接投资的效率主要受政府稳定程度、腐败控制力度以及政府支出度的影响。何欢和冯春风（2021）认为，东盟国家的金融自由度和货币自由度较高是造成投资效率损失的主要因素。

此外，还有部分学者以中东欧、非洲等国家为研究对象进行了相关研究。范兆斌和潘琳（2016）针对跨太平洋伙伴关系协定（Trans-Pacific Partnership Agreement, TPP）成员国，罗瑾和刘文翠（2017）针对中亚五国，肖勇（2018）针对二十国集团（Group of 20, G20）成员，何文彬（2019）针对"中国—中亚—西亚经济走廊"沿廊地区，韩萌（2019）针对中东欧国家，周经和黄凯（2020）针对非洲国家，崔日明和李丹（2021）针对区域全面经济伙伴关系协定（Regional Comprehensive Economic Partnership, RCEP）成员国，对中国的对外直接投资效率以及引起投资效率损失的主要因素进行了实证研究。

（3）关于行业投资效率的相关研究

目前，关于中国对东道国某一具体行业投资效率的研究较少，且基本集中于交通基础设施领域。张娟等（2016）、蒋岱位（2018）、顾艺玮（2018）、罗玮燃（2018）、张晨阳和雷良海（2018）、王也（2020）都是基于 DEA 方法，围绕中国对沿线国家交通基础设施投资效率进行了测算，但无法衡量造成投资效率损失的具体影响因素，也没有与其他行业进行对比分析。

1.2.4　文献述评

综上可知，国内外学者对中国的对外直接投资相关问题做了大量的研究，取得了丰硕的成果，为笔者的研究提供了大量可借鉴的地方，但依然存在可以进一步研究和拓展的地方。

第一，目前关于直接投资效率的研究主要采用三种方法，与 DEA 方法和固定效应模型相比，随机前沿分析法包含了参数与非参数法，既能完成对直接投资效率的测算，又能基于投资非效率模型深入探究影响投资效率损失的主要因素，更能有效地估计每个样本的时变效率，由此测算出来的结果受偶然因素引起的随机误差影响较小，可以更准确、可靠地估计投资效率。因此，笔者在借鉴国内外学者前期研究的基础上，选择了随机前沿引力模型进行实证研究。

第二，通过梳理已有文献可知，目前关于投资效率损失的影响因素主要有东道国的法律制度、经济自由度、金融环境等。众所周知，中国对外直接投资的东道国众多，其投资便利化水平存在较大差异，特别是在当前复杂严峻的国际政治经济形势下，东道国的投资便利化程度对保持中国对外直接投资的持续性和稳定性至关重要。因此，笔者将从多维视角构建相对完整的东道国投资便利化水平评价指标体系，以多元角度科学评估东道国的投资便利化程度，计算各东道国的投资便利化得分，并将其纳入投资非效率模型中，探讨东道国的投资环境对投资效率损失的影响，从而使研究结果更具现实意义。

第三，目前的相关研究基本都是基于国别层面，针对某一具体行业投资效率的研究，只有采用 DEA 方法针对交通基础设施行业的少数文献，存在着一定的研究空白。进一步丰富中国基于行业层面的对外直接投资效率的研究成果，将有助于推动中国对外直接投资的高质量发展。基于此，笔者采用随机前沿引力模型，针对中国对外直接投资的重点行业进行投资效率分析，力求为中国进一步优化行业投资布局提供一定的理论支撑。

第四，现有文献大多是针对全样本进行分析的，但由于东道国众多且在地理区域、市场规模、经济发展水平等方面存在较大差异，因此可能导致中国的对外直接投资效率有较大差别。同时，这些差异也会对行业的投资效率产生影响。因此，有必要对东道国的投资效率及行业的投资效率进行异质性实证检验及对比分析，从而推动中国与东道国进行更深层次的多元化投资合作。

1.3 研究内容

本书基于"理论梳理—现状分析—实证分析—对策研究"的思路开展研究。全文共分为 7 章，各章节具体内容如下：

第 1 章为研究综述。当前全球政治经济格局深刻而复杂的变化以及中国对外直接投资的增长趋势为本书提供了研究背景，在文献研究的基础上，笔者介绍了本书的主要内容、研究框架、创新点与不足等内容。

第 2 章为理论基础与作用机制。在梳理了对外直接投资理论演进过程的基础上，本书从理论机理上进行了模型推演，并基于契约质量、交易费用等理论，分析了东道国投资便利化水平影响投资效率的作用机制，为后文的实证分析提供理论依据。

第 3 章为中国对外直接投资的发展现状分析。首先系统梳理了中国对外直接投资整体发展状况，从不同角度对其现状进行了分析；其次，结合上述分析，指出了中国对外直接投资中存在的主要问题。

第 4 章为东道国投资便利化水平的测度与评价。首先为了客观、全面地评价东道国的投资环境，从营商环境、金融及经济环境、劳动力供给环境、政策及法制环境、政治环境、基础设施环境等六个方面构建了评价指标体系；其次采用主成分分析法对沿线 58 个国家的投资便利化水平进行了测算；最后从 6 个一级指标角度，对东道国投资便利化评价结果进行了具体分析。

第 5 章为国家视角下东道国投资便利化水平对中国对外直接投资效率影响的实证分析。首先，将测算出来的东道国的投资便利化指数作为投资非效率项引入随机前沿引力模型，分析造成中国对外直接投资效率损失的主要因素；其次，从地理区域、收入水平的角度进行了投资效率损失的异质性实证检验；最后，基于实证结果，分别从全样本和分样本角度，测算并分析了中国的投资效率及潜力。

第 6 章为行业视角下东道国投资便利化水平对中国对外直接投资效率影响的实证分析。本章选取能源行业、运输行业及房地产行业，研究在不同行业中东道国的投资环境与中国对外直接投资效率的关系，并进一步测算了中国对东道国的行业投资效率，以期为中国的对外直接投资提供基于行业层面的决策参考。

第 7 章为研究结论与对策建议。为有效规避投资风险，进一步提升中国对东道国的投资效率，本章基于前文的研究结论，从国家、产业、社会三个层面提出了相应的对策建议。

1.4 研究方法

第一，定性分析与定量分析相结合。本书在定性分析中国对外直接投资现状的基础上，构建了东道国投资便利化水平评价指标体系，采用主成分分析法对东道国的投资便利化水平进行了测算与分析，使得分析结果更加客观、严谨、准确。

第二，理论分析与实证分析相结合。本书借鉴 Helpman et al.（2004）、Yeaple（2008）的分析框架，构建企业对外直接投资的异质性模型，将东道国的投资便利化指标纳入模型，从理论机理上进行了模型的推导与演绎，为后续研究提供理论层面的支持。同时，笔者基于随机前沿引力模型，利用 Stata16，根据 Battese & Coelli（1995）提出的一步法，分别从国别和行业异质性两个角度，对中国对外直接投资效率进行了实证分析。

第三，归纳分析与比较分析相结合。笔者在对现有文献、理论进行归纳总结的基础上，在多处使用比较分析法进行研究：首先，将东道国进行区域划分，并对测算的区域投资环境进行了比较分析；其次，将东道国按照高收入、中高收入与中低收入国家进行了随机前沿引力模型的异质性检验，并针对不同分组下样本国家的投资效率及投资潜力进行了比较分析；最后，针对中国对外直接投资效率进行了行业的比较分析。

1.5 创新点与不足

1.5.1 创新点

第一，构建东道国投资便利化评价指标体系，相对完整、全面地反映东道国投资便利化的整体情况，并在此基础上，将东道国的投资便利化得分作为投资非效率模型的解释变量加入模型分析，更加细致、全面地分析政治环境、营商环境、金融及经济环境、劳动力供给环境、政策及法制环境、基础设施环境等对投资效率的影响，对现有研究中影响因素相对单一的问题进行了有益补充，进而科学量化中国对外直接投资效率。

第二，在目前关于投资效率的研究中，针对具体行业的投资效率还存在着一定的研究空白。因此，笔者基于随机前沿引力模型，结合《中国全球投资跟踪》统计报告对中国在能源、运输以及房地产行业的直接投资效率进行了异质性实证分析与效率值测算，研究在不同行业中东道国的投资便利化水平与中国对外直接投资效率的关系，以期为中国的对外直接投资提供基于行业层面的决策参考。

第三，目前关于投资效率及投资潜力的研究中，基本都是对总体样本的实证分析。笔者将东道国分为高收入、中高等收入以及中低等收入国家，进行异质性实证检验与对比分析，并最终根据总样本和分样本的研究结论提出相应的建议，使研究内容更加全面、系统。

1.5.2　不足

第一，受限于数据的可得性，笔者只选取了 58 个国家作为研究对象，这样可能对东道国投资便利化水平的测算以及投资效率的实证分析结果产生一定影响。在后续的研究中，可以基于不同的分析指标，尽量选取更多的国家进行分析，以提升实证结果的可靠性。

第二，由于目前只能通过《中国全球投资跟踪》统计报告搜集到 2005 年以来中国企业对外投资额超过 1 亿美元的投资信息，因此笔者基于行业视角的分析没有包含投资额低于 1 亿美元的直接投资。此外，近年来，中国的能源投资倾向于新能源方向，但目前关于新能源的投资数据只更新到 2015 年，因此笔者在对能源行业的分析中没有加入东道国的新能源禀赋变量，这也是后续研究尚待完善之处。

第 2 章 理论基础与作用机制

2.1 相关概念的界定

2.1.1 对外直接投资效率

经济学对效率的研究由来已久，最初主要集中在生产效率领域，即在给定投入和技术的状态下，实际产出与理论上所能获得的最优产出之比，后来这一概念被逐步引入直接投资领域。

关于对外直接投资效率的定义，学术界尚未形成统一的观点。目前，对于对外直接投资效率的解释，主要集中于以下三个方面：

第一种是基于衡量投资绩效的角度，考察一国对外直接投资是否能够显著促进本国和东道国的经济发展，是否显著促进了东道国的就业水平和技术进步。

第二种是基于对外直接投资质量的角度，考察一国对东道国的实际对外直接投资水平占理论最优投资水平的比重。实际对外直接投资额与实际水平越接近，说明投资效率损失越小，投资效率越高。

第三种是基于企业资源配置视角，考察企业的投资行为所取得的经济收益与所消耗的资源之间的比率。

笔者所研究的对外直接投资效率属于第二种，即在东道国差异化的投资环境下，实际对外直接投资额在最优对外直接投资额中所占的比重。这里的最优对外直接投资额指的是对外直接投资的前沿水平。

2.1.2 投资便利化

投资便利化指的是政府实施相应政策吸引外国投资并实现投资周期内管理效率与经济效益最大化,也指国际直接投资活动中能够为投资者及企业提供的便捷化程序和优质的投资环境。投资环境指投资者所面对的主客观环境。自"投资环境"一词被提出后,国内外学者从不同角度对投资环境进行了界定。有学者认为,投资环境是与投资收益和风险有关的政策、制度和行为环境。另有学者认为,投资环境主要分为三种:一是国家层面的宏观经济环境,二是政府治理及法律等制度环境,三是电力、通信、运输等基础设施环境。还有学者认为,投资环境是受到政治、经济等各种因素影响而形成的复杂系统,是在一定时间及特定区域内,影响投资绩效的主客观环境的总和。

因此,在对外投资过程中,企业需要嵌入特定国家的投资环境进行投资决策,因而东道国投资便利化水平直接决定了跨国投资的成本与绩效。投资便利化既包括规则的简化、法律的协调与政策的透明,又涵盖了人力资本积累、金融服务咨询与基础设施建设。蒋冠宏和蒋殿春(2012a)、Kolstad & Wiig(2012)、协天紫光和樊秀峰(2019)认为,中国的对外直接投资不仅取决于东道国的自然环境因素,还取决于东道国的法律等制度因素,以及东道国的基础设施、金融服务等非制度层面投资环境的建设。而笔者所采用的随机前沿模型的一个重要应用就是将不可观测的效率因素从随机扰动项中分解出来,将自然因素之外的其他人为影响因素纳入非效率项中去考察。非效率项中考虑的影响因素越合理,得到的结果越接近实际。因此,笔者所研究的投资便利化是指除了东道国自然因素,可以全面反映东道国与投资有关的政治、社会、经济等环境因素的总和,是包括制度及非制度层面投资环境的综合体系。

2.2 对外直接投资理论

2.2.1 发达国家对外直接投资理论

2.2.1.1 垄断优势理论

1960年，美国学者斯蒂芬·赫伯特·海默（Stephen Herbert Hymer）提出了垄断优势理论。当时发达国家的跨国公司开始进行对外直接投资，不断开拓海外市场，并取得了较大的经济效益。该理论可用来解释当时美国跨国公司对外直接投资的动力问题，是国际直接投资理论的开山之作。垄断优势理论突破了新古典分析框架，认为跨国公司为了抵消在对外直接投资中出现的制度、文化等方面的不确定性风险，必须在资金、技术、管理及营销经验等方面具有垄断优势，这样才能够实现对外直接投资的高利润和高投资回报的目的。

该理论中的垄断优势主要包括四种：一是技术方面的垄断优势。这种垄断优势是跨国公司限制竞争、垄断海外市场的先决条件，拥有技术优势的跨国公司往往可以生产出具有差异性的产品，从而在产品价格、营销渠道等方面具有一定的垄断能力。二是资本要素的垄断优势。一般来说，跨国公司的资金较为雄厚，信用较好，往往具有一定的垄断能力。三是经营管理方面的垄断优势。跨国公司往往比东道国企业拥有更高效的企业组织运行系统，在商业信息获取、管理运营和营销模式等方面具有显著优势。四是经济规模方面的垄断优势。这往往能够使跨国公司在东道国获得较大的市场份额，从而获得比国内投资更高的利润。

垄断优势理论出现后，对外直接投资理论得到了更多学者的关注，并取得了丰富的成果。

2.2.1.2 产品生命周期理论

产品生命周期理论是美国经济学家雷蒙德·弗农（Raymond Vernon）于1966年提

出的,该理论从动态的角度将产品生命周期纳入对外直接投资的研究范畴。弗农认为,许多产品的生产经营都具有周期性变动的特征,但并不是每个阶段都适合进行海外投资。弗农将产品的生命周期分为研发创新阶段、成熟阶段和标准化阶段。

在研发创新阶段,产品刚刚进入国内市场,处于打开国内市场阶段,基本没有或仅有少数几个竞争对手,具有垄断优势,但也存在不完善之处。因此,产品在研发创新阶段适合在国内投资生产,投放国外市场生产会有较大的不确定性风险。在成熟阶段,产品已较为完善,该产品的国内消费已经较为普遍,产品在国内的垄断优势逐渐削弱,但此时该产品在发展中国家或技术水平较低的国家可能刚刚进入研发创新阶段。因此,在该阶段发达国家的跨国公司会将该产品的生产经营转移到发展中国家或技术水平较低的国家,在这些东道国发挥产品的垄断优势,从而获得高额利润。在标准化阶段,企业较为注重生产成本的降低,因此跨国公司会将产品的生产转移到劳动力成本低的国家。

产品生命周期理论为发达国家跨国公司对外直接投资的阶段选择提供了参考,同时也进一步解释了跨国公司进行对外直接投资的动机。但该理论是从美国制造业产品的生命周期阶段进行的研究,对一些没有明显生命周期特征的产品以及部分发展中国家的投资动机无法进行很好的解释。

2.2.1.3 内部化理论

内部化理论是英国学者彼得·巴克利(Peter J. Buckley)和马克·卡森(Mark Casson)在1976年提出的,该理论的主要思想来自罗纳德·哈里·科斯(Ronald Harry Coase)的交易成本理论。内部化理论通过比较国际贸易与境外投资生产两种方式的交易成本来判断企业是否应该通过内部化的方式进行境外投资与生产,企业进行内部化的条件是内部化的边际收益大于边际成本。内部化理论突破了以往对外直接投资理论的区域界线,不以某一单个国家为研究对象,而是以多国为研究对象。

根据内部化理论可知,市场失灵不但不能使企业获益,反而会使企业增加成本。在这种情况下,为了实现利润最大化,避免效率损失,企业应将生产过程中的外部风险通过供需配置内部化,从而有效降低交易成本,确保投资收益。此外,对于跨国公司而言,技术、专利等具有明显垄断特征又属于企业核心知识产权中间品的内部化尤为重要,既有利于知识产权的保护,又能进一步巩固自己的垄断地位。

同时,在跨国公司实施内部化的过程中,还需要综合考虑多种因素,如规模经济、产品生产结构、劳动力素质、管理者能力,以及东道国的宗教信仰、文化习俗、政治环境、营商环境、法律环境等。内部化理论与前两种理论相比,具有更广泛的适用性和应用性,也是对外直接投资领域的重要理论。

2.2.1.4 国际生产折中理论

1977年,英国学者约翰·哈里·邓宁(John Harry Dunning)基于东道国不完全竞争市场的假设,提出了国际生产折中理论。该理论的分析框架是将国际贸易与国际投资结合起来综合分析。1981年,邓宁又对该理论进行了进一步的阐述与论证,提出了跨国公司基于自身优势的对外直接投资方案选择模型。

该理论将跨国公司的优势分为三种:所有权优势、内部化优势和区位优势。其中,所有权优势主要包括跨国公司对产品、技术或生产要素等方面所拥有的垄断性所有权,以及跨国公司的规模经济优势,是垄断优势理论的具体体现;内部化优势即在外部交易成本较高的情况下,跨国公司通过组建内部交易网,将外部市场内部化从而获得的优势,是内部化理论的核心思想;区位优势即相对于其他国家的跨国公司而言,本国的跨国公司与东道国在地理位置、宗教文化、供需对接等方面具有的优势,同时还包括东道国在自然资源禀赋、政治环境、法律法规政策等方面的优势,是跨国公司进行投资区位选择的重要依据。

由于市场的不完全竞争性,与东道国企业相比,跨国公司要在东道国市场占有一席之地,往往要付出更多的成本。但多数跨国公司只是利用其所具备的一种或几种优势,在东道国市场进行对外投资。因此,跨国公司应综合考虑折中各种优势,选择最优的对外投资策略。基于此,邓宁在1981年提出了对外直接投资方案选择模型,如表2-1所示。

表 2-1　跨国公司优势与投资决策选择

投资决策	所有权优势	内部化优势	区位优势
对外直接投资	有	有	有
出口	有	有	无
技术转让	有	无	无

该理论对直接投资理论做了更加全面的阐述与解释，将对外直接投资理论的研究范畴从是否可以投资扩大到具体采取哪种方式进行投资，收到了理论界的高度评价。国际生产折中理论虽立足发达国家，但其区位优势的思想却为发展中国家对外直接投资的区位布局提供了很好的发展思路和经验借鉴。

2.2.1.5　边际产业扩张理论

日本学者小岛清认为，垄断优势理论、产品生命周期理论都不适用于日本的投资实际，因此他于1978年提出了边际产业扩张理论。

20世纪70年代，与美国跨国公司不同，日本参与对外直接投资的企业规模都较小，其投资集中在具有比较劣势的产业。基于此，小岛清以比较优势理论为基础，提出一国的投资应集中在国内已经或即将不具备比较优势，但在东道国具有比较优势的行业。比如日本在完成工业化后，已不具备劳动力优势，因此日本开始将劳动密集型产业转移到东南亚等劳动资源充裕的国家。通过边际产业的对外直接投资，使边际产业在东道国继续发展，一方面可以提升跨国公司的效率，使跨国公司降低成本，获得更高利润，促进国内产业结构调整；另一方面也能扩大东道国的出口，提高东道国居民收入水平，促进东道国经济增长。

由以上发达国家对外直接投资理论的梳理可以看出，一国的对外直接投资除受跨国公司自身条件的影响外，更多地受到东道国市场环境的影响。尽管以上理论都是针对美国、日本等发达国家的，与中国的发展实际有较大差别，但为中国对外直接投资的发展提供了一定的经验与启示。笔者将借鉴上述对外直接投资理论中关于东道国市场环境的研究，进一步分析东道国投资环境对中国对外直接投资效率的影响。

2.2.2　发展中国家对外直接投资理论

为了查明发展中国家对外直接投资迅速增加的原因,学术界开始将研究的目光更多地转移到发展中国家,各国学者从多个角度提出了相关理论,进一步丰富了发展中国家对外直接投资理论。

2.2.2.1　小规模技术理论

1977 年,美国学者刘易斯·威尔斯（Louis Wells）突破传统理论的研究范围,首次以发展中国家为研究对象,提出了小规模技术理论。

根据小规模技术理论可知,发展中国家之所以能够进行对外直接投资,主要原因在于:第一,与发达国家相比,发展中国家的技术水平有限,生产规模较小,但生产方式更为灵活,能够很好地与小规模的市场需求匹配,恰好填补了发达国家大规模生产无法满足狭小市场的空白,因而使发展中国家获得了局部竞争优势;第二,发展中国家占领海外市场的一大策略是生产成本较低,而在众多经济发展水平较低的国家,消费者最为关注的恰恰就是产品的价格,这使得发展中国家能够更好地契合较低的市场需求,从而不断地扩大海外投资空间;第三,由于部分发展中国家的侨民较多,因此民族产品在海外市场拥有良好的基础,从而占有较大优势。以上三方面独有的比较优势,使发展中国家即使生产技术较为落后、生产规模较小、资金不够雄厚,也能够进行对外直接投资。

2.2.2.2　技术地方化理论

1983 年,英国学者桑加亚·拉尔（Sanjaya Lall）基于对印度跨国公司对外直接投资的研究,提出了技术地方化理论。

根据技术地方化理论可知,发展中国家跨国公司通过引入发达国家先进的生产销售流程,对其先进技术进行吸收并进行适应性改造,使其更加契合本国的生产与需求,实现技术地方化,从而提高生产技术与产品质量。其中包含的内在创新使得跨国公司在对外直接投资时形成了独特的比较优势,甚至可以满足发达国家多样化的市场需求。与小规模技术理论相比,该理论更加强调企业通过学习、消化、吸收、改造等一系列内在的创新活动所形成的比较优势,在技术创新领域进一步丰富了对外直接投资理论。

2.2.2.3 投资发展周期理论

邓宁于 1981 年以动态视角,采用跨部门比较研究法,提出了投资发展周期论。该理论的形成,使对外直接投资理论的分析不再局限于企业和产业层面,而是上升到了国家层面。

根据投资发展周期理论可知,一国的人均 GNP(国民生产总值)影响该国的对外投资流入量与流出量,且表现出明显的阶段性特征。邓宁按不同经济发展水平国家的人均 GNP 与投资净流量的关系,提出了四个投资发展阶段,如表 2-2 所示。

表 2-2 对外投资发展阶段(1981)

投资发展阶段	划分标准(人均 GNP)	阶段性特征
第一阶段	400 美元以下	经济发展水平较低,没有所有权和内部化优势,外商投资较少,基本没有对外投资
第二阶段	400~1 500 美元	内部化、所有权及区位优势开始显现,外商投资明显增加,开始有对外投资
第三阶段	2 000~4 750 美元	所有权优势明显增加,对外投资迅速增长,外商投资大规模增长
第四阶段	超过 5 000 美元	完全具备内部化、所有权和区位优势,对外投资大于外商投资,对外净投资额为正值,且不断增加

处于第一阶段的国家,国内有效需求严重不足,投资环境较差,外商直接投资额很小;同时这些国家几乎不具备对外投资的能力,其对外投资额基本为零,对外投资净流量为负。

处于第二阶段的国家,经济发展水平有所提升,但仍属于中低等收入国家,开始进行对外投资,但投资规模处于较低水平。在这一时期,国内市场开放程度及国内市场需求规模进一步扩大,区位优势开始显现并与外国企业的所有权优势相结合,使得外商投资规模明显扩大，国内产业结构有所改善，对外投资净流量为负。

处于第三阶段的国家，属于中高等收入国家。在这一时期，国内需求层次不断提升，国内基础设施不断完善，外商投资规模不断增加，且投资倾向于附加值较高的技术密集型行业。此时，国内企业在技术、资金等方面的所有权优势明显增加，开始考虑将国内成熟的技术或夕阳产业等转移到国外，进行对外投资，以获取更大的效益。因此，该阶段对外直接投资快速增长，对外投资净流量开始上升，但仍为负。

处于第四阶段的国家，其产业结构以高新技术产业和服务业为主，国内企业对外直接投资规模大于外商直接投资规模。在这一时期，国家在外商投资的某些领域开始设置各种措施，限制外资的进入以保护国内市场及产业。此时国内企业进入大规模对外直接投资阶段，该阶段对外直接投资增长率高于外商投资增长率，因此该阶段对外净流量为正，且不断增加。

1986年，邓宁又在以上四阶段投资发展理论的基础上，提出了投资发展的第五阶段。投资发展周期理论中各阶段的投资净额如图2-1所示。

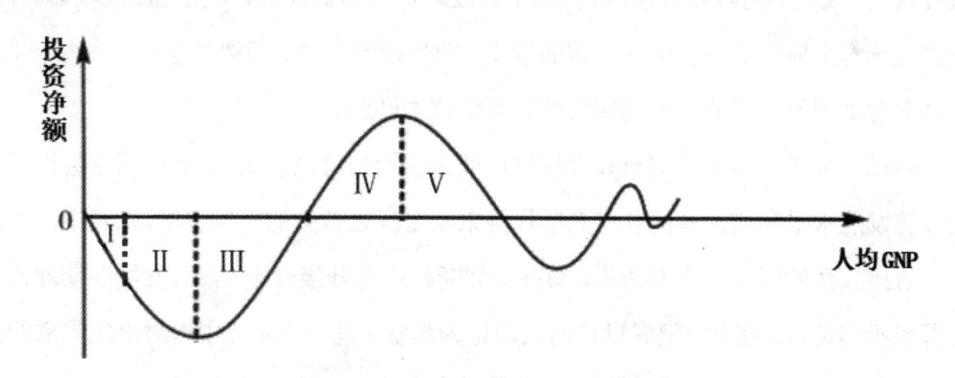

图2-1 投资发展周期理论演化路径

在第五阶段，国内企业的所有权、内部化及区位优势都得到了充分发挥，对外投资和吸引外资都出现大规模、高效率的流动，对外投资净流量先下降，流入量与流出量基本保持平衡，投资净流量在零点周围上下波动。在该阶段，人均GNP已经不能很好地反映一国竞争优势的变动情况。

2.2.2.4 技术创新与产业升级理论

1990 年，英国学者约翰·坎特维尔（John Cantwell）和帕斯·埃斯特雷亚·伦蒂诺（Paz Estrella Tolentino）提出技术创新与产业升级理论，进一步在区位选择和产业选择方面丰富拓展了相关理论。

该理论强调技术积累与创新能力提升的重要性。自主创新能力较弱的发展中国家可以通过对引进技术的学习积累、消化吸收与再创新来推动技术能力的提升，并逐步将技术优势转化为所有权优势和内部化优势，当然也可以通过向发达国家直接投资，获取技术、知识和经验来提升技术水平。因此，发展中国家的对外直接投资、技术创新与产业升级间的关系可以描述为：对外直接投资促进技术创新，技术创新促进国内产业升级；反之，国内产业结构变化又会影响投资的区位及产业选择，也就是说三者之间是动态演进式发展关系。

此外，该理论还指出，在区位选择上应按照由近及远的顺序进行，即先选择地理距离比较近，文化、民族习俗相似的国家，再逐渐扩大到地理位置、文化距离较远的国家。在产业选择上应按照由低端向高端的顺序，即先投资石油、天然气等自然资源产业，逐步转向劳动密集型产业，再到制造业、高新技术产业。

由以上关于发展中国家对外直接投资理论的梳理可以看出，发展中国家会根据自身的经济发展水平和所具备的各种竞争优势来制定行之有效的投资决策。纵观中国对沿线国家直接投资的区位及产业选择，与技术创新和产业升级理论、投资发展周期理论的核心思想极为契合。因此，笔者以这两大理论为基础，进一步研究中国对沿线国家的投资效率，以期为中国对沿线国家的直接投资提供理论与决策参考。

2.2.3 中国的对外直接投资理论

中国的对外直接投资具有一定的特殊性，现有的对外直接投资理论无法完全合理解释中国的对外直接投资。在传统的对外直接投资理论中，企业必备的投资优势并没有与中国的投资水平呈现单纯的直接关系。因此，随着中国对外直接投资规模的扩大，越来越多的学者基于中国对外直接投资的实际与特殊性，提出了一些有价值且适用于中国对外直接投资实际的理论。

吴彬和黄韬（1997）针对中国的具体实际，提出了二阶段理论。该理论将研究的范围从企业层面扩展到国家层面，从而能够解释无优势企业的投资行为。冼国明和杨锐（1998）提出了技术累积策略竞争模型。该理论基于学习型外国直接投资（Foreign Direct Investment, FDI）和策略竞争模型，解释了发展中国家对发达国家的逆向投资和对其他发展中国家的水平投资。马亚明和张岩贵（2000）运用非合作博弈分析法，提出竞争策略模型，用于解释不具备垄断优势的发展中国家向发达国家投资的动因。孙建中（2000）提出了综合优势理论。根据该理论可知，中国不仅具有发展中国家的投资特性，也兼具了一些发达国家的投资特性，处于多层次投资阶段并存的状态，具有投资动机多极化的特征，以及多投资层次的差别化优势，这种多因素间的相互促进，使得中国的对外直接投资具有独特的综合优势。楚建波和胡罡（2003）提出了跨国投资门槛理论。根据该理论可知，随着技术进步与制度创新，发展中国家进行对外直接投资的门槛有所降低，因此企业即使不具备垄断优势也可以进行对外直接投资。邢建国（2003）认为，用垄断优势资本理论来解释中国的对外直接投资是片面的，他将马克思 FDI 理论范式与西方理论范式结合，认为中国对外直接投资的最优策略应是提升有效资本的水平。裴长虹和樊瑛（2010）提出用国家特定优势理论解释中国的对外直接投资。根据该理论可知，中国政府在企业进行对外直接投资的过程中，会形成自身的国家特定优势，为企业"走出去"及参与"一带一路"提供多元化的支持与保障，中国的国家特定优势充分体现了我国社会主义制度的优越性，对增强企业的海外竞争力具有巨大作用。

2.3 基于投资便利化的对外直接投资效率的理论模型推演和作用机制

基于上述对外直接投资理论可知,东道国的投资便利化对一国的对外直接投资有显著影响。东道国投资便利化水平的高低会直接影响企业、行业乃至国家的对外直接投资决策。

2.3.1 基于投资便利化的对外直接投资效率的理论模型推演

目前,关于跨国公司国际化经营方式的研究主要集中于 Melitz 模型、Helpman 模型以及 Yeaple 模型的分析框架。Melitz、Helpman 和 Yeaple 打破企业同质性假说,引入异质性概念,研究生产经营效率对跨国公司经营决策的影响。一般来说,当异质性企业的生产经营效率达到一定水平,企业将选择以直接投资的方式进入东道国市场。但跨国公司在进行对外直接投资时需要承担信息搜索、开办工厂、租赁厂房、购置设备、海外推广等一系列投资成本。而这些投资成本的大小主要取决于东道国的投资便利化水平,东道国投资便利化水平的提升不仅有助于降低企业的投资成本,还能提升企业的生产经营效率。因此,笔者借鉴 Helpman 和 Yeaple 的分析框架,构建对外直接投资的异质性模型,为分析东道国投资便利化水平的提升对直接投资决策的影响提供理论层面的支持。

模型假设投资国 i 对东道国 j 进行对外直接投资,东道国市场只有一个垄断竞争行业,行业中有 n 家异质性企业,每家企业仅生产一种产品,即企业与产品一一对应。模型中不设立货币部门,消费者的收入全部用于支出。消费者对产品的偏好符合常数替代弹性(Constant Elasticity of Substitution, CES)效用函数形式。企业在生产过程中同时用到劳动力、资本和中间投入,且规模报酬不变。

基于以上假设,可知东道国消费者的 CES 效用函数为:

$$U = [\int_0^n x(k)^{\frac{\sigma-1}{\sigma}} dk]^{\frac{\sigma}{\sigma-1}} \qquad (公式1)$$

消费者的预算约束函数为：

$$I_j = \int_0^n p(k)x(k)dk \qquad (公式2)$$

其中，$x(k)$为东道国消费者对第k种产品的消费数量，σ为产品间的替代弹性，且$\sigma>1$，$p(k)$为第k种产品在东道国的价格，I_j为东道国j的总收入水平，根据假设，消费者的收入全部用于支出，因此这里可以将I_j视为东道国的市场规模。

在预算约束下，根据消费者效用最大化原则，可得产品k在东道国j的需求函数为：

$$x(k) = \frac{p(k)^{-\sigma}}{P_j^{1-\sigma}} I_j \qquad (公式3)$$

其中，$P_j = [\int_0^n p(k)^{1-\sigma} dk]^{\frac{1}{1-\sigma}}$，为东道国$j$的价格指数。

在生产者行为方面，投资方在东道国的产出主要受生产经营效率及投入的劳动、资本、中间投入这三种可变生产要素数量的影响，在规模报酬不变的情况下，企业k的生产函数为：

$$q(k) = e\varphi l(k)^{\alpha} k(k)^{\beta} m(k)^{1-\alpha-\beta} \qquad (公式4)$$

其中，$q(k)$为企业k的产量；φ为企业k的生产经营效率，服从累积分布函数$G(\varphi)$。这里$G(\varphi)$为严格递增函数，其概率密度函数$g>0$；e为东道国的投资环境，由于投资环境会对企业的生产效率产生影响，因此笔者将东道国的投资环境引入模型；$l(k)$、$k(k)$、$m(k)$分别为企业k在生产中使用的劳动力、资本、中间投入的数量，α和β分别为劳动和资本的产出弹性，介于0和1之间；令w、r、s分别为劳动、资本、中间投入的价格，以$c(w, r, s)$表示这三种可变生产要素的复合单位投入成本；由于投资便利化水平的影响使企业在对外直接投资过程中产生的固定投资成本用c_0表示。则企业的利润函数可表示为：

$$\pi(k) = p(k)q(k) - c(w,r,s)[l(k)^\alpha k(k)^\beta m(k)^{1-\alpha-\beta}] - c_0 \quad \text{(公式5)}$$

企业达到局部均衡时需求等于供给,即 $x(k) = q(k)$,将公式3和公式4代入公式5中,可得企业的利润函数为:

$$\pi(k) = \frac{p(k)^{1-\sigma}}{P^{1-\sigma}} I_j - \frac{c(w,r,s)}{e\varphi} \frac{p(k)^{-\sigma}}{P^{1-\sigma}} I_j - c_0 \quad \text{(公式6)}$$

根据利润最大化的原则,可得企业 k 在东道国的最优定价为:

$$p(k) = \frac{c(w,r,s)}{e\varphi} \frac{\sigma}{1-\sigma} \quad \text{(公式7)}$$

将公式7代入公式6,可得企业最优投资利润为:

$$\pi(\varphi) = \frac{1}{\sigma}\left(\frac{c(w,r,s)}{e\varphi P} \frac{\sigma}{\sigma-1}\right)^{1-\sigma} I_j - c_0 \quad \text{(公式8)}$$

最终企业根据公式8的利润函数作出对外直接投资决策。当企业在东道国的利润大于零时,企业会选择对东道国进行对外直接投资,此时的经营效率须满足:

$$\varphi > \left(\frac{\sigma c_0}{I_j}\right)^{\frac{1}{\sigma-1}} \frac{c(w,r,s)}{eP} \frac{\sigma}{\sigma-1} \quad \text{(公式9)}$$

由公式9可得企业在东道国进行对外直接投资的概率方程为:

$$\Pr[\pi(\varphi) > 0] = \Pr[\varphi > \left(\frac{\sigma c_0}{I_j}\right)^{\frac{1}{\sigma-1}} \frac{c(w,r,s)}{eP} \frac{\sigma}{\sigma-1}] = 1 - G\left[\left(\frac{\sigma c_0}{I_j}\right)^{\frac{1}{\sigma-1}} \frac{c(w,r,s)}{eP} \frac{\sigma}{\sigma-1}\right]$$

$$\text{(公式10)}$$

将公式10分别对 I_j、e、c_0 求导,考察东道国投资便利化、市场规模、投资固定成本对直接投资的影响,得:

$$\frac{\partial \Pr[\pi(\varphi) > 0]}{\partial I_j} > 0 \quad \text{(公式11)}$$

$$\frac{\partial \Pr[\pi(\varphi) > 0]}{\partial e} > 0 \quad \text{(公式12)}$$

$$\frac{\partial \Pr[\pi(\varphi) > 0]}{\partial c_0} < 0$$ （公式 13）

由公式 11、公式 12、公式 13 可知，东道国市场规模的提升以及投资便利化水平的提升能够促进跨国企业的对外直接投资；投资成本的增加会抑制跨国企业的对外直接投资。因此，投资便利化水平除了通过提高生产经营效率来促进对外直接投资，还通过降低投资成本来促进对外直接投资。有学者认为，投资成本的降低以及投资回报率的提高，是因为东道国投资便利化水平的提升。因此，笔者从东道国投资便利化水平和投资成本、经营效率间的关系着手，将投资便利化指标纳入影响直接投资效率的因素，为后续研究提供理论基础。

2.3.2 基于投资便利化的对外直接投资效率的作用机制

东道国投资便利化水平一直被认为是影响对外直接投资的重要因素之一。投资便利化程度直接决定着一国是否具备较强的投资吸引力和国际竞争力。通常来说，投资便利化可以全面反映东道国与投资有关的社会、经济、政治等多种因素。笔者研究的对外直接投资效率是指实际对外直接投资额在最优对外直接投资额中所占的比重。根据随机前沿引力模型，最优对外直接投资额是指仅在双方经济规模、地理距离、资源禀赋等自然因素影响下的理论前沿投资额，因此在理论前沿投资额既定的情况下，实际对外直接投资额的增加会提高投资效率。东道国投资便利化水平的提升有助于简化投资的流程和手续，有助于通过成本削减效应、效率提升效应促进对外直接投资（杨栋旭，于津平，2021），从而减少投资国的直接投资效率损失。因此，从这一角度看，东道国投资便利化水平的提升，会以投资成本和经营效率为传导路径，影响投资国的投资效率（韩萌，2019）。

第一，基础设施大多属于公共物品，东道国对基础设施的公共投入需要保持一定的连贯性与持续性。如果某项基础设施投入突然中断，将会对跨国企业在东道国的投资经营产生较大影响。目前，基础设施质量对对外直接投资的促进作用已得到学界的普遍共识，Root & Mahmed（1979）、Tan & Vertinsky（1995）、陈岩等（2012）、胡翠平（2015）等的研究均表明，基础设施对直接投资具有正向影响，对外直接投资倾向于流入基础设施较为完备的国家。东道国完善的交通基础设施能够有效降低运输成本（Hymer，1970；Root & Mahmed，1979），提升物流运输效率，提高资源和要素的空间流动效率（Chan et al.，2014）；完备的通信基础设施能够降低直接投资过程中的信息搜索成本以及在沟通谈判等环节中产生的交易成本，实现信息资源的互通与共享，提高东道国投资便利化水平，减少因信息不对称而引起的利益损失，推动生产经营效率的整体提升；稳定的电力供应，能够提供充足的生产动能，减少投资风险，缩短交易时间，降低投资成本（韩萌，2019）。因此，从整体上看，基础设施环境的改善有助于发挥外资的聚集效应，并进一步在聚集效应的作用下，促进深层次的生产分工与高效的生产，进而形成东道国经济与引资效率的良性互促，有助于对外直接投资的高效实施。

第二，基于契约质量理论，契约质量高的国家，通常都拥有良好的法律制度环境和政治环境，其契约执行率较高且履约耗时较短。一方面，东道国良好的法律制度环境，反映了该国良好的政府治理水平及法律制度的规范性、透明性、有效性，能够保障投资合同如约执行，减少合同违约风险，显著降低投资的不确定性，保障投资收益，对提高外资的投入产出率具有积极影响。另一方面，东道国的寻租成本一直是抑制外资流入的重要因素，由于因腐败行为所产生的契约并不受法律的保护，如果东道国对腐败的监管力度不大，就会抑制投资国的对外直接投资；相反，如果东道国的腐败监管力度强，则能够极大地降低寻租成本（Globerman & Shapiro，2002），有效规避由腐败产生的摩擦效应，进而避免这一无谓损失的产生，增加外资在东道国市场的投资信心与积极性。同时，完善的法律框架还有助于提升争端解决效率，有效保护投资者的利益和知识产权（协天紫光，樊秀峰，2019），营造公平竞争的投资环境，使投资国的所有权优势和内部化优势得以充分发挥，化解投资风险（Hoekman & Javorcik，2004），提振投资信心，提升运营效率。

第三，目前世界各国为吸引外商直接投资，都加大力度降低投资准入门槛，简化外资进入的审批程序，缩短审批时间，优化自身的营商环境。基于交易费用理论，一方面，东道国开放包容的投资准入环境及高效简化的投资审批程序，能够大大缩短审批时间及审批成本（Corcoran & Gillanders，2015）；另一方面，良好的营商环境，更加包容的准入态度，能够进一步增强外资的进入信心，形成聚集效应，进而形成规模经济效应，并带动经营效率的提升（韩萌，2019）。因此，东道国良好的营商环境，不仅有助于简化外资进入审批程序，缩短审批时间，而且意味着东道国对外资的开放程度较高，有利于投资活动在东道国的顺利开展，从而实现对外直接投资在技术、人才等层面的溢出效应。

第四，从国内外学者对金融服务体系的研究来看，东道国的金融环境也会对外资的投资决策产生较大的影响，东道国良好的金融环境能够显著提升其引资能力。一方面，东道国稳定的金融系统及高质量的金融服务水平能够在一定程度上降低外资的融资难度、融资成本、融资风险（Alfaro et al.，2008），提高融资便利化程度；另一方面，东道国完善的金融服务体系可以增强外资的溢出效应，提升融资效率（陈万灵，杨永聪，2013），提高资金配置效率（Levine，1997），强化东道国的引资能力。因此，东道国金融经济环境的不断完善，有助于规避金融风险，提高外资经营效率，降低金融交易成本（韩萌，2019），实现资本的优化配置。

第五，劳动力供给环境是投资国能否在东道国市场获取有效劳动力的关键因素。从经济学的一般规律来看，东道国的劳动力市场规模越大，越能吸引外商投资。东道国灵活高效的劳动力供给环境，能够使投资方在东道国的劳动力雇佣及工资确定等方面拥有更多的自主权，有助于外资以更加灵活、自由的方式获取劳动力，并根据自身的经营方向及时调整人才需求结构，降低劳工冲突发生的概率及用工成本（Javorcik & Spatareanu，2005），提高人力资源配置效率，提升对外直接投资的稳定性。另外，如果在东道国劳动力市场出现人力资源错配的情况，良好的劳动力供给环境能够及时纠正错配，降低用工风险及劳动对接成本（Menon & Sanyal，2007），从而有助于外国投资通过多渠道、全方位匹配多层次人才，满足企业的国际化、多元化需求。同时，融洽和谐的雇佣关系能够营造更加协调的内部环境；高质量的人才供给能够有效促进投资合作国之间开展技术创新及协同管理，提高工作效率，从而吸引更多外资进入该国。

通过分析上述机制可知，东道国投资便利化水平的提升，如营商环境的改善、基础设施环境的完善、金融服务质量的提升等，有助于提升对外直接投资效率。

从另一角度看，东道国制度便利化水平越高，来自发展中国家的直接投资越不具有竞争优势；而在东道国政治制度不稳定的欠发达地区，来自发展中国家的直接投资却具有相对优势，其往往能够顺利开展直接投资活动，获得预期的投资利润。由此可见，充分考虑中国以及大多数东道国的特点可知，东道国的投资便利化水平对中国对外直接投资效率还存在一定的负向效应。一方面，投资便利化水平较高的国家大多经济发展水平较高，国内一般都设置了较高的投资准入门槛，这反而不利于中国在该国开展投资活动；另一方面，东道国投资便利化水平提高，投资吸引力变大，各国就会竞相扩大对该国的直接投资规模，投资竞争程度的加剧会抑制外来资本的进入（胡浩等，2017），从而带来一定的竞争效应和排挤效应，进而阻碍中国在该国直接投资效率的提升。

2.4 本章小结

本章主要阐述了相关概念、对外直接投资理论以及投资便利化水平对外直接投资效率的作用机制。本章首先讲述了相关概念，其次系统梳理了发达国家、发展中国家以及中国的对外直接投资相关理论，最后将投资便利化纳入企业异质性模型中，从理论机理上进行了模型推演，并基于契约质量、交易费用等理论，分析了东道国投资便利化水平对对外直接投资效率的作用机制。本章为后文的实证分析提供了理论依据。

第 3 章　中国对外直接投资发展现状分析

3.1　中国对外直接投资发展概况

3.1.1　中国对外直接投资发展历程

自 1978 年改革开放以来，中国对外直接投资不断发展。经过 40 多年的实践探索，2019 年中国对外直接投资流量已经达到 1 369.1 亿美元，占全球流量份额的 10.4%，全球排名继续保持第二位；2019 年中国对外直接投资存量为 21 988.8 亿美元，占全球存量份额的 6.4%，全球排名第三位。2020 年，由于新冠肺炎疫情的暴发，世界各国实行防控政策，减缓了投资项目的进度，全球外商直接投资流量下降了 35%，降到了 2005 年以来的最低水平。在这样的全球背景下，2020 年中国对外直接投资 1 537.1 亿美元，同比增长 12.3%，流量规模首次位居全球第一。根据中国对外直接投资的发展特征，可以将其发展历程分为三个阶段。

3.1.1.1　第一阶段：起步阶段（1979—1991 年）

在改革开放初期，中国经济发展水平较低，对外开放的重点是吸引外商投资，且当时我国企业的国际竞争力严重不足，因此当时的对外直接投资尚处于初步探索阶段。在这一阶段，中国对外直接投资规模较小，从流量上看，1982 年中国的对外直接投资流量为 0.44 亿美元，仅占全球流量份额的 0.16%。1985 年起中国的对外直接投资规模开始扩大，1991 年中国的对外直接投资流量为 9.13 亿美元，占全球对外直接投资流量的

0.46%。10年间中国对外直接投资增长了近20倍，年均增长率达34.75%；而同期全球对外直接投资流量增长了6.28倍，年均增长率为20.18%，中国对外直接投资增长速度高于全球平均水平。但从绝对数上看，1991年全球对外直接投资流量为1 988.54亿美元，中国在全球的占比依然较小。从存量上看，中国对外直接投资存量从1982年的0.44亿美元增长到1991年的53.68亿美元，增长了近121倍，但全球占比仍然较低，1991年中国对外直接投资存量仅占全球的0.21%。由此可见，在起步阶段，中国的对外直接投资规模较小，全球占比较低，但在这一阶段，中国的对外直接投资实现了从无到有的质的转变。

3.1.1.2　第二阶段：波动增长阶段（1992—2001年）

1992年，邓小平的南方谈话以及党的十四大提出的"积极扩大我国企业的对外直接投资和跨国经营"的政策，为中国企业"走出去"创造了有利的条件。在该阶段，中国的对外投资规模总体上呈扩大趋势。从对外直接投资流量上来看，从1992年的40亿美元，增长到2001年的68.58亿美元。但在此阶段，由于我国企业在对外直接投资方面的经验不足，1994年、1999年和2000年中国对外直接投资流量增长率为负，投资流量规模呈现波动增长的趋势。但从存量上来看，1992年中国的对外直接投资存量为93.68亿美元，全球占比为0.37%，2001年中国对外直接投资存量为346.54亿美元，全球占比为0.48%，10年间的年均增长率为10.44%。由此可见，在该阶段由于受到国内政策及国外经济环境的影响，中国对外直接投资经历了波动式的增长。

3.1.1.3　第三阶段：快速发展阶段（2002年至今）

2002年，"走出去"战略被正式写入党的十六大报告，在对外直接投资方面，国家在管理体制、税收、外汇、信贷等方面出台了一系列优惠支持政策，为企业对外直接投资营造了良好的发展环境。该阶段中国对外直接投资迅速增加，投资规模扩大，全球排名有所提升。

如图3-1~图3-3所示，该阶段经历了全球金融危机，2008年和2009年全球对外直接投资流量减少，2010 年以来有所增加，但由于全球经济乏力，全球对外直接投资流量增长速度较慢，始终没有达到金融危机前 2007 年的投资水平。但中国对外直接投资在全球对外直接投资中所占比重却稳步攀升。从投资流量上看，2002 年中国对外直接投资流量为 25.18 亿美元，在全球占比约为 0.51%，而 2019 年中国对外直接投资流量为 1 369.1 亿美元，在全球占比约为 10.4%，全球排名第 2 位，年均增长率达到了 26% 左右。从投资存量上看，中国对外直接投资存量从 2002 年的 371.72 亿美元增长到 2019 年的 21 988.8 亿美元，在全球占比从 2002 年的 0.49%上升到 2019 年的 6.4%，排名由 2002 年的第 25 位攀升至 2019 年的第 3 位。

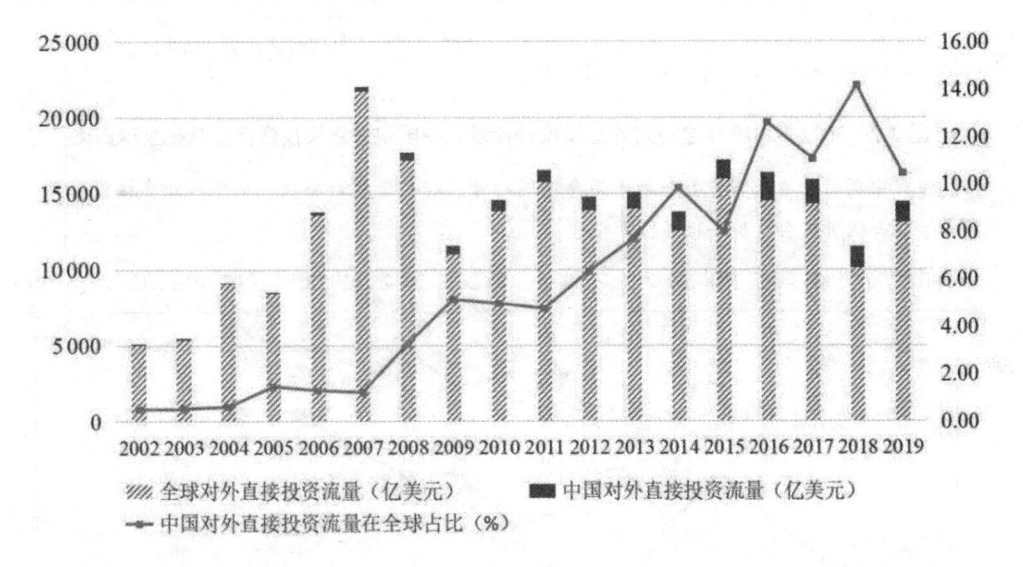

图 3-1 2002—2019 年全球对外直接投资流量、中国对外直接投资流量及在全球占比

注：中国对外直接投资数据源于历年中国对外直接投资统计公报；全球对外直接投资数据源于联合国贸发会议历年世界投资报告。

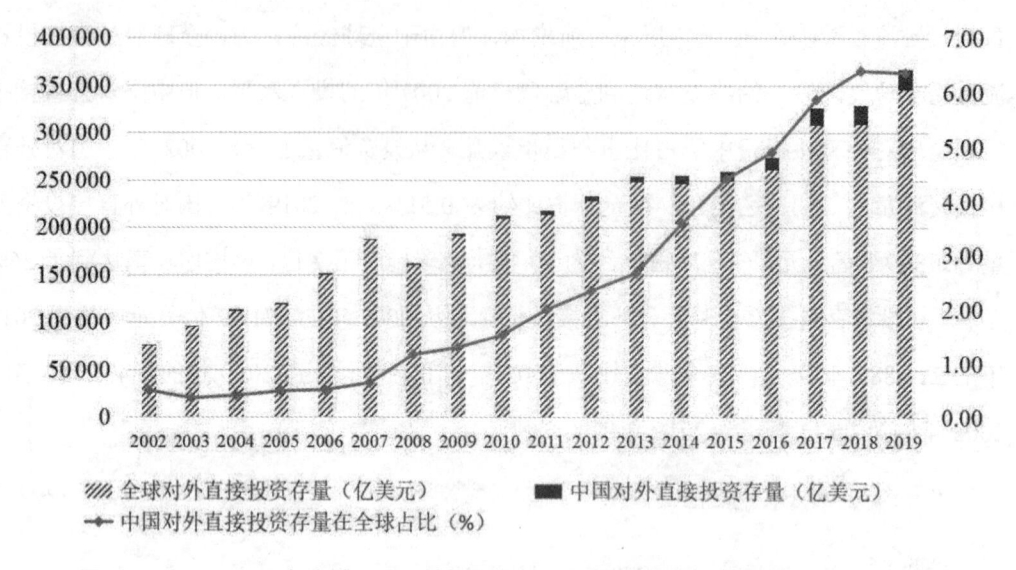

图 3-2 2002—2019 年全球对外直接投资存量、中国对外直接投资存量及在全球占比

注：中国对外直接投资数据源于历年中国对外直接投资统计公报；全球对外直接投资数据源于联合国贸发会议历年世界投资报告。

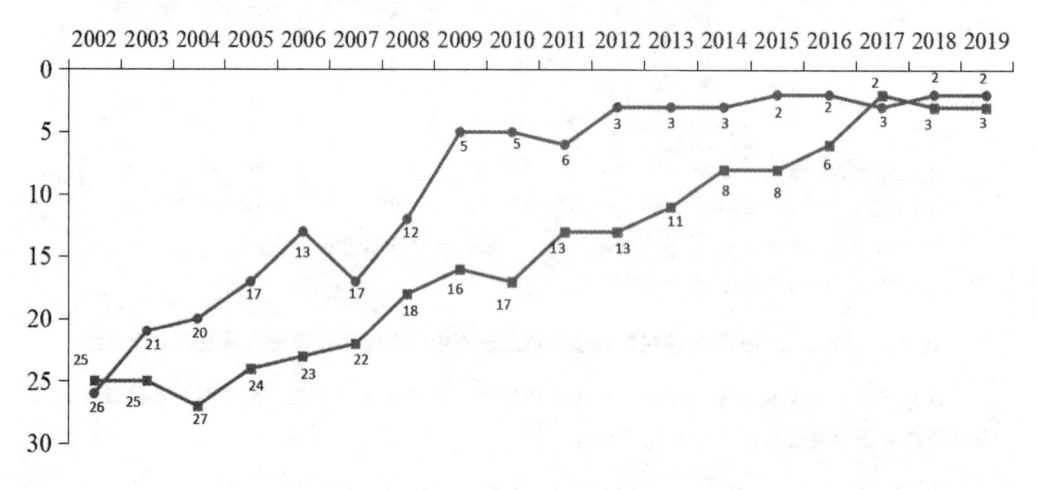

图 3-3 2002—2019 年中国对外直接投资流量、存量在全球的位次

注：数据来源于历年中国对外直接投资统计公报。

3.1.2 中国对外直接投资的总量规模

自"走出去"战略实施以来,中国的对外直接投资进入了快速发展阶段,总量规模扩大,增长率得到了极大提升。如图3-4所示,2019年中国对外直接投资流量为1 369亿美元,约为2002年的54倍,年均增长率为26%,截至2019年,中国已连续8年位列全球对外直接投资流量前三,对世界经济的贡献日益凸显。2019年末中国对外直接投资存量已超21 988亿美元,约为2002年末投资存量的59倍。

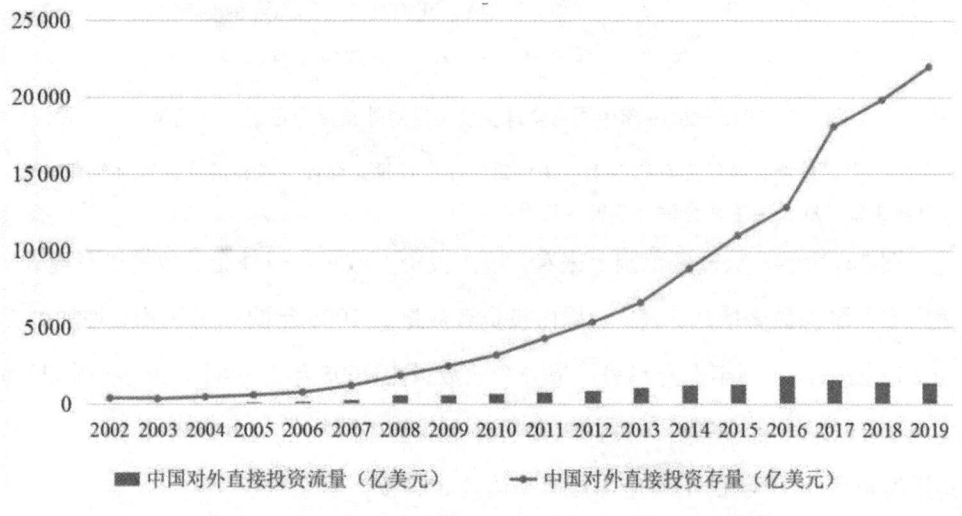

图 3-4 2002—2019 年中国对外直接投资流量、存量规模

注:数据来源于历年中国对外直接投资统计公报。

如图3-5所示,从投资存量的国别对比上看,2015—2019年,中国与荷兰、英国、日本、中国香港、德国、法国等国家和地区的对外投资存量较为接近;从增长率来看,中国和荷兰的增长速度较快,但中国的对外投资存量与美国相比还存在较大差距,2019年末中国对外直接投资存量仅为美国28.5%。

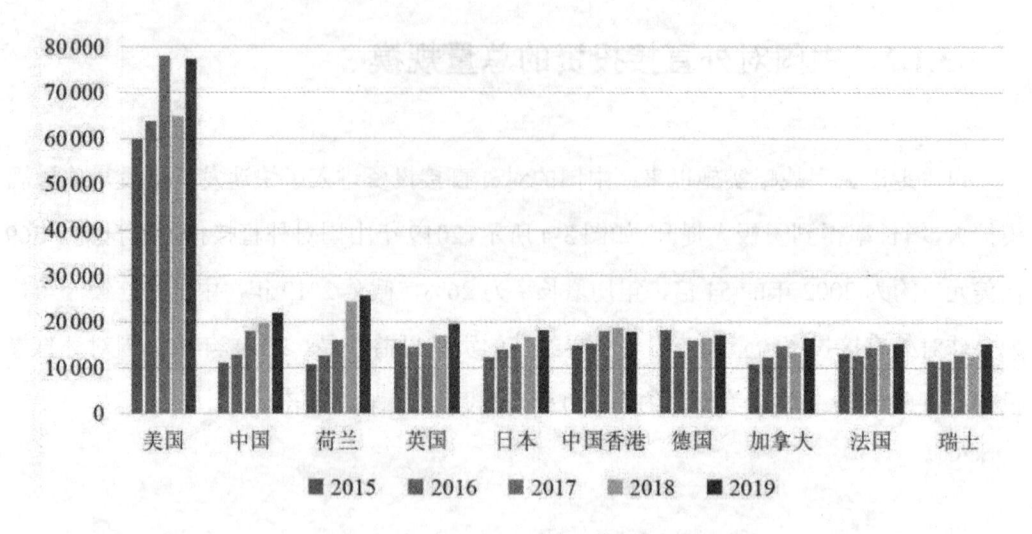

图 3-5　2015—2019 年中国与全球主要国家对外直接存量对比（亿美元）

注：中国对外直接投资数据源于历年中国对外直接投资统计公报；其他国家对外直接投资数据来源于联合国贸发会议历年世界投资报告。

如图 3-6 所示，从投资范围上来看，境内投资者数量、境外企业数量以及境外企业覆盖国家数量均显著增加。其中，境内投资者数量由 2005 年的 0.54 万家，增加到 2019 年的 2.75 万家，呈逐年上升趋势；境外企业数量由 2005 年的 0.64 万家增加到 2019 年的 4.4 万家，年均增长率达到 13.48%；境外企业覆盖国家数量由 2005 年的 163 个国家和地区增加到 2019 年的 188 个，覆盖率达到 80.7%。

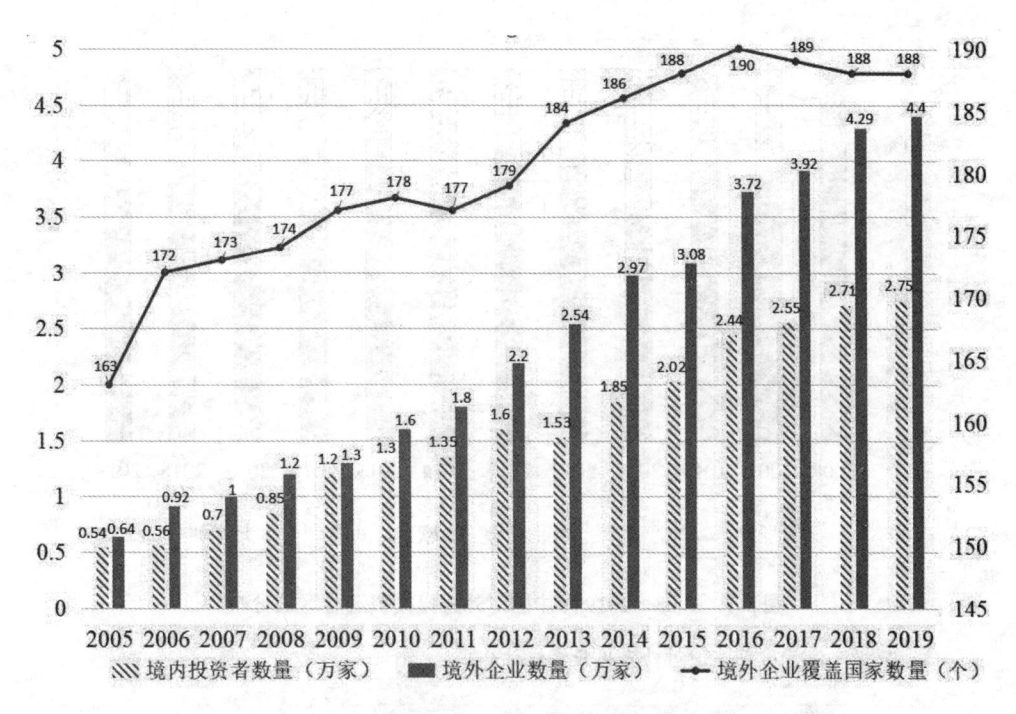

图 3-6　2005—2019 年中国对外直接投资企业数量及覆盖国家数量

注：数据来源于历年中国对外直接投资统计公报。

3.1.3 中国对外直接投资的区域分布

3.1.3.1　总体区域分布情况

近年来，中国对外直接投资的区域分布逐渐呈现多元化和均衡性的特征。从图 3-7 可以看出，中国对外直接投资流量主要集中在亚洲。2008—2019 年，中国每年都有超过 60% 的对外直接投资流向亚洲，其中 2019 年中国流向亚洲地区的直接投资达到 1 108.4 亿美元，占当年中国对全球直接投资流量的 80.9%。

从图 3-8 可以看出，中国对外直接投资存量主要集中在亚洲。从各大洲的国别分布来看，中国对亚洲的对外直接投资存量主要分布在中国香港、新加坡、印度尼西亚、越南、泰国、阿联酋、老挝、马来西亚等国家和地区。

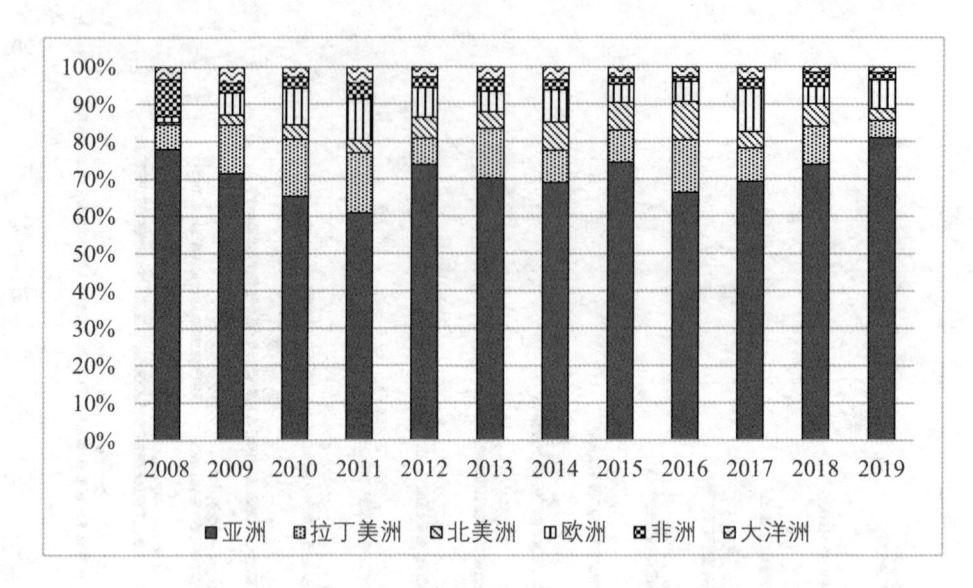

图 3-7 2008—2019 年中国对外直接投资流量区域分布

注：数据来源于历年中国对外直接投资统计公报。

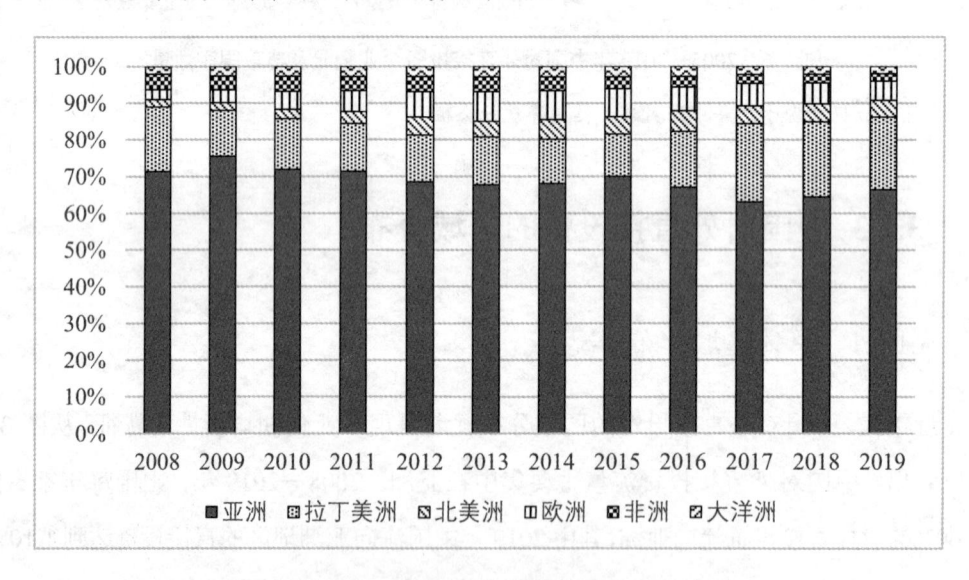

图 3-8 2008—2019 年中国对外直接投资存量区域分布

注：数据来源于历年中国对外直接投资统计公报。

3.1.3.2 具体区域分布情况

从投资的区域分布角度看，中国对东南亚地区的直接投资规模远大于其他区域。

2020年末，中国对东南亚地区直接投资规模远远大于其他区域的投资额总和。此外，中国对南亚、中亚、西亚、东北亚、中东欧以及非洲的直接投资规模增速相对平稳，其投资额在2003—2009年较为接近，区域间的差异不明显。2010年以来，中国对上述区域直接投资规模的差异逐渐显现。由图3-9可知，2013年以来，中国对非洲的直接投资增速较快，而对中东欧地区的直接投资规模始终较小，增速较为缓慢。

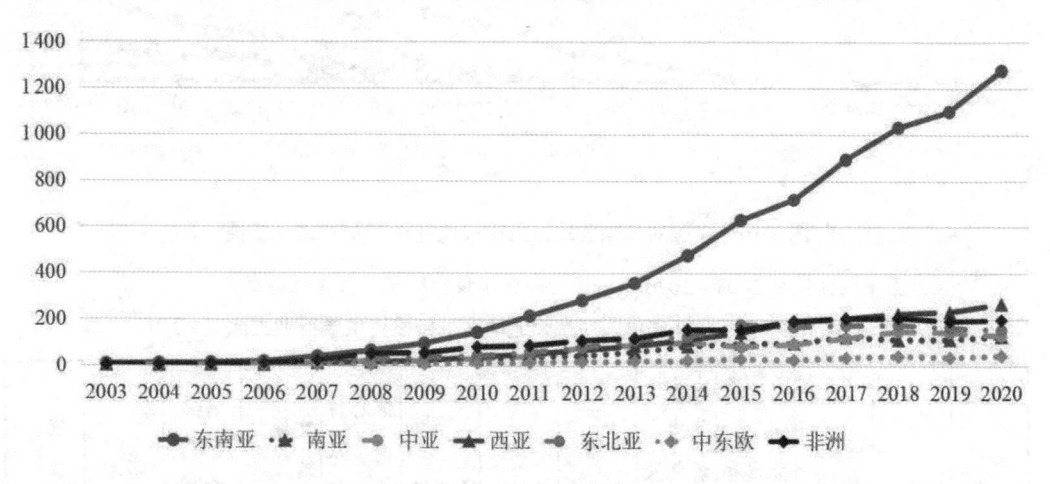

图3-9 中国对沿线国家直接投资的区域分布（亿美元）

注：图中数据根据2003—2020年中国对外直接投资统计公报整理得到。

（1）东南亚地区

中国与东南亚各国经济互补性强，经贸合作潜力大。东南亚地区地理位置优越，投资环境较好。东南亚11国拥有逾6.6亿人口，有较大的市场潜力；主要成员国经济快速增长，社会进步，政治稳定；区域经济一体化水平不断提升；具有较高的资源和产业禀赋，劳动力价格低廉；对基础设施建设有较大需求。同时，东南亚各国的全球竞争力较强，营商环境较好，加之《区域全面经济伙伴关系协定》的签署，对中国深化在东南亚地区的投资提供了新的制度保障，中国对东南亚地区的直接投资将进一步在广度与深度上拓展。如图3-10所示，截至2020年末，中国对东南亚地区直接投资存量为1 277.42亿美元，占同期中国对沿线国家直接投资总额的63.62%，占同期中国对外直接投资总额的4.9%。其中，中国对新加坡的直接投资远高于其他国家，占对东南亚地区投资总额的50%左右。

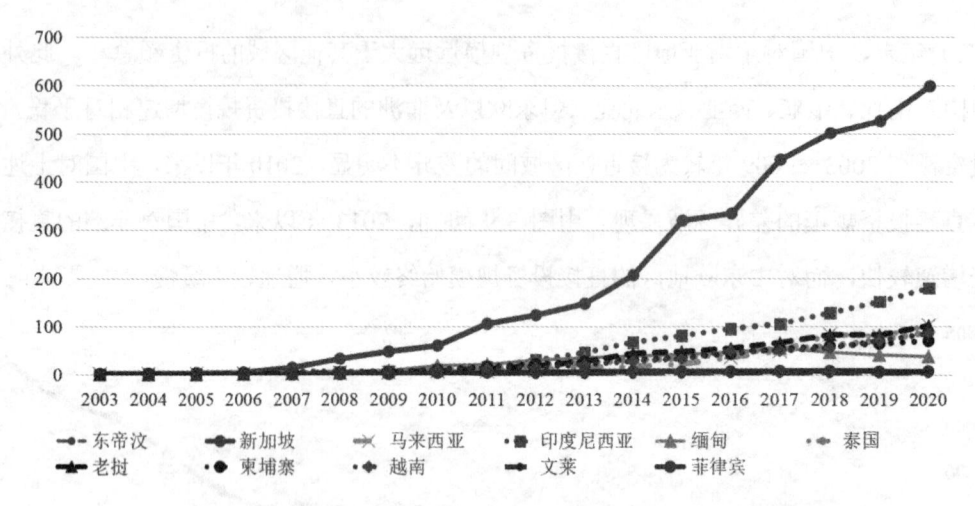

图 3-10 中国对东南亚地区直接投资存量国别对比（亿美元）

注：图中数据根据 2003—2020 年中国对外直接投资统计公报整理得到。

表 3-1　2008—2020 年中国对东南亚地区直接投资主要行业占比（%）

年份	制造业	租赁和商务服务业	批发和零售业	电力、热力、燃气及水的生产和供应业	建筑业	采矿业	金融业	信息传输、软件和信息技术服务业	交通运输、仓储和邮政业	科学研究和技术服务业	房地产业	农、林、牧、渔业
2008	17.5	13.4	10.9	21.4	7.6	6.7	6.9	0.5	9.3	1.9	0.4	3.0
2009	15.5	10.9	17.1	19.4	7.1	9.5	7.0	0.4	7.0	1.4	0.6	3.6
2010	13.3	8.2	13.1	19.3	8.1	12.8	12.3	0.1	5.9	2.1	0.8	3.7
2011	12.0	12.9	12.6	17.7	7.6	11.1	10.6	0.1	9.0	1.9	0.7	3.3
2012	11.9	12.0	12.6	18.1	7.9	14.3	9.1	0.4	7.4	1.6	0.6	3.5
2013	13.1	11.0	13.4	16.9	8.2	14.8	7.9	0.4	3.9	1.5	3.7	4.5
2014	12.9	14.4	12.4	15.2	7.0	12.7	12.3	0.3	3.1	1.4	2.4	5.1
2015	14.9	25.7	12.0	12.5	6.2	10.0	6.9	0.4	2.8	1.2	1.9	3.7
2016	18.4	15.7	13.5	12.7	6.4	14.2	6.4	0.8	2.5	1.0	2.8	4.4
2017	17.5	19.6	13.3	10.8	7.4	11.6	5.9	1.1	2.8	1.0	2.5	5.1
2018	20.8	18.3	15.0	9.7	6.7	9.5	5.5	0.7	3.2	1.1	3.1	4.8
2019	24.2	17.2	16.2	8.6	7.2	7.0	6.3	1.1	3.4	1.1	1.5	4.9
2020	25.4	15.7	14.8	9.4	8.3	6.9	5.6	1.3	4.8	1.0	1.3	4.2

注：表中数据根据 2008—2020 年中国对外直接投资统计公报整理得到。

从表 3-1 的行业占比情况看，2008—2020 年中国对东南亚地区各行业的直接投资结构有较为明显的调整趋势。制造业的直接投资占比先降后升。2018 年起，制造业已经成为中国对东南亚地区直接投资的第一大行业。租赁和商务服务业的投资占比呈波动式上升。批发和零售业的地位逐步提高。农、林、牧、渔业的投资规模虽然不大，但从占比地位来看有明显提升。电力、热力、燃气及水的生产和供应业的投资占比却呈逐年下降的趋势，且降幅较大。交通运输、仓储和邮政业的地位也有所下降。其他行业的投资占比虽有波动，但波动幅度不大。由此可见，中国对东南亚地区直接投资呈现出规模持续扩大、行业分布较广的特点。

（2）西亚地区

西亚既是"一带一路"的交汇点，又是港口集聚地，拥有得天独厚的地理优势；同时，西亚地区油气资源丰富，与中国有较强的产业互补性。如图 3-11 所示，在西亚各国中，2020 年末，中国对阿联酋、以色列和伊朗三国的直接投资排名前三位，投资存量分别为 92.83 亿美元、38.69 亿美元和 35.27 亿美元，分别占中国对西亚地区投资总额的 34.7%、14.4%和 13.2%，三国的累计占比达到 62.3%。

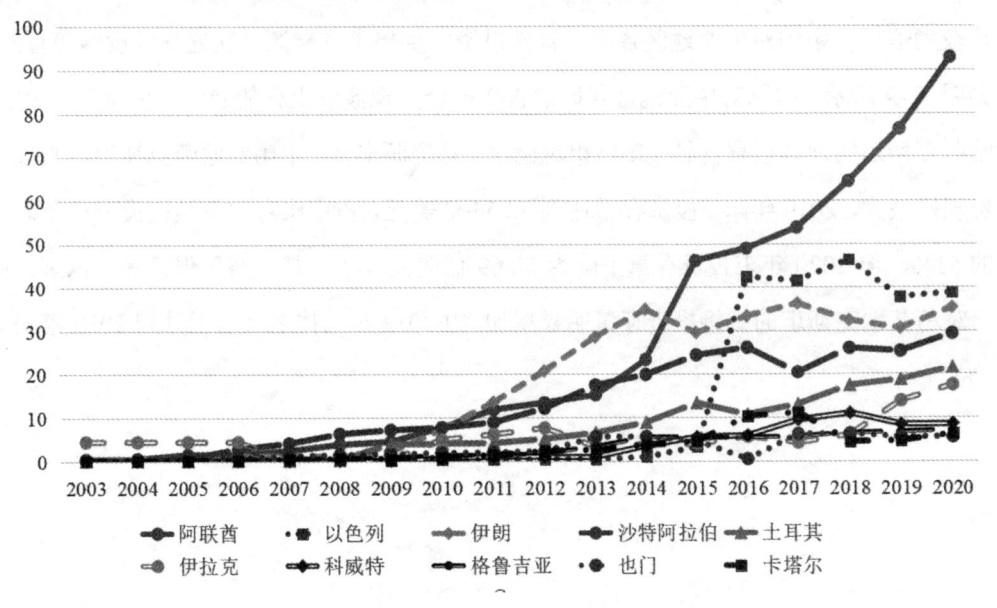

图 3-11 中国对西亚地区直接投资存量排名前十位国别对比（亿美元）

注：图中数据根据 2003—2020 年中国对外直接投资统计公报整理得到。

阿联酋拥有丰富的自然资源，在政治环境、基础设施环境、投资便利化水平方面优势显著，其全球竞争力排名第 25 位，营商环境综合排名第 16 位，具有较强的投资吸引力。中国对阿联酋的直接投资呈现逐年上升的趋势，特别是 2013 年以来，增长速度较快。近年来，中国对阿联酋的投资已经由传统行业逐渐开始向金融、物流、新能源、电信、旅游等领域拓展。以色列自然资源较为匮乏，但工业化程度较高，高端人才资源丰富，科研实力雄厚。以色列的全球竞争力排名第 20 位，营商环境综合排名第 35 位，全球创新指数排名前 10 位。中国对以色列的直接投资在 2015 年之前处于较低水平，但 2015 年起，随着软件、信息技术等行业投资规模的增加，中国对以色列的直接投资存量出现迅速增长，跻身西亚地区投资存量第 2 位。伊朗地处西亚的心脏地带，全球竞争力排名第 89 位，营商环境综合排名第 127 位，营商环境欠佳。在 2014 年以前，中国对伊朗的投资规模最大，但由于美伊关系持续紧张，伊核全面协议的不确定性等问题，在一定程度上影响了中国对伊朗的直接投资。

（3）中亚地区

中亚地区与中国山水相连，能源资源丰富，但经济发展水平普遍较低，基础设施建设较为落后。中国对中亚地区各国的直接投资主要集中在能源、交通基础设施等行业。如图 3-12 所示，中国对中亚地区各国的直接投资呈现波动上升的趋势。在中亚 5 国中，哈萨克斯坦的地理位置优越、政局相对稳定，且资源丰富，中国对哈萨克斯坦的直接投资规模最大，2019 年末，投资存量达到 72.54 亿美元，占中国对中亚地区投资存量总额的 51%，但 2020 年末投资存量下降为 58.69 亿美元。"一带一路"倡议提出以来，中国对乌兹别克斯坦的直接投资存量明显增加，由 2012 年的排名最后上升到 2020 年的第 2 位。

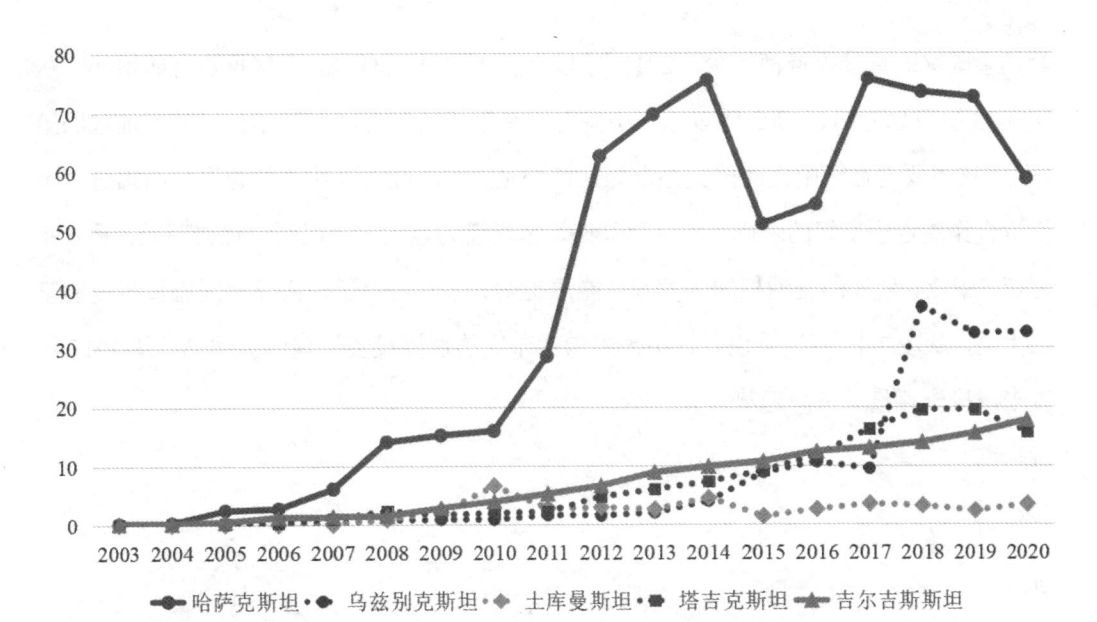

图 3-12 中国对中亚地区直接投资存量国别对比（亿美元）

注：图中数据根据 2003—2020 年中国对外直接投资统计公报整理得到。

（4）东北亚地区

作为东北亚地区第一大国的俄罗斯，在"一带一路"倡议中起着十分重要的作用。俄罗斯具有天然的区位和资源优势，有较强的投资吸引力，2020 年末中国对俄罗斯直接投资存量为 120.71 亿美元，仅次于中国对新加坡和印度尼西亚的直接投资存量，位列第 3 名。东北亚地区的另一个重要的"一带一路"沿线国家蒙古国，对于中国有地缘优势，政治环境较为稳定，且近年来经济增长速度加快。2004 年以前，中国对蒙古国的直接投资规模较小，2004 年以来，中国逐渐加大对蒙古国的直接投资，到 2020 年末，中国对蒙古国的直接投资存量为 32.36 美元，目前中国已成为蒙古国最大的投资国。从行业分布来看，中国对蒙古国的直接投资主要集中在采矿业、畜牧产品加工及基础设施建设等相关领域。

（5）南亚地区

南亚在地理位置上与中国相邻，拥有天然的区位优势，同时南亚地区国家的人口众多，市场容量大。但由于世界政治等多种复杂因素的影响，中国对南亚地区的直接投资规模始终处于较低水平。如图 3-13 所示，在南亚各国中，除巴基斯坦和印度外，中国对其余国家的直接投资都较少。2017 年以来，中国对尼泊尔的直接投资有所增加。从图 3-13 中可以看出，2003 年以来，中国对巴基斯坦的投资规模基本处于南亚地区的第 1 位，这主要得益于中巴两国关系友好，特别是"中巴经济走廊"的建设为两国进一步投资合作奠定了良好的基础，同时巴基斯坦市场潜力巨大，地理区位优势明显，是联系南亚、中亚、西亚的交通枢纽和贸易、能源走廊。印度是中国在南亚地区直接投资的第二大国，从图 3-13 可以看出，近年来中国对印度的直接投资呈现较大波动，从 2017 年以来，投资存量呈下降趋势。

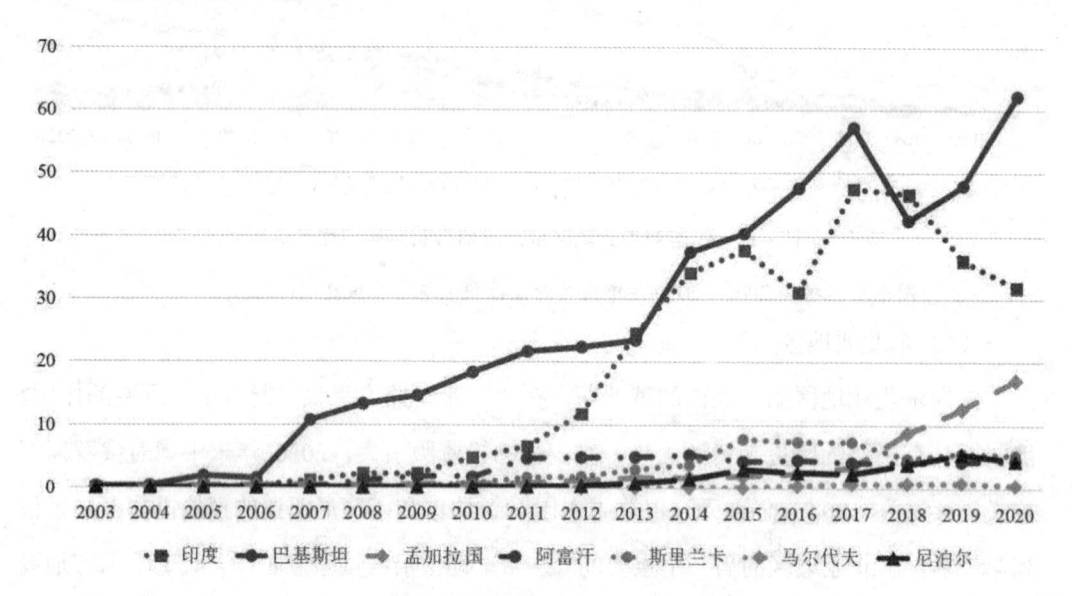

图 3-13 中国对南亚地区直接投资存量国别对比（亿美元）

注：图中数据根据 2003—2020 年中国对外直接投资统计公报整理得到。

（6）中东欧地区

中东欧地区位于丝绸之路经济带的两端，政治环境较为稳定，劳动力素质较高，与中国的产业互补性强。随着近年来双方合作机制的完善，中国对中东欧各国的直接投资呈上升趋势，但与其他区域相比，总体投资规模仍然较小。如图 3-14 所示，中国对中东欧各国的直接投资主要分布在塞浦路斯、白俄罗斯、波兰、匈牙利等国。2009—2016年，中国对匈牙利的直接投资存量明显高于其他国家；2017 年以来，中国对塞浦路斯的直接投资迅速增加，但 2020 年降幅较大；此外，中国对捷克、白俄罗斯、波兰的直

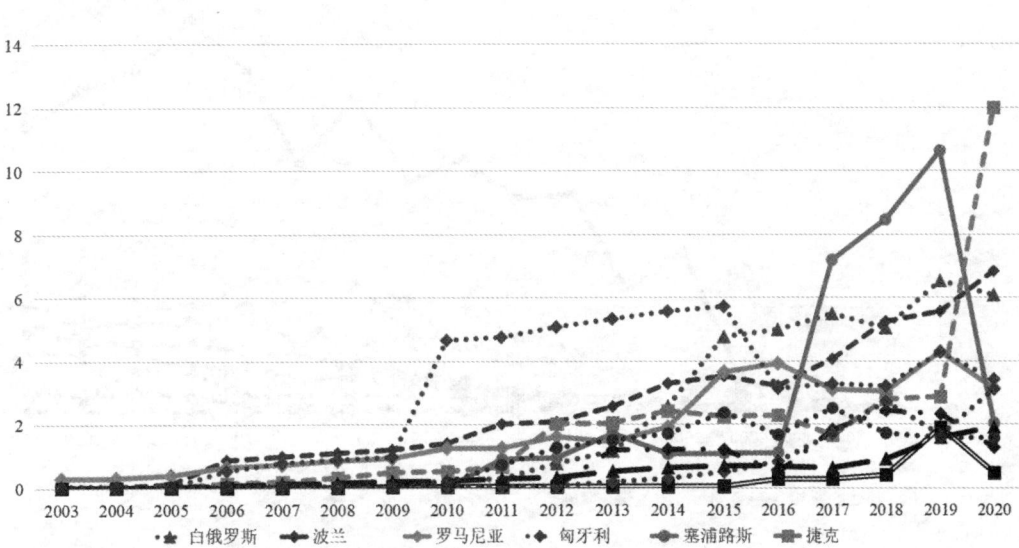

接投资增长速度也较快。

图 3-14　中国对中东欧地区直接投资存量国别对比（亿美元）

注：图中数据根据 2003—2020 年中国对外直接投资统计公报整理得到。

（7）非洲地区

随着中非政治互信和合作机制不断深化，中国对"一带一路"沿线的非洲国家直接投资规模持续扩大。如图 3-15 所示，中国对南非的直接投资明显高于沿线其他非洲国家。南非是非洲地区政治经济环境较为稳定的国家，且南非矿产资源丰富，基础设施较发达，劳动力资源丰富，金融、法律体系较为健全，2020 年末中国对南非的直接投资占中国对沿线非洲国家投资总额的 27.5%。此外，中国对尼日利亚、埃塞俄比亚、肯尼亚等国的直接投资相对较多。

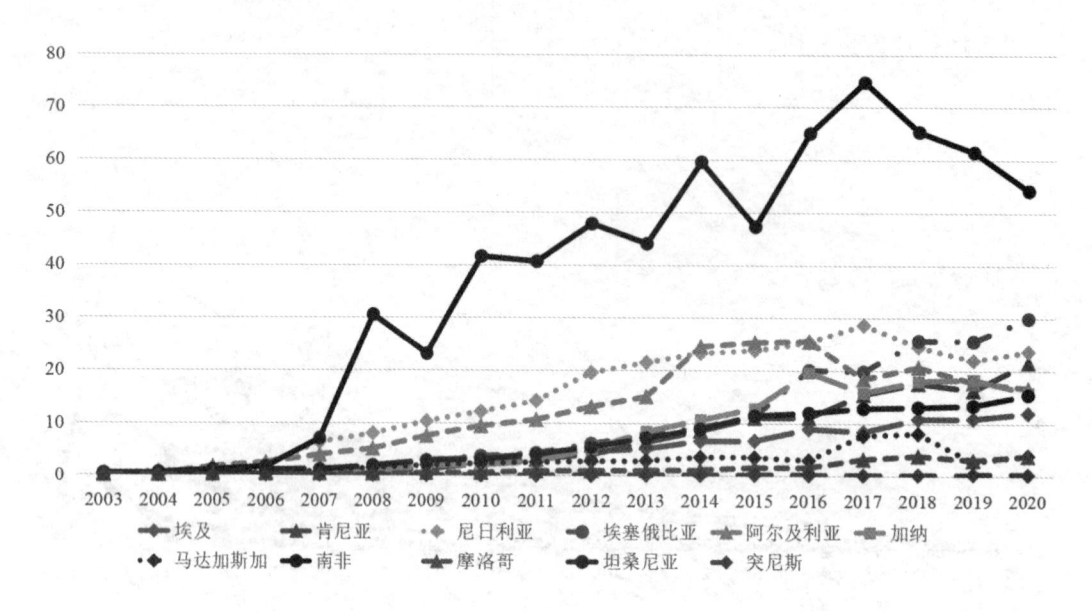

图 3-15 中国对非洲地区直接投资存量国别对比（亿美元）

注：图中数据根据 2003—2020 年中国对外直接投资统计公报整理得到。

3.1.4 中国对外直接投资的行业分布

中国对外直接投资覆盖面较广，从 2016 年起，中国对外直接投资覆盖了国民经济的 18 个行业。表 3-2 列出了 2008—2019 年中国对外直接投资流量分行业累计情况。从表 3-2 中可以看出，2008—2019 年，中国在租赁和商务服务业的累计投资量最高，达到 4 377.1 亿美元，占全部累计投资总额的 32.31%；其次是金融业、批发和零售业、制造业，占比均在 10% 以上；排名第五的是采矿业，占比为 8.37%。排名前五位的行业对外直接投资流量累计占比达到 78.4%，排名前十位的行业累计占比达到 93.75%，行业集中度较高。

表 3-2　2008—2019 年中国对外直接流量分行业累计分布

行业	累计投资额（亿美元）	占比（%）
租赁和商务服务业	4 377.1	32.31
金融业	1 782	13.15
批发和零售业	1 738.2	12.83
制造业	1 590.6	11.74
采矿业	1 134.6	8.37
房地产业	537.6	3.97
信息传输、软件和信息技术服务业	487.1	3.60
交通运输、仓储和邮政业	423.5	3.13
建筑业	374.4	2.76
电力、热力、燃气及水的生产和供应业	256.3	1.89
科学研究和技术服务业	248.3	1.83
农、林、牧、渔业	205.2	1.51
居民服务、修理和其他服务业	173.8	1.28
文化、体育和娱乐业	86	0.63
住宿和餐饮业	49	0.36
水利、环境和公共设施管理业	36.9	0.27
教育	17.3	0.13
卫生和社会工作	15.9	0.12
其他	13.8	0.10

注：表中数据根据 2008—2019 年中国对外直接投资统计公报计算整理得到。

为进一步说明中国对外直接投资的行业结构变动情况，笔者测算了中国对外直接投资流量部分行业的年度占比，如表 3-3 所示。由于部分行业在较早年份没有进行对外直接投资，因此笔者选择以下 12 个行业进行测算：租赁和商务服务业，制造业，金融业，批发和零售业，信息传输、软件和信息技术服务业，采矿业，交通运输、仓储和邮政业，电力、热力、燃气及水的生产和供应业，建筑业，科学研究和技术服务业，房地产业，农、林、牧、渔业。经测算，在 2008—2019 年这 12 个行业的中国对外直接投资流量的累计占比达到 97.09%，可以充分反映中国对外直接投资流量的行业结构变动。

表 3-3 2008—2019 年中国对外直接流量行业占比情况（%）

年份	租赁和商务服务业	制造业	金融业	批发和零售业	信息传输、软件和信息技术服务业	采矿业	交通运输、仓储和邮政业	电力、热力、燃气及水的生产和供应业	建筑业	科学研究和技术服务业	房地产业	农、林、牧、渔业
2008	38.85	3.17	25.13	11.64	0.54	10.41	4.76	2.34	1.31	0.30	0.61	0.30
2009	36.21	3.96	15.44	10.86	0.50	23.60	3.66	0.83	0.64	1.38	1.66	0.60
2010	44.01	6.77	12.54	9.78	0.74	8.30	8.23	1.45	2.37	1.48	2.34	0.77
2011	34.29	9.43	8.13	13.82	1.04	19.36	3.43	2.52	2.21	0.95	2.64	1.07
2012	30.49	9.87	11.46	14.86	1.41	15.41	3.40	2.21	3.70	1.68	2.30	1.66
2013	25.09	6.68	14.00	13.58	1.30	23.01	3.07	0.63	4.04	1.66	3.66	1.68
2014	29.91	7.78	12.93	14.86	2.57	13.44	3.40	1.44	2.76	1.36	5.36	1.66
2015	24.89	13.72	16.65	13.19	4.68	7.72	1.87	1.46	2.57	2.30	5.35	1.76
2016	33.54	14.81	7.61	10.65	9.52	0.98	0.86	1.80	2.24	2.16	7.77	1.68
2017	34.29	18.64	11.87	16.62	2.80	-2.34	3.46	1.48	4.13	1.51	4.30	1.59
2018	35.50	13.36	15.18	8.56	3.94	3.24	3.61	3.29	2.53	2.66	2.15	1.79
2019	30.59	14.78	14.57	14.22	4.00	3.75	2.83	2.83	2.76	2.51	2.50	1.78

注：表中数据根据 2008—2019 年中国对外直接投资统计公报计算整理得到。

由表 3-3 中各行业的占比情况可以看出，2008—2019 年，租赁和商务服务业的占比始终最高，除该行业之外，其他行业对外直接投资结构有较为明显的调整趋势。制造业的占比显著提高，由 2008 年 3.17%提升到 2019 年的 14.78%，提升幅度超过 10 个百分点，排名由 2008 年的第 6 位上升至 2019 年的第 2 位；金融业、批发和零售业的占比变动不大，排名也始终处于前 5 位；信息传输、软件和信息技术服务业，科学研究和技术服务业等新兴服务业的占比显著提高，电力、热力、燃气及水的生产和供应业，建筑业，房地产业等基础设施建设行业占比也有所提高；采矿业，交通运输、仓储和邮政业地位不断下降，其中采矿业下降幅度最大；农、林、牧、渔业的占比有明显提高，从 2012 年起基本保持在 1.7%左右的占比，排名较为靠后，投资规模较小。

表 3-4 列出了 2008 年、2013 年以及 2019 年中国对外直接投资存量的行业分布情况。由表 3-4 中数据可以看出，中国对外直接投资仍以租赁和商务服务业、批发和零售业、金融业等传统行业为主，但信息传输、软件和信息技术服务业的占比显著提高，2019 年末已达到 9.2%，排名第 4 位。而采矿业，交通运输、仓储和邮政业等传统资源和服务型行业的占比持续下降，其中采矿业的对外直接投资占比从 2008 年的 12.4% 下降到 2019 年的 8.0%，交通运输、仓储和邮政业的占比从 2008 年的 7.9% 下降到 2019 年的 3.5%。

表 3-4 中国对外直接投资存量前十位分行业分布

年份 排名	2008 行业	比重	2013 行业	比重	2019 行业	比重
1	租赁和商务服务业	29.7%	租赁和商务服务业	29.6%	租赁和商务服务业	33.4%
2	金融业	19.9%	金融业	17.7%	批发和零售业	13.5%
3	批发和零售业	16.2%	采矿业	16.1%	金融业	11.6%
4	采矿业	12.4%	批发和零售业	13.2%	信息传输、软件和信息技术服务业	9.2%
5	交通运输、仓储和邮政业	7.9%	制造业	6.4%	制造业	9.1%
6	制造业	5.3%	交通运输、仓储和邮政业	4.9%	采矿业	8.0%
7	房地产业	2.2%	建筑业	2.9	交通运输、仓储和邮政业	3.5%
8	建筑业	1.5%	房地产业	2.3%	房地产业	3.5%
9	科学研究和技术服务业	1.1%	电力、热力、燃气及水的生产和供应业	1.7%	科学研究和技术服务业	2.1%
10	电力、热力、燃气及水的生产和供应业	1.0%	科学研究和技术服务业	1.3%	建筑业	1.9%

注：数据来源于《2008 年度中国对外直接投资统计公报》《2013 年度中国对外直接投资统计公报》《2019 年度中国对外直接投资统计公报》。

3.2 中国对外直接投资的总体特征

3.2.1 多边投资合作机制逐步完善健全

在已有多边合作机制的作用下，中国的对外直接投资合作机制进一步拓展，特别是 2020 年 11 月《区域全面经济伙伴关系协定》的签署，意味着世界上人口最多、经贸规模最大的自贸区全面启动，为中国进一步加强与沿线国家的投资合作带来了新的机遇。2019 年，中国对 RCEP 成员国的投资额占中国对外直接投资总额的 10%以上。随着多边投资合作机制的完善，中国与沿线成员国的投资合作关系将更加紧密。

3.2.2 境外经贸合作区建设稳步推进

近年来，境外经贸合作区在产业聚集、要素有效流动、共享政策红利等方面有力地推动了中国对沿线国家的直接投资规模。共建境外经贸合作区，一方面有助于增加东道国的税收收入和就业机会，促进东道国的技术进步及经济发展；另一方面有助于中国企业快速融入东道国，实现与东道国政策、产业需求的有效对接，推动产业链的进一步延伸。截至 2019 年底，中国在沿线国家建设的境外经贸合作区累计投资达到 350 亿美元，占中国境外经贸合作区投资总额的 83.5%，上缴东道国税费超过 30 亿美元，为当地创造就业岗位超 32 万个。

3.2.3 问题投资次数逐渐减少

东道国在产业、技术、基础设施等方面的需求与中国的发展实际具有较强的互补性，这也是双方投资合作的坚实基础。但在中国企业对外投资的过程中，也频频因为东道国投资环境风险遭受损失甚至投资失败。图 3-16 是根据中国全球投资追踪（China Global Investment Tracker, CGIT）数据库绘制的 2005—2020 年中国对外投资额在 1 亿美元以上的问题投资次数。从图 3-16 可以看出，在中国对外直接投资的过程中，出现问题投资的次数在 2014 年以前呈波动上升趋势。而近年来虽然投资规模快速扩大，但出现问题投资的次数却呈逐渐下降的趋势。这说明，近年来中国不断加强与投资东道国的政治互信与沟通合作，有利于投资的制度安排，同时也能够不断增强中国企业在东道国进行投资的信心，有利于"走出去"战略的实施。

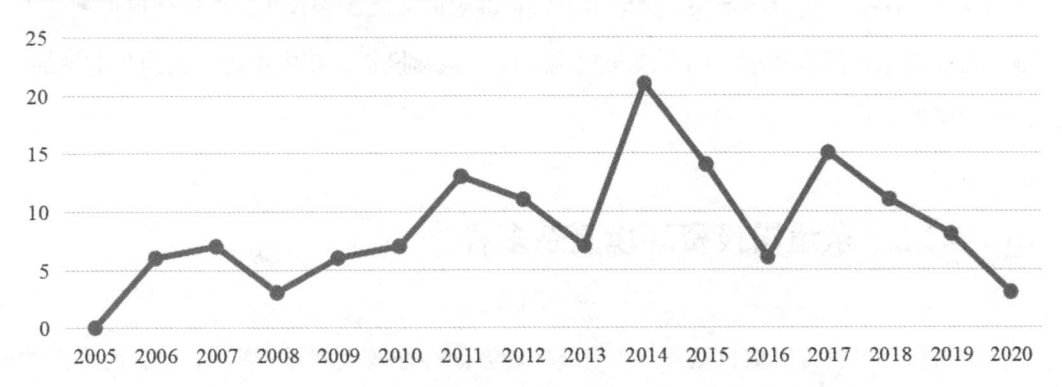

图 3-16 中国对外直接投资问题投资次数

注：图中数据根据中国全球投资追踪数据库 2005—2020 年信息计算整理得到。

3.3　中国对外直接投资存在的问题

如前所述，中国对外直接投资规模不断扩大，问题投资次数逐渐减少，但随着国际经济、政治环境的变化以及各东道国投资环境的变化，中国在对外直接投资过程中还将面对许多挑战。因此，我们必须高度关注中国在对外直接投资过程中存在的主要问题，以最大限度地减少和避免中国企业在东道国投资中的损失。

3.2.1 全球不确定性因素长期存在，潜在投资风险增加

2008 年国际金融危机后，世界经济长期低迷，全球需求大幅下降，贸易投资格局发生了深刻变化。近年来，一些发达国家开始陆续倡导本国企业实行制造业回流，同时部分发达国家开始针对中国收紧外资审查政策。这些都将使中国企业在高新技术产业等领域的并购规模有所缩减。此外，全球新冠肺炎疫情暴发，世界各国经济都严重受挫，单边主义、保护主义持续抬头，全球价值链、供应链面临断裂危机，这也严重抑制了中国对沿线国家直接投资项目的开展与实施。以上国际投资合作中不确定性因素的增加，使得中国的潜在投资风险增加。

3.2.2 东道国投资环境复杂多样

中国对外投资国家数目众多，在投资环境方面存在较大差异。首先，从制度层面的投资环境看，部分东道国政治不稳定、民主与法治程度低、地缘关系复杂，比如中亚地区的宗教极端主义，巴基斯坦、阿富汗等国的恐怖主义，另外，如西亚地区的以色列、叙利亚处于大国博弈的漩涡，政治矛盾尖锐，政治局势更是复杂多变，这些政治制度层面的矛盾都具有易发性和突发性，一些小事件可能引发较大的动荡甚至政权更迭，给中国的直接投资带来较大的政治风险。此外，各东道国之间的营商环境差异较大。对于营商环境较差的国家，中国企业在东道国开办新企业的手续会较为复杂且耗时耗材，同时营商环境欠佳的国家在保护投资者等方面的相关法律及政策也较为不健全，投资者利益得不到相应的保障，各种制度的规范性有待增强，透明度有待提高，从而制约了中国企业的对外直接投资。

其次，从非制度层面的投资环境看，东道国的金融环境、劳动力供给环境等也存在较大差异。部分国家存在较为严重的通货膨胀、银行系统不稳定、汇率波动较大、企业获得资金有限等问题，这将为中国企业带来一定的经济风险。同时，部分国家的基础设施较为落后，劳动力供给环境欠佳，中国企业在海外雇佣劳动力的过程中可能遇到大罢

工等情况,这些都将在一定程度上阻碍中国企业的对外直接投资。

3.2.3 投资行业相对集中,且多为大国博弈焦点

中国对外直接投资主要集中于能源、交通运输等行业。能源行业是目前最为敏感的行业之一,拥有丰富能源资源的西亚、中东等地区也是多年来全球大国博弈的焦点。因此,中国企业在东道国开展投资经营活动,来自域外大国的阻碍与干扰会逐渐增加,这势必会增加中国企业直接投资的风险,给中国企业"走出去"带来严峻的考验。此外,交通运输等基础设施的建设一般耗时较长,这也为中国企业的直接投资带来了较大的风险,一旦东道国的政治、经济等环境在投资建设期内发生较大变化,就可能使一些基础设施领域的投资项目受阻甚至撤资,从而增加了中国企业的投资风险。

3.2.4 投资主体相对单一,投资阻力较大

由于大型国有企业在资金、技术、抗风险等方面比中小企业更具优势,因此目前中国的对外直接投资主体主要为大型国有企业,相对较为单一。但国有企业这一特殊身份可能引来东道国政府及民众的质疑与排斥,特别是在一些西方势力的扭曲宣传下,将中国的对外直接投资视为"中国威胁",加深东道国民众对中国的误解和偏见,从而使中国企业在东道国直接投资进程严重受阻,增加了中国对外直接投资的难度。

3.2.5 社会差异较大,投资障碍尚存

大部分投资东道国与中国的社会环境、文化背景、宗教信仰迥异,这种跨国障碍不仅限制了中国与东道国的沟通交流,同时也为中国企业在东道国直接投资的收益与效率带来了一定的负面影响。首先,中国的投资东道国范围较大,包含多种语言体系,特别是对于一些使用范围较小的语种,中国企业在直接投资过程中,很容易出现双方理解上

的偏差或合同上的疏漏，从而导致投资失败。其次，由于文化基础、风俗习惯以及宗教信仰的不同，东道国的价值观念、思维方式与中国会有所差异，中国企业需要在进入东道国之前，对东道国进行深入了解。比如，投资企业需要深入了解当地居民的价值取向，并及时调整企业的管理理念与经营方式，从而有效调动东道国员工的工作积极性，保障对外直接投资的顺利开展，否则极易触碰到对方的禁忌而造成不可逆转的损失。

3.4 本章小结

本章主要对中国对外直接投资的总体发展现状、国别分布与区域分布特征以及急需解决的关键问题进行了分析。

第一，从总量规模、区域分布等角度分析了中国对外直接投资的发展现状。中国对外直接投资规模持续增长，投资领域趋于多元化，多边投资合作机制逐步完善，境外经贸合作区建设稳步推进，问题投资次数逐渐减少。从国别差异角度看，呈现出重点国家集中、国别差异大的特征；从区域分布角度看，逐渐呈现多元化的特征。

第二，中国对外直接投资面临的主要问题包括全球不确定性因素长期存在、东道国投资环境复杂多样、投资行业多为大国博弈焦点、投资主体相对单一、社会差异较大等，这些问题将进一步导致潜在投资风险增大，增加投资阻力。

第4章 东道国投资便利化水平的测度与评价

如前所述,企业在进行直接投资的过程中,往往由于投资东道国复杂多样的投资环境,导致投资受损。由此可见,企业需要嵌入东道国特定的投资环境,来综合考量影响投资决策及投资效率的主要因素。目前研究投资效率的文献,考虑的投资效率损失影响因素多数都集中在单一制度层面。协天紫光和樊秀峰(2019)认为,中国跨国投资的绩效不仅取决于东道国的自然环境因素,更依赖于东道国法律、政策、基础设施、金融服务等制度及非制度层面的投资环境的建设,因而东道国的投资便利化水平将直接影响中国对外直接投资的效率。

为进一步测定中国对外直接投资效率,并从东道国投资便利化的角度分析造成投资效率损失的主要因素,笔者将东道国自然因素以外的多维投资环境进行细分,构建东道国投资便利化评价指标体系,测算样本国的投资便利化水平,作为后续投资效率实证分析的基础数据。

4.1 投资便利化评价指标体系的构建

4.1.1 关于投资便利化评价指标体系的相关研究

4.1.1.1 国际组织关于投资便利化评价指标体系的研究

近年来,国际组织从不同角度关注投资问题,旨在协调并简化各国投资者在国际投资过程中的程序，营造公开、透明、可预期的投资环境。目前，关于东道国投资便利化水平的量化研究较少，其中最具代表性的是世界银行发布的营商环境报告（Doing Business Report, DBR），主要用于衡量东道国的营商环境对企业跨国经营的影响，比较世界各经济体的营商监管环境，目前评价范围已扩展到全球 190 个经济体。营商环境报告的具体评价指标体系如表 4-1 所示。该报告的评价指标能够较为客观全面地反映各国的市场监管环境，促进各国营商环境的进一步优化。

表 4-1 世界银行营商环境报告评价指标体系

一级指标	二级指标
开办企业	1.手续（数量）； 2.时间（天数）； 3.成本（人均收入百分比）； 4.最低实缴资本（人均收入百分比）
办理施工许可证	1.手续（数量）； 2.时间（天数）； 3.成本（仓库价值百分比）； 4.建筑质量控制指数（0～15）
获得电力	1.手续（数量）； 2.时间（天数）； 3.成本（人均收入百分比）； 4.供电可靠性和电费透明度指数（0～8）
登记资产	1.手续（数量）； 2.时间（天数）； 3.成本（财产价值百分比）； 4.土地管理质量指数（0～30）
获得信贷	1.合法权利力度指数（0～12）； 2.信贷信息深度指数（0～8）； 3.信用局覆盖率（成年人百分比）； 4.信贷登记机构覆盖率（成年人百分比）
保护少数投资者	1.披露程度指数（0～10）； 2.董事责任程度指数（0～10）； 3.股东诉讼便利度指数（0～10）； 4.股东权利指数（0～10）； 5.所有权和管理控制指数（0～10）； 6.公司透明度指数（0～10）

续表

一级指标	二级指标
纳税	1.缴税次数（每年）； 2.时间（小时数/年）； 3.总税收和缴费率（占利润百分比）； 4.报税后流程指数（0~100）
跨境贸易	1.出口时间（小时）； 2.出口成本（美元）； 3.进口时间（小时）； 4.进口成本（美元）
执行合同	1.时间（天数）； 2.成本（索赔额百分比）； 3.司法程序质量指数（0~18）
办理破产	1.时间（年数）； 2.成本（资产价值百分比）； 3.回收率（百分比）； 4.破产框架力度指数（0~16）

注：资料来源于世界银行《2020年营商环境报告》。

世界经济论坛发布的历年全球竞争力报告（The Global Competitiveness Report, GCR）则从更广的范围和全景视角，计算各经济体的全球竞争力指数，系统地评估各个经济体的发展潜力，以供决策参考和比较研究。为更好地适应全球政治、经济形势的变化，更加客观地评价各经济体的竞争力，世界经济论坛又将第四次工业革命的概念纳入竞争力的定义，将原有的全球竞争力指数调整为全球竞争力指数4.0，该指数分为四大类，由12个竞争力支柱（即一级指标）组成，在12个一级指标下又具体细分为98个二级指标，具体指标体系如表4-2所示。该报告中的部分指标有利于综合评价各经济体的投资环境，为各国之间开展有效的投资活动提供了客观的数据支撑。

表 4-2 世界经济论坛全球竞争力报告评价指标体系

类型	一级指标	二级指标
有利条件	制度	1.有组织犯罪的商业成本；2.谋杀率；3.恐怖主义发生率；4.警察服务的可靠性；5.社会资本；6.预算透明度；7.司法独立；8.法律框架在挑战规章制度中的效率；9.新闻自由；10.政府管制的负担；11.法律框架解决争端效率；12.电子化参与；13.政府的未来方向；14.腐败发生率；15.产权；16.知识产权保护；17.土地管理质量；18.审计和会计准则的力度；19.利益冲突监管；20.股东治理
有利条件	基础设施	1.道路连通性；2.道路质量；3.铁路密度；4.列车服务效率；5.机场连接；6.航空运输服务效率；7.班轮运输连接；8.海港服务效率；9.电气化率；10.输配电损失；11.接触不安全饮用水；12.供水可靠性
有利条件	ICT 应用	1.移动蜂窝电话订阅；2.移动宽带订阅；3.固定宽带互联网订阅；4.光纤互联网订阅；5.互联网用户
有利条件	宏观经济稳定	1.通货膨胀率；2.债务动态
人力资源	卫生	1.健康预期寿命
人力资源	技能	1.平均受教育年限；2.员工培训程度；3.职业培训质量；4.毕业生技能；5.在职人口的数字技能；6.熟练员工雇佣；7.学校平均寿命；8.批判性思维教学；9.小学师生比例
市场	产品市场	1.税收和补贴对竞争的扭曲效应；2.市场主导程度；3.服务业竞争；4.非关税壁垒普遍性；5.贸易关税；6.关税复杂性；7.边境通关效率；8.服务贸易开放
市场	劳动力市场	1.裁员成本周薪；2.雇佣及解雇做法；3.劳资合作；4.工资确定的灵活性；5.积极的劳工政策；6.工人权利；7.外国劳工雇佣容易度；8.内部劳工流动性；9.依赖专业管理；10.薪酬和生产力；11.女性劳动参与率；12.劳动税率
市场	金融体系	1.向私营部门提供的国内信贷；2.中小企业融资；3.风险资本可得性；4.市场资本总值；5.保险率；6.银行稳健性；7.不良贷款比重；8.信用缺口百分比；9.银行监管资本比率
市场	市场规模	1.按购买力平价计算的国内生产总值；2.进口占 GDP 的比重
创新生态系统	商业活动	1.创业成本人均 GNI；2.创业耗时；3.破产回收率；4.破产监管框架；5.对创业风险的态度；6.下放权利意愿；7.创新公司成长；8.接受颠覆性思想的公司
创新生态系统	创新能力	1.劳动力多样性；2.集群发展状况；3.国际共同发明申请；4.多利益攸关方合作；5.科学出版社；6.专利申请；7.研发支出；8.科研机构质量指数；9.买方成熟度；10.商标申请

注：资料来源于世界经济论坛《2019 年全球竞争力报告》。

此外，联合国贸易和发展会议出版的历年世界投资报告则通过投资潜力指数和外资吸引指数，对投资环境水平进行量化分析，为决策者提供支持，极大地推动了各国投资政策与法规的完善。

4.1.1.2　学术界关于投资便利化评价指标体系的研究

目前，学术界关于投资环境的评价主要集中于投资便利化的角度。协天紫光和樊秀峰（2019）、韩萌（2019）等学者主要从基础设施、营商环境、金融商业环境、制度供给等方面构建了投资便利化评价体系，并对投资便利化水平进行了测度。目前学术界关于投资便利化指标的选取相对集中，这也为笔者构建投资环境评价体系奠定了一定的基础。

在上述关于投资便利化的相关研究中，政治环境一直被忽略，然而在现实中，东道国的政治环境会对投资活动产生较大影响。尽管在国际组织及学术界的相关研究中，政治环境并未被列入指标体系，但企业在进行对外直接投资时还是会高度关注东道国的政治环境。胡浩等（2017）指出，在基于随机前沿引力模型进行投资效率分析时，除自然因素外，其他人为因素也应被考虑。基于此，笔者将对前人的研究进行拓展与延伸，构建一个能够更加完整、系统地评价东道国投资便利化水平的指标体系。

4.1.2　指标的选取

实现对外直接投资的高质量发展是中国经济发展的动力，因此投资东道国投资便利化评价指标体系既要与中国对外直接投资的总体构想和目标一致，又要能够客观科学地量化东道国投资便利化水平的实际情况，帮助企业在投资合作过程中发掘投资潜力，提高投资效率，这对进一步优化中国的对外直接投资布局也具有十分重要的意义。

笔者在以往研究成果的基础上，结合中国对外直接投资的总体目标，充分借鉴营商环境报告、全球竞争力报告、世界投资报告等报告中对投资环境的最新评价思路，并从世界银行世界治理指数（World Governance Indicators, WGI）中筛选关于政治环境的相关指标，从制度与非制度两个层面构建了由 6 个一级指标组成的东道国投资便利化评价指标体系，同时将一级指标具体细分为 28 个二级指标，以便进一步全面和准确评价东道国的投资便利化水平。具体指标如表 4-3 所示。

表 4-3 东道国投资便利化评价指标体系

一级指标	二级指标	取值范围	数据来源	指标属性
营商环境（B）	开办企业（B_1）	1～100	DBR	正向
	获得施工许可（B_2）	1～100	DBR	正向
	登记资产（B_3）	1～100	DBR	正向
	执行合同（B_4）	1～100	DBR	正向
	破产处理（B_5）	1～100	DBR	正向
金融及经济环境（F）	风险资本可得性（F_1）	1～7	GCR	正向
	银行稳健性（F_2）	1～7	GCR	正向
	获得信贷（F_3）	1～100	DBR	正向
	通货膨胀率（F_4）	0～1	GCR	逆向
劳动力供给环境（L）	劳资合作（L_1）	1～7	GCR	正向
	雇佣及解雇做法（L_2）	1～7	GCR	正向
	工资确定的灵活性（L_3）	1～7	GCR	正向
	薪酬和生产力（L_4）	1～7	GCR	正向
	依赖专业管理（L_5）	1～7	GCR	正向
政策及法制环境（S）	司法独立（S_1）	1～7	GCR	正向
	政府管制的负担（S_2）	1～7	GCR	正向
	法律框架解决争端效率（S_3）	1～7	GCR	正向
	知识产权保护（S_4）	1～7	GCR	正向
	保护少数投资者（S_5）	1～100	DBR	正向
政治环境（P）	有组织犯罪的商业成本（P_1）	1～7	GCR	正向
	政治稳定及无恐怖主义（P_2）	-2.5～2.5	WGI	正向
	民主自由度（P_3）	-2.5～2.5	WGI	正向
	腐败监管力度（P_4）	-2.5～2.5	WGI	正向
基础设施环境（I）	公路质量（I_1）	1～7	GCR	正向
	港口质量（I_2）	1～7	GCR	正向
	航空质量（I_3）	1～7	GCR	正向
	移动电话订阅（I_4）	0～200	GCR	正向
	获得电力（I_5）	1～100	DBR	正向

营商环境指标旨在衡量和评估外资企业在东道国从事经营活动所处的整体市场环境。为了进一步加强外资吸引力，东道国通过进一步完善外资政策，简化外资审批程序，不断优化营商环境，为外资企业的进入提供便利的条件，这都有助于降低外资企业在东道国的经营成本，激发外商投资的积极性。因此，该指标得分越高说明东道国的营商环境水平越高。该指标下设5个二级指标，包含了从企业创办、经营直至结束的全过程评价指标。其中，"开办企业"侧重考察在东道国的外资进入门槛；"获得施工许可""登记资产"以及"执行合同"侧重考察东道国是否能为境外投资者提供便利化的经营环境；"破产处理"则侧重考察外资企业在东道国申请破产的难易程度。

金融及经济环境指标旨在考察外资企业在东道国开展经营活动所处金融及经济环境。东道国良好的金融市场环境及稳定的经济环境能为企业在跨境结算、汇率风险管理等方面提供便捷的服务，极大地推动外资企业在当地的资本运作效率，同时有助于降低外资企业融资成本及面临的金融风险。因此，该指标的得分越高，说明东道国的金融服务水平越高，经济环境越稳定。该指标下设4个二级指标，其中"风险资本可得性""银行稳健性"以及"获得信贷"主要考察东道国金融服务以及金融市场水平，"通货膨胀率"主要考察东道国宏观经济的稳定性。

劳动力供给环境指标旨在衡量和评估东道国雇佣合作关系、工资灵活性以及劳动监管质量等方面的总体水平。该指标得分越高说明东道国的劳动力市场环境越完善。目前，在学术界关于劳动力供给水平对直接投资的影响存在分歧：一种观点认为劳动力市场越完善，外资企业在劳动力雇佣及工资确定等方面就拥有越多的灵活性，越有利于外商投资；另一种观点认为，为吸引外商投资，东道国应降低对劳动力的保护力度，降低劳动力成本。该指标下设5个二级指标，其中"劳资合作"和"雇佣及解雇做法"主要考察东道国在雇佣合作关系方面是否给予了外资企业相对自由的雇佣空间；"工资确定的灵活性"及"薪酬和生产力"侧重考察东道国在劳工工资确定方面的灵活程度；"依赖专业管理"则重点考察东道国的劳动监管质量，这将直接影响东道国的人力资源质量以及劳动力的工作效率，进而影响外资企业的管理效率。

政策及法制环境指标旨在衡量和评估东道国各种规章、政策及法律制度的规范性和有效性。东道国良好的政策及法制环境，可以为外资企业提供安全稳定的发展环境，最大限度地保障投资者的收益，从而促进投资企业优化投资经营策略、化解投资风险，提升运营效率。因此，该指标得分越高，说明东道国的政策及法制环境越优越。该指标下设5个二级指标，分别从法律制度效率和投资者保护的角度对指标进行细化。其中，"司法独立""政府管制的负担""法律框架解决争端效率"这3个二级指标，侧重考察东道国的法律框架是否完善，法制环境是否公平有效。"司法独立"主要考察东道国的司法程序独立于政府、公司或公民的程度；"政府管制的负担"主要考察外资企业在遵守东道国的相关法律、政策管制时的负担；"法律框架解决争端效率"则强调东道国的法律制度在处理市场争端时的效率。"知识产权保护"和"保护少数投资者"这2个二级指标则注重考察东道国对知识产权及投资者的保护力度。"知识产权保护"主要考察东道国对知识产权的保护力度；"保护少数投资者"主要考察东道国对投资者权益的保护程度，进而考察东道国投资市场的秩序。

政治环境指标主要考察东道国内部和外部的总体政治背景，旨在评价东道国的政治稳定性和社会稳定性。政治环境一旦恶化就会对境外投资项目造成危害，因此该指标得分越高，说明该国的政治环境越稳定，相应的投资风险越低。该指标下设4个二级指标，其中"有组织犯罪的商业成本"和"政治稳定及无恐怖主义"主要考察东道国政府维护自身政权稳定以及有效制定和执行政策的能力；"民主自由度"和"腐败监管力度"侧重考察东道国社会层面是否存在冲突。

基础设施环境指标旨在考察东道国公共基础设施的完备水平。东道国完善的交通基础设施可以降低外资企业在东道国运输成本，提高运输效率；而通信及电力供应是企业生产运作的必要保障，通信及电力设施越完备的国家，其外资聚集度就越高。因此，该指标的得分越高，说明东道国的基础设施环境越完善。该指标下设5个二级指标，其中"公路质量""港口质量"以及"航空质量"主要考察交通基础设施的可用性和质量，"移动电话订阅"主要考察东道国在信息通信技术方面的可用性及使用情况，"获得电力"则主要评价东道国在电力供应方面的能力。

4.2 东道国投资便利化评价指标权重的确定

4.2.1 评价方法的选择

通过对现有文献的梳理，目前关于综合指标体系赋予权重的方法主要集中于层次分析法和主成分分析法。

层次分析法主要是结合决策者对指标属性的主观判断来确定指标权重，进而根据矩阵特征向量决定各元素指标权重，最后通过加权求和的方法计算最终权重。这种方法在确定权重的过程中，受到决策者主观偏好的影响较大，因此容易使评价结果产生一定的偏差，缺乏客观性。

主成分分析法是采用降维的思想，利用原变量之间的相关关系，将原来多个变量划为少数几个综合指标，并使这些少数变量尽可能多地保留原来变量所反映的信息。与层次分析法相比，主成分分析法的权重确定过程更加客观科学，但主成分分析法中二级指标数量的多少会对权重的确定有一定影响，所以采用该方法，要求二级指标的数量尽量均等化。

笔者所建立的东道国投资便利化评价指标体系，选取 6 个一级指标，并且每个一级指标都下设 4~5 个二级指标，二级指标的数量趋于均等化，同时各二级指标覆盖范围较广且具有一定的相关性。由此可见，笔者所构建的指标体系符合主成分分析法对指标的要求。综上所述，为了克服层次分析法中的主观性，笔者采用主成分分析法，对沿线国家的投资便利化水平进行综合评估，为测度中国对外直接投资效率提供客观的数据支撑。

4.2.2 主成分分析法概述

主成分分析法主要是通过正交变换的计算方法,将原有变量间的相关关系弱化,生成新的不相关变量,并尽可能保留原有信息。具体步骤如下:

第一步:对原始数据进行标准化处理,计算原有变量的相关系数矩阵。

$$R = \begin{bmatrix} r_{11} & r_{12} & \cdots & r_{1p} \\ r_{21} & r_{22} & \cdots & r_{2p} \\ \vdots & \vdots & & \vdots \\ r_{p1} & r_{p2} & \cdots & r_{pp} \end{bmatrix} \quad \text{(公式14)}$$

其中,$r_{ij}(i, j=1, 2, \cdots, p)$ 为变量相关系数。具体公式为:

$$r_{ij} = \frac{\sum_{k=1}^{n}(x_{ki}-\bar{x}_i)(x_{kj}-\bar{x}_j)}{\sqrt{\sum_{k=1}^{n}(x_{ki}-\bar{x}_i)^2 \sum_{k=1}^{n}(x_{kj}-\bar{x}_j)^2}} \quad \text{(公式15)}$$

第二步:计算特征值与特征向量。

首先,采用雅可比法,解特征方程$|\lambda I - R| = 0$,求出特征值。

然后,按照 $\lambda_1 \geq \lambda_2 \geq \cdots \geq \lambda_p \geq 0$ 的顺序排列,分别求出对应于特征值 λ_i 的特征向量 $e_i(i=1, 2, \cdots, p)$,要求$\|e_i\|=1$,即 $\sum_{j=1}^{p} e_{ij}^2 = 1$。其中,$e_{ij}$ 表示向量 e_i 的第 j 个分量。

特征值的大小是反映主成分影响力大小的指标,特征值越大,说明该主成分解释力度越强。

第三步:计算主成分贡献率及累积贡献率。

贡献率:

$$\frac{\lambda_i}{\sum_{k=1}^{p} \lambda_k} \quad (i=1,2,\cdots,p) \quad \text{(公式16)}$$

累积贡献率：

$$\frac{\sum_{k=1}^{i}\lambda_k}{\sum_{k=1}^{p}\lambda_k} \quad (i=1,2,\cdots,p) \tag{公式17}$$

其中，λ_1，λ_2，$\cdots$，λ_m 为所对应的第 1，2，$\cdots$，m（$m \leqslant p$）个主成分。方差的累积贡献率反映了主成分的方差在总方差中所占的累积比例。一般取特征值大于 1 的前 m 个主成分，或累计贡献率达到80%以上的主成分。

第四步：利用主成分载荷，计算主成分系数。

具体公式为：

$$l_{ij} = p(z_i, x_j) = \sqrt{\lambda_i} e_{ij} (i, j = 1, 2, \cdots, p) \tag{公式18}$$

第五步：计算各主成分得分，并进一步确定相应指标的权重。

4.2.3 权重的确定

基于数据的可得性和中国对外直接投资的实际情况，笔者最终选取 58 个国家作为研究对象，并按地域进行划分，包括东南亚 6 国，东北亚 2 国，南亚 5 国，西亚 13 国，中亚 3 国，中东欧 19 国，非洲及拉美 9 国和大洋洲 1 国。由于大洋洲只有新西兰一个国家，因此笔者参考《"一带一路"大数据报告（2018）》的区域划分方式，将新西兰与东南亚国家归为一组，即东南亚及大洋洲，具体划分情况如表 4-4 所示。

表4-4 东道国投资便利化水平评价国别列表

区域	国家
东南亚及大洋洲（7国）	新加坡、印度尼西亚、马来西亚、泰国、越南、菲律宾、新西兰
东北亚（2国）	俄罗斯、韩国
南亚（5国）	印度、巴基斯坦、斯里兰卡、孟加拉国、尼泊尔
西亚（13国）	以色列、阿曼、卡塔尔、阿联酋、黎巴嫩、约旦、科威特、伊朗、巴林、阿塞拜疆、格鲁吉亚、亚美尼亚、土耳其

续表

区域	国家
中亚（3国）	哈萨克斯坦、吉尔吉斯斯坦、塔吉克斯坦
中东欧（19国）	乌克兰、摩尔多瓦、斯洛文尼亚、克罗地亚、爱沙尼亚、罗马尼亚、塞尔维亚、保加利亚、斯洛伐克、匈牙利、拉脱维亚、黑山、捷克、立陶宛、阿尔巴尼亚、波斯尼亚和黑塞哥维那（以下简称"波黑"）、塞浦路斯、希腊、波兰
非洲及拉美（9国）	埃及、肯尼亚、尼日利亚、摩洛哥、阿尔及利亚、加纳、坦桑尼亚、突尼斯、巴拿马

笔者利用这58个样本国2009—2018年10年间的相关指标数据，使用SPSS20软件对数据进行主成分分析并确定各指标的最终权重。具体步骤如下：

第一，原始数据处理。由于原始数据具有不同的量纲和量级，所以首先对数据进行无量纲化处理。在原始指标中，通货膨胀率指标属于逆指标，其他指标属于正指标，笔者将正指标和逆指标的原始数据标准化到0～1的取值范围，以满足不同量纲量级指标的客观可比性。具体的转换公式为：

正指标：

$$Z_i = \frac{x_i - x_{\min}}{x_{\max} - x_{\min}} \quad \text{（公式19）}$$

逆指标：

$$Z_i = \frac{x_{\max} - x_i}{x_{\max} - x_{\min}} \quad \text{（公式20）}$$

其中，Z_i为标准化后的数据值，x_i为原始数据值，$x_{\max}$为该数据的最大值，$x_{\min}$为该数据的最小值。

第二，检验变量间的相关性。笔者利用 SPSS20 软件，对数据进行了 KMO（Kaiser-Meyer-Olkin）检验和 Bartlett's 球形检验（Bartlett's test）。KMO 检验结果的系数为0.821，大于0.8，说明各二级指标之间的相关系数较高；同时，Bartlett's 球形检验的 P 值为0，说明各指标之间的相关性显著。以上检验结果表明，笔者所选取的二级指标具有较强的相关性,可以进行主成分分析。

第三,确定主成分的个数。对标准化后的数据进行主成分分析,得到每个因子的特征值、贡献率和累积贡献率,计算结果如表 4-5 所示。按照主成分分析法,笔者提取特征值大于 1 的前 5 个主成分。由表 4-5 可知,这 5 个主成分提取了个 28 个二级指标中 75.36%的信息量,能够反映出原数据的基本特征。

表 4-5　主成分特征值及贡献率

主成分	特征值	贡献率（%）	累积贡献率（%）	主成分	特征值	贡献率（%）	累积贡献率（%）
Comp1	12.112	43.259	43.259	Comp15	0.305	1.091	95.024
Comp2	3.554	12.691	55.950	Comp16	0.225	0.805	95.829
Comp3	2.518	8.992	64.942	Comp17	0.191	0.683	96.512
Comp4	1.751	6.254	71.196	Comp18	0.170	0.607	97.119
Comp5	1.166	4.166	75.361	Comp19	0.154	0.549	97.668
Comp6	0.867	3.098	78.459	Comp20	0.138	0.494	98.162
Comp7	0.783	2.798	81.257	Comp21	0.121	0.430	98.592
Comp8	0.714	2.550	83.807	Comp22	0.096	0.344	98.936
Comp9	0.653	2.333	86.140	Comp23	0.087	0.309	99.245
Comp10	0.602	2.149	88.290	Comp24	0.060	0.213	99.458
Comp11	0.471	1.683	89.973	Comp25	0.053	0.190	99.648
Comp12	0.407	1.454	91.427	Comp26	0.048	0.173	99.820
Comp13	0.365	1.304	92.731	Comp27	0.030	0.106	99.926
Comp14	0.337	1.202	93.933	Comp28	0.021	0.074	100.000

注：表中数据由作者使用 SPSS20 软件计算而得。

第四,计算主成分的系数。进一步计算得出 5 个主成分的载荷矩阵,计算结果如表 4-6 所示。

表 4-6　主成分载荷矩阵

二级指标	主成分				
	1	2	3	4	5
开办企业（B_1）	0.469	0.437	0.307	0.062	0.331
获得施工许可（B_2）	0.655	0.083	0.042	-0.258	0.345

续表

二级指标	主成分 1	2	3	4	5
登记资产（B_3）	0.529	0.375	0.455	-0.396	0.083
执行合同（B_4）	0.435	0.457	0.375	-0.169	0.385
破产处理（B_5）	0.517	0.505	-0.167	0.261	0.036
风险资本可得性（F_1）	0.778	-0.434	-0.122	0.071	-0.148
银行稳健性（F_2）	0.685	-0.143	-0.233	0.073	-0.237
获得信贷（F_3）	0.327	0.547	0.306	0.431	0.063
通货膨胀率（F_4）	0.571	0.391	-0.141	-0.091	-0.477
劳资合作（L_1）	0.748	-0.353	0.291	0.070	-0.283
雇佣及解雇做法（L_2）	0.332	-0.535	0.625	0.251	-0.024
工资确定的灵活性（L_3）	0.489	-0.026	0.648	-0.172	-0.288
薪酬和生产力（L_4）	0.708	-0.135	0.464	0.091	-0.182
依赖专业管理（L_5）	0.846	-0.131	-0.114	0.287	-0.055
司法独立（S_1）	0.784	-0.272	-0.240	0.076	0.135
政府管制的负担（S_2）	0.647	-0.536	0.278	0.112	0.113
法律框架解决争端效率（S_3）	0.764	-0.473	-0.075	0.083	0.233
知识产权保护（S_4）	0.913	-0.105	-0.250	0.012	0.004
保护少数投资者（S_5）	0.420	0.268	0.165	0.720	0.130
有组织犯罪的商业成本（P_1）	0.801	0.000	0.035	-0.393	-0.107
政治稳定及无恐怖主义（P_2）	0.618	0.515	0.061	-0.178	-0.227
民主自由度（P_3）	0.266	0.720	-0.264	0.349	-0.206
腐败监管力度（P_4）	0.839	0.264	-0.192	0.008	-0.043
公路质量（I_1）	0.777	-0.132	-0.371	-0.109	0.132
港口质量（I_2）	0.773	-0.098	-0.329	-0.018	0.105
航空质量（I_3）	0.800	-0.148	-0.239	0.030	0.181
移动电话订阅（I_4）	0.628	0.209	0.130	-0.296	0.003
获得电力（I_5）	0.663	0.173	-0.280	-0.286	0.039

注：表中数据由作者使用 SPSS20 软件计算而得。

利用主成分载荷矩阵中的数据除以主成分相对应的特征值的平方根，便得到 5 个主成分中每个指标所对应的系数，再将得到的系数与标准化后的数据相乘，得出各主成分函数表达式如下：

$$Comp_1 = 0.1348B_1 + 0.1882B_2 + 0.1520B_3 + 0.1250B_4 + 0.1486B_5 + 0.2235F_1 + 0.1968F_2 + \\ 0.0940F_3 + 0.1641F_4 + 0.2149L_1 + 0.0954L_2 + 0.1405L_3 + 0.2034L_4 + 0.2431L_5 + \\ 0.2253S_1 + 0.1859S_2 + 0.2195S_3 + 0.2623S_4 + 0.1207S_5 + 0.2302P_1 + 0.1776P_2 + \\ 0.0764P_3 + 0.2411P_4 + 0.2233I_1 + 0.2221I_2 + 0.2299I_3 + 0.1804I_4 + 0.1905I_5$$

$$Comp_2 = 0.2318B_1 + 0.0440B_2 + 0.1989B_3 + 0.2424B_4 + 0.2679B_5 - 0.2302F_1 - 0.0759F_2 + 0.2902F_3 + \\ 0.2074F_4 - 0.1872L_1 - 0.2838L_2 - 0.0138L_3 - 0.0716L_4 - 0.0695L_5 - 0.1443S_1 - 0.2843S_2 - \\ 0.2509S_3 - 0.0557S_4 + 0.1422S_5 + 0.0000P_1 + 0.2732P_2 + 0.3819P_3 + 0.1400P_4 - \\ 0.0700I_1 - 0.0520I_2 - 0.0785I_3 + 0.1109I_4 + 0.0918I_5$$

$$Comp_3 = 0.1935B_1 + 0.0265B_2 + 0.2867B_3 + 0.2363B_4 - 0.1052B_5 - 0.0769F_1 - 0.1468F_2 + 0.1928F_3 - \\ 0.0889F_4 + 0.1834L_1 + 0.3939L_2 + 0.4084L_3 + 0.2924L_4 - 0.0718L_5 - 0.1512S_1 + 0.1752S_2 - \\ 0.0473S_3 - 0.1575S_4 + 0.1040S_5 + 0.0221P_1 + 0.0384P_2 - 0.1664P_3 - 0.1210P_4 - \\ 0.2338I_1 - 0.2073I_2 - 0.1506I_3 + 0.0819I_4 - 0.1765I_5$$

$$Comp_4 = 0.0469B_1 - 0.1950B_2 - 0.2993B_3 - 0.1277B_4 + 0.1972B_5 + 0.0537F_1 + 0.0552F_2 + 0.3257F_3 - \\ 0.0688F_4 + 0.0529L_1 + 0.1897L_2 - 0.1300L_3 + 0.0688L_4 + 0.2169L_5 + 0.0574S_1 + 0.0846S_2 + \\ 0.0627S_3 + 0.0091S_4 + 0.5441S_5 - 0.2970P_1 - 0.1345P_2 + 0.2637P_3 + 0.0060P_4 - \\ 0.0824I_1 - 0.0136I_2 + 0.0227I_3 - 0.2237I_4 - 0.2161I_5$$

$$Comp_5 = 0.3065B_1 + 0.3195B_2 + 0.0769B_3 + 0.3565B_4 + 0.0333B_5 - 0.1371F_1 - 0.2195F_2 + 0.0583F_3 - \\ 0.4417F_4 - 0.2621L_1 - 0.0222L_2 - 0.2667L_3 - 0.1685L_4 - 0.0509L_5 + 0.1250S_1 + 0.1046S_2 + \\ 0.2158S_3 + 0.0037S_4 + 0.1204S_5 - 0.0991P_1 - 0.2102P_2 - 0.1908P_3 - 0.0398P_4 + \\ 0.1222I_1 + 0.0972I_2 + 0.1676I_3 + 0.0028I_4 + 0.0361I_5$$

第五，将上述 5 个主成分方程中各指标的系数乘上该主成分的贡献率，加总求和，再除以相应的累积贡献率，得到投资便利化评价方程，最后对方程中各指标的系数进行归一化处理，得到东道国投资便利化综合评价模型 IE：

$$IE = 0.0503B_1 + 0.0377B_2 + 0.0421B_3 + 0.0470B_4 + 0.0427B_5 + 0.0242F_1 + 0.0236F_2 + \\ 0.0489F_3 + 0.0277F_4 + 0.0325L_1 + 0.0215L_2 + 0.0318L_3 + 0.0426L_4 + 0.0422L_5 + \\ 0.0309S_1 + 0.0290S_2 + 0.0299S_3 + 0.0387S_4 + 0.0494S_5 + 0.0328P_1 + 0.0407P_2 + \\ 0.0313P_3 + 0.0457P_4 + 0.0277I_1 + 0.0308I_2 + 0.0351I_3 + 0.0356I_4 + 0.0275I_5$$

（公式21）

最后，通过上式各二级指标的权重加总，得到 6 个一级指标的权重，具体结果如表 4-7 所示。

表 4-7 东道国投资便利化评价指标体系权重表

一级指标	权重	二级指标	权重
营商环境（B）	0.219 8	开办企业（B_1）	0.050 3
		获得施工许可（B_2）	0.037 7
		登记资产（B_3）	0.042 1
		执行合同（B_4）	0.047 0
		破产处理（B_5）	0.042 7
金融及经济环境（F）	0.124 4	风险资本可得性（F_1）	0.024 2
		银行稳健性（F_2）	0.023 6
		获得信贷（F_3）	0.048 9
		通货膨胀率（F_4）	0.027 7
劳动力供给环境（L）	0.170 6	劳资合作（L_1）	0.032 5
		雇佣及解雇做法（L_2）	0.021 5
		工资确定的灵活性（L_3）	0.031 8
		薪酬和生产力（L_4）	0.042 6
		依赖专业管理（L_5）	0.042 2
政策及法制环境（S）	0.177 9	司法独立（S_1）	0.030 9
		政府管制的负担（S_2）	0.029 0
		法律框架解决争端效率（S_3）	0.029 9
		知识产权保护（S_4）	0.038 7
		保护少数投资者（S_5）	0.049 4
政治环境（P）	0.150 5	有组织犯罪的商业成本（P_1）	0.032 8
		政治稳定及无恐怖主义（P_2）	0.040 7
		民主自由度（P_3）	0.031 3
		腐败监管力度（P_4）	0.045 7
基础设施环境（I）	0.156 7	公路质量（I_1）	0.027 7
		港口质量（I_2）	0.030 8
		航空质量（I_3）	0.035 1
		移动电话订阅（I_4）	0.035 6
		获得电力（I_5）	0.027 5

注：表中数据由作者使用 SPSS20 软件计算而得。

4.3 东道国投资便利化水平的评价结果与分析

4.3.1 总体投资便利化水平评价结果与分析

4.3.1.1 投资便利化得分与分析

根据前文构建的东道国投资便利化评价指标体系以及各指标的权重,利用公式 21 测算得到 58 个样本国家投资便利化水平的具体得分,表 4-8 列出了这 58 个国家 2009—2018 年 10 年间的总体投资便利化水平得分均值。笔者借鉴《"一带一路"大数据报告(2018)》中对投资环境水平的评价标准,将沿线国家的投资便利化水平分为"高"(0.8 分以上)、"较高"(0.6~0.8 分)、"中等"(0.4~0.6 分)、"较低"(0.2~0.4 分)、"低"(0.2 分以下)五个等级。由表 4-8 可知,58 个样本国总体投资环境的平均得分约为 0.502 8,处于"中等"水平。在 58 个样本国中,新加坡和新西兰总体投资环境得分位居前两位,属于"高"水平国家;处于"较高"水平的有 11 个国家,占比约为 18.97%;处于"中等"水平的有 33 个国家,占比约为 56.90%;处于"较低"水平的有 12 个国家,占比约为 20.69%。

表 4-8 东道国总体投资便利化水平评价结果

排名	国家	得分	等级	排名	国家	得分	等级
1	新加坡	0.928 0	高	30	保加利亚	0.487 8	
2	新西兰	0.874 9		31	阿尔巴尼亚	0.483 6	
3	阿联酋	0.759 1	较高	32	科威特	0.481 4	
4	爱沙尼亚	0.734 4		33	罗马尼亚	0.475 9	中等
5	马来西亚	0.725 0		34	土耳其	0.469 0	
6	卡塔尔	0.695 6		35	克罗地亚	0.463 7	
7	以色列	0.655 7		36	突尼斯	0.455 8	
8	韩国	0.648 4		37	越南	0.448 5	

续表

排名	国家	得分	等级	排名	国家	得分	等级
9	立陶宛	0.6239		38	俄罗斯	0.4476	
10	巴林	0.6144		39	加纳	0.4465	
11	拉脱维亚	0.6141		40	印度	0.4402	
12	阿曼	0.6125		41	希腊	0.4384	
13	捷克	0.6036		42	肯尼亚	0.4310	
14	格鲁吉亚	0.5858		43	塔吉克斯坦	0.4155	
15	塞浦路斯	0.5754		44	吉尔吉斯斯坦	0.4132	
16	泰国	0.5619		45	摩尔多瓦	0.4109	
17	波兰	0.5606		46	塞尔维亚	0.4014	
18	巴拿马	0.5436	中等	47	菲律宾	0.3963	较低
19	阿塞拜疆	0.5329		48	埃及	0.3883	
20	斯洛伐克	0.5310		49	黎巴嫩	0.3761	
21	斯洛文尼亚	0.5305		50	坦桑尼亚	0.3646	
22	黑山	0.5204		51	乌克兰	0.3468	
23	匈牙利	0.5140		52	波黑	0.3356	
24	亚美尼亚	0.5061		53	巴基斯坦	0.3295	
25	印度尼西亚	0.4938		54	尼泊尔	0.3246	
26	摩洛哥	0.4931		55	尼日利亚	0.3073	
27	哈萨克斯坦	0.4924		56	伊朗	0.2986	
28	约旦	0.4908		57	阿尔及利亚	0.2938	
29	斯里兰卡	0.4878		58	孟加拉国	0.2797	

注：表中数据由作者使用 SPSS20 软件计算而得。

根据 6 个一级指标在 2009—2018 年的得分情况，笔者得出了 10 年间这 6 个一级指标的整体变动情况，如图 4-1 所示。整体来看，营商环境、政策及法制环境、政治环境波动幅度较小，基础设施环境、金融及经济环境、劳动力供给环境波动幅度相对较大。

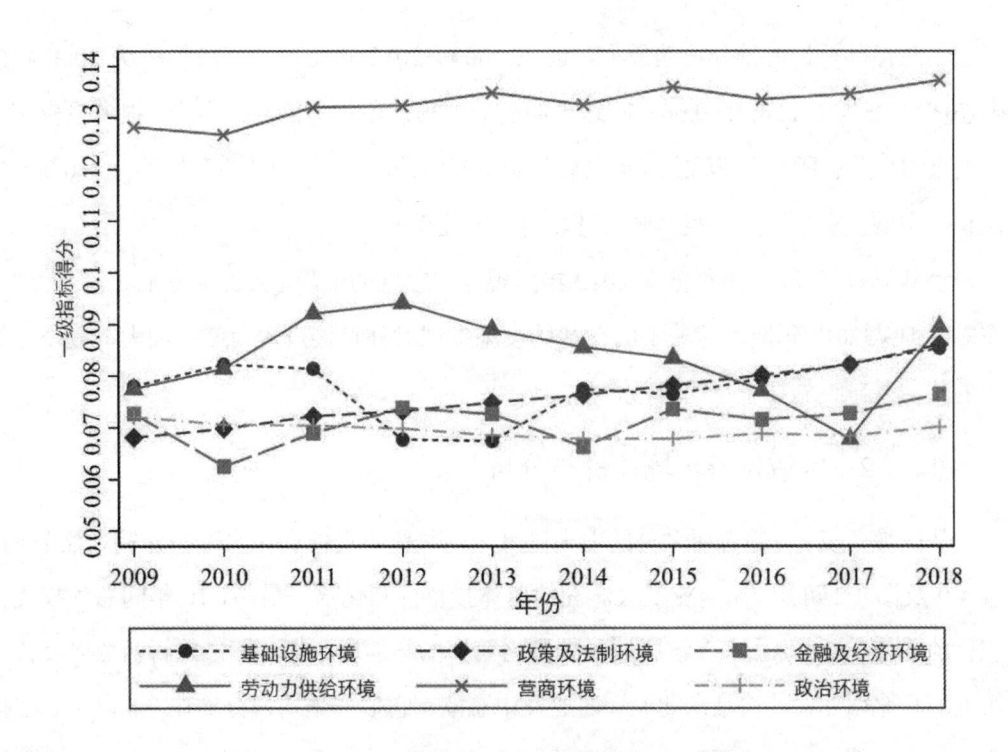

图 4-1 东道国总体投资便利化水平变动趋势

注：图中数据由作者使用 SPSS20 软件计算而得。

从 6 个一级指标的得分情况看，"营商环境"的得分最高，在 2009—2018 年，变动范围在 0.125～0.135，波动范围不大，基本呈现平稳上升的趋势，这说明东道国的整体营商环境较好且相对稳定。

"金融及经济环境"的得分呈现波动变化，受金融危机的影响，2009—2010 年沿线国家的金融环境得分有所下降，但随着全球经济的复苏，2014 年起沿线国家的金融及经济环境逐步呈现好转的趋势，到 2018 年，东道国的整体金融及经济环境得分已达到 0.075 3。

"劳动力供给环境"的得分在 2009—2012 年呈现上升趋势，从 2013 年起开始下降，直到 2018 年才重新开始上升，2012 年劳动力供给环境得分最高，为 0.092 8，2017 年下降到 0.066，波动幅度较大，这表明东道国的劳动力供给环境不稳定。

"政策及法制环境"的得分逐年小幅稳定上升，从 2009 年的 0.067 5 上升到 2018 年的 0.083 8，这表明沿线各国的产权意识、司法独立性及对投资者的保护程度不断提高。

"政治环境"的得分波动最小，但在 2009—2013 年呈现下降趋势，从 2009 年的 0.070 9 下降到 2013 年的 0.067 5，这表明随着全球政治形势的复杂多变，很多投资东道国的政治风险有所加大。从 2013 年以后开始小幅回升，2018 年的政治环境得分为 0.068 5，这说明中国投资东道国的整体政治环境有了一定改善。

"基础设施环境"的得分在 2012 年出现一定幅度的下降，从 0.08 左右下降到 0.065 左右，但从 2013 年起，随着中国在基础设施领域对外直接投资力度的加大，投资东道国的整体基础设施环境呈明显改善的趋势。

4.3.1.2 区域投资环境评价与分析

从区域角度看，笔者所划分的七大区域之间总体投资便利化水平差异较为显著。由表 4-9 及图 4-2 可知，东南亚及大洋洲的总体投资便利化水平最高，10 年间总体投资便利化的均值在 0.6 以上，在该区域内有排名第一的新加坡、排名第二的新西兰以及排名第五的马来西亚；其次是东北亚、西亚及中东欧，它们的平均得分均在 0.5 以上，在排名前二十位的国家中，西亚地区有 7 个国家，占西亚样本国数量的 53.85%，中东欧地区也有 7 个国家，占中东欧样本国数量的 36.84%；中亚、非洲及拉美地区的得分在 0.4 以上；南亚地区的总体投资环境欠佳，得分未达到 0.4，南亚地区投资便利化得分最高的国家斯里兰卡，排名第 29 位，因此南亚地区投资便利化整体处于"较低"水平。从七大区域总体投资便利化水平年度变化趋势图中可以看出，各区域的投资便利化水平得分虽有波动，但总体呈上升趋势。

表 4-9 七大区域总体投资便利化水平评价结果

排名	区域	得分
1	东南亚及大洋洲	0.632 6
2	东北亚	0.548 0
3	西亚	0.544 5
4	中东欧	0.508 0
5	中亚	0.440 4
6	非洲及拉美	0.413 8
7	南亚	0.372 4

注：表中数据由作者使用 SPSS20 软件计算而得。

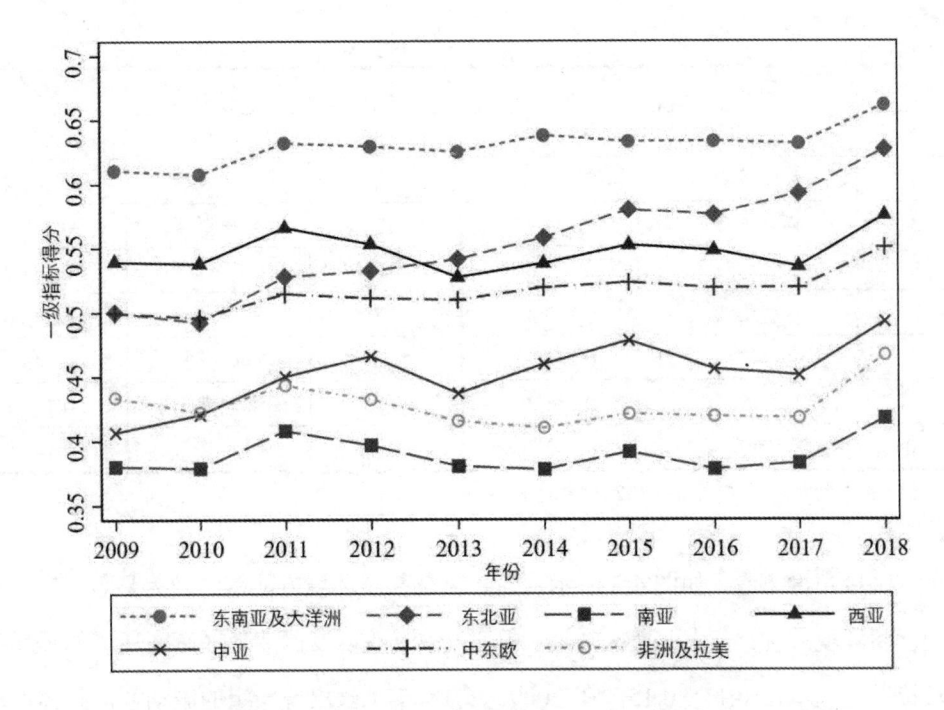

图 4-2 七大区域总体投资便利化水平变动趋势

注：图中数据由作者使用 SPSS20 软件计算而得。

4.3.2 分项投资便利化评价结果与分析

4.3.2.1 营商环境的评价结果与分析

如表 4-10 所示，在 58 个样本国中，"营商环境"排名前二十的国家，包括东北亚 2 国，占其样本国数量的 100%；中亚 2 国，占其样本国数量的 66.67%；东南亚及大洋洲 4 国，占其样本国数量的 57.14%；中东欧 7 国，占其样本国数量的 36.84%；西亚 5 国，占其样本国数量的 38.46%。

表 4-10 "营商环境"得分前二十名国家

排名	国家	得分	排名	国家	得分
1	新西兰	0.206 5	11	斯洛伐克	0.151 0
2	新加坡	0.204 9	12	马来西亚	0.149 5

续表

排名	国家	得分	排名	国家	得分
3	韩国	0.195 0	13	匈牙利	0.148 9
4	爱沙尼亚	0.176 1	14	阿塞拜疆	0.148 4
5	格鲁吉亚	0.174 7	15	吉尔吉斯斯坦	0.148 4
6	立陶宛	0.171 6	16	俄罗斯	0.148 2
7	拉脱维亚	0.163 3	17	亚美尼亚	0.146 6
8	阿联酋	0.155 9	18	以色列	0.143 8
9	泰国	0.155 4	19	捷克	0.143 1
10	哈萨克斯坦	0.152 5	20	波兰	0.143 0

注：表中数据由作者使用SPSS20软件计算而得。

从区域角度来看，如图 4-3 所示，各区域在营商环境方面差异较为显著，东北亚地区的营商环境最优；东南亚及大洋洲、中亚、中东欧以及西亚地区营商环境的平均得分比较接近，基本在 0.13～0.15，在 2009—2018 年，虽出现一定的波动，但整体波动幅度不大，相对来说，中东欧的营商环境水平上升较为明显；非洲及拉美地区营商环境相对较差，得分在 0.11 左右；南亚的营商环境最差，与其他区域形成明显差异，这在一定程度上影响了其吸引外资的能力。

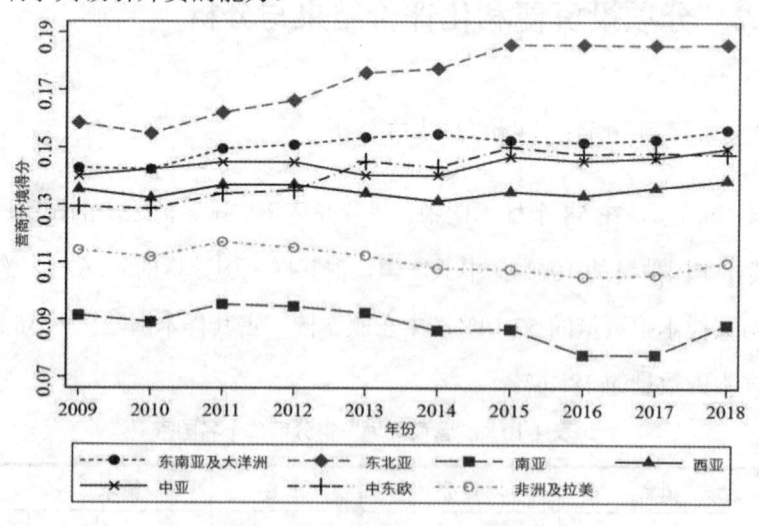

图 4-3 七大区域营商环境变动趋势

注：图中数据由作者使用 SPSS20 软件计算而得。

4.3.2.2 金融及经济环境的评价结果与分析

如表 4-11 所示，在 58 个样本国中，"金融及经济环境"排名前二十的国家，包括东南亚及大洋洲 4 国，占其样本国数量的 57.14%；中东欧 9 国，占其样本国数量的 47.37%；西亚 5 国，占其样本国数量的 38.46%；南亚 1 国，占其样本国数量的 20%；非洲及拉美 1 国，占其样本国数量的 11.11%。

表 4-11 "金融及经济环境"得分前二十名国家

排名	国家	得分	排名	国家	得分
1	新西兰	0.115 2	11	波兰	0.089 5
2	新加坡	0.110 6	12	阿联酋	0.088 0
3	以色列	0.106 7	13	保加利亚	0.083 6
4	马来西亚	0.105 2	14	泰国	0.082 9
5	巴拿马	0.095 2	15	格鲁吉亚	0.081 5
6	爱沙尼亚	0.090 8	16	罗马尼亚	0.081 5
7	斯洛伐克	0.090 5	17	卡塔尔	0.081 4
8	拉脱维亚	0.090 4	18	印度	0.081 0
9	黑山	0.090 1	19	立陶宛	0.078 7
10	捷克	0.089 6	20	巴林	0.077 9

注：表中数据由作者使用 SPSS20 软件计算而得。

从区域角度来看，如图 4-4 所示，各区域的金融及经济环境整体上波动幅度较大，受 2008 年金融危机影响，各区域在 2009—2010 年，金融及经济环境都有所恶化，但随着全球经济的回暖，又有所回升。从区域差异来看，东南亚及大洋洲得分最高，其金融及经济环境稳定性较高；中东欧、西亚及东北亚地区的得分较为接近，但相比来看，中东欧的金融及经济环境波动较小，相对平稳；东北亚地区的金融及经济环境在 2014 年以后开始快速提升，到 2018 年已经超过中东欧和西亚；中亚地区的金融及经济环境得分在 2012 年之前，与其他区相比相对较低，但在 2012 年之后，基本与南亚和非洲及拉美地区的得分接近，在 0.05~0.065 波动，这三个区域的金融及经济环境得分在 2016 年以来呈逐渐上升的趋势。

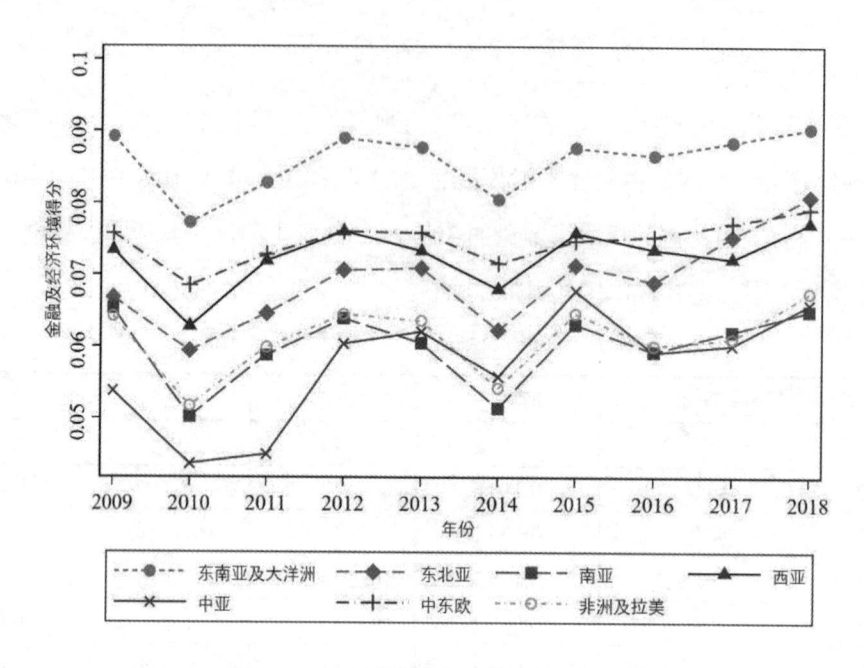

图 4-4 七大区域金融及经济环境变动趋势

注：图中数据由作者使用 SPSS20 软件计算而得。

4.3.2.3 劳动力供给环境的评价结果与分析

如表 4-12 所示，在 58 个样本国中，"劳动力供给环境"排名前二十的国家，包括东南亚及大洋洲 6 国，占其样本国数量的 85.71%；西亚 7 国，占其样本国数量的 53.85%；中东欧 5 国，占其样本国数量的 26.32%；中亚 1 国，占其样本国数量的 33.33%；南亚 1 国，占其样本国数量的 20%。

表 4-12 "劳动力供给环境"得分前二十名国家

排名	国家	得分	排名	国家	得分
1	新加坡	0.167 1	11	立陶宛	0.099 2
2	卡塔尔	0.140 7	12	拉脱维亚	0.099 0
3	阿联酋	0.139 8	13	阿曼	0.096 1
4	马来西亚	0.138 2	14	印度尼西亚	0.093 1
5	新西兰	0.136 0	15	菲律宾	0.092 4
6	爱沙尼亚	0.132 4	16	哈萨克斯坦	0.090 9
7	巴林	0.114 0	17	泰国	0.090 1

续表

排名	国家	得分	排名	国家	得分
8	以色列	0.105 6	18	阿尔巴尼亚	0.089 5
9	阿塞拜疆	0.101 5	19	亚美尼亚	0.088 7
10	捷克	0.100 5	20	印度	0.086 3

注：表中数据由作者使用SPSS20软件计算而得。

从区域角度来看，如图4-5所示，各区域的劳动力供给环境波动较大，基本呈现出先上升后下降再上升的趋势。从区域差异来看，东南亚及大洋洲的劳动力供给环境最为优越；其次是西亚地区；中亚地区的劳动力供给环境下降幅度最大，从2009年的第三位下降到2018年的第五位；东北亚和中东欧地区的劳动力供给环境在2009年基本相同，但在2009—2018年10年间，中东欧地区的下降幅度大于东北亚地区；南亚和非洲及拉美地区的劳动力供给环境得分较低，2018年，非洲及拉美地区的得分超过南亚，排名上升一位，得分基本与中亚及中东欧持平。

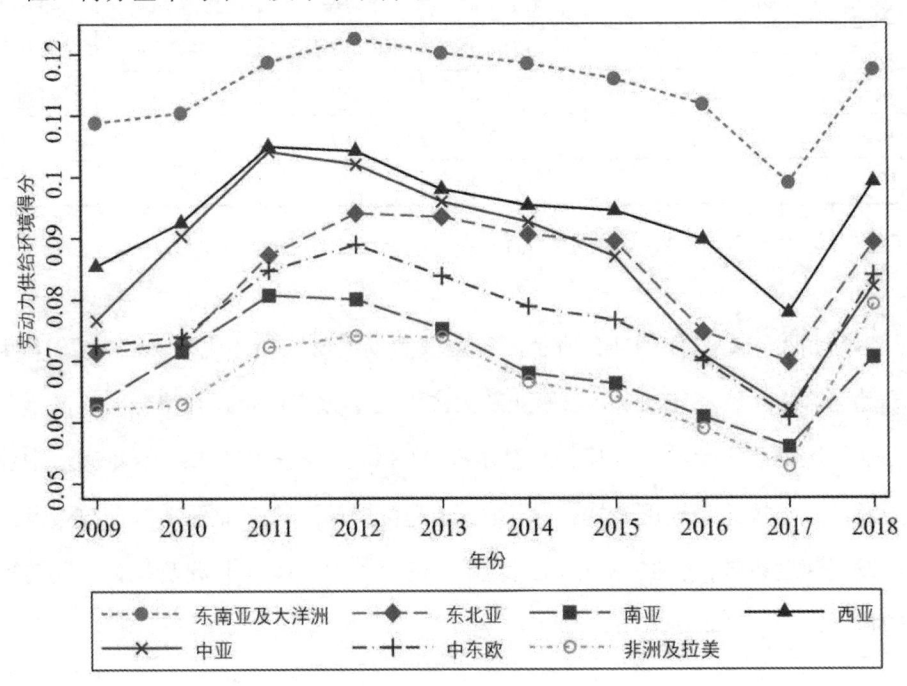

图4-5 七大区域劳动力供给环境变动趋势

注：图中数据由作者使用SPSS20软件计算而得。

4.3.2.4 政策及法制环境的评价结果与分析

如表 4-13 所示,在 58 个样本国中,"政策及法制环境"排名前二十的国家,包括东南亚及大洋洲 5 国,占其样本国数量的 71.4%;西亚 8 国,占其样本国数量的 61.53%;南亚 2 国,占其样本国数量的 40%;中亚 1 国,占其样本国数量的 33.33%;东北亚 1 国,占其样本国数量的 50%;非洲及拉美 1 国,占其样本国数量的 11.11%;中东欧 2 国,占其样本国数量的 10.53%。

表 4-13 "政策及法制环境"得分前二十名国家

排名	国家	得分	排名	国家	得分
1	新加坡	0.169 3	11	印度	0.093 1
2	新西兰	0.159 7	12	阿塞拜疆	0.091 3
3	马来西亚	0.134 6	13	塔吉克斯坦	0.087 1
4	阿联酋	0.123 6	14	印度尼西亚	0.084 2
5	以色列	0.118 4	15	斯里兰卡	0.083 3
6	卡塔尔	0.117 3	16	格鲁吉亚	0.083 0
7	爱沙尼亚	0.108 5	17	韩国	0.082 1
8	巴林	0.104 0	18	泰国	0.081 6
9	阿曼	0.103 8	19	加纳	0.078 9
10	塞浦路斯	0.094 4	20	约旦	0.077 9

注:表中数据由作者使用 SPSS20 软件计算而得。

从区域角度来看,如图 4-6 所示,各区域的政策及法制环境在 2009—2018 年基本呈上升趋势。从区域差异来看,东南亚及大洋洲处于领先地位,其得分明显高于其他区域;西亚地区的政策及法制环境得分基本在 0.08 以上,位居第二;10 年间,中亚地区的政策及法制环境改善速度最快,从 2012 年起位居第三;东北亚地区在政策及法制环境方面发展速度也较快;2018 年,东北亚、南亚、中东欧、非洲及拉美地区的平均得分比较接近,得分基本处在 0.07~0.08。

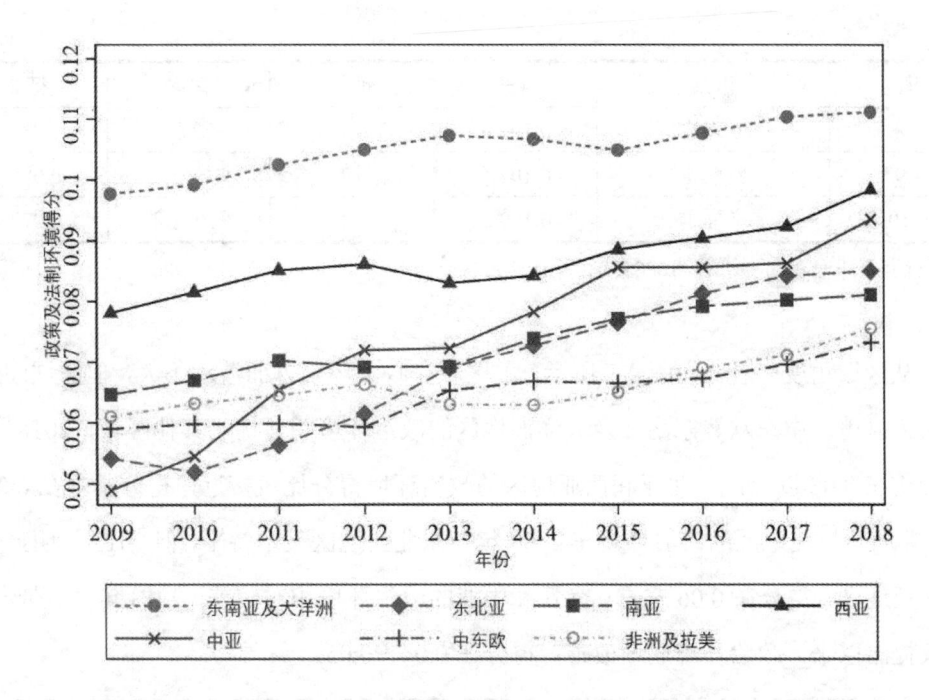

图 4-6 七大区域政策及法制环境变动趋势

注：图中数据由作者使用 SPSS20 软件计算而得。

4.3.2.5 政治环境的评价结果与分析

如表 4-14 所示，在 58 个样本国中，"政治环境"排名前二十的国家，包括中东欧 13 国，占其样本国数量的 68.42%；东南亚及大洋洲 2 国，占其样本国数量的 28.57%；西亚 4 国，占其样本国数量的 30.77%；东北亚 1 国，占其样本国数量的 50%。

表 4-14 "政治环境"得分前二十名国家

排名	国家	得分	排名	国家	得分
1	新西兰	0.148 1	11	拉脱维亚	0.098 2
2	新加坡	0.130 7	12	斯洛伐克	0.093 7
3	爱沙尼亚	0.122 3	13	韩国	0.091 2
4	斯洛文尼亚	0.111 7	14	匈牙利	0.090 9
5	塞浦路斯	0.107 8	15	阿曼	0.089 7
6	捷克	0.105 6	16	克罗地亚	0.089 0
7	波兰	0.105 1	17	黑山	0.082 9

续表

排名	国家	得分	排名	国家	得分
8	立陶宛	0.103 6	18	希腊	0.081 9
9	阿联酋	0.102 4	19	格鲁吉亚	0.081 1
10	卡塔尔	0.100 3	20	罗马尼亚	0.077 0

注：表中数据由作者使用SPSS20软件计算而得。

从区域角度来看，如图4-7所示，各区域在政治环境方面波动不大，但区域间的差异较为显著。中东欧、东南亚及大洋洲地区的政治环境明显优于其他区域，2018年的得分均在0.08以上；东北亚和西亚地区的政治环境得分比较接近，得分基本在0.07左右；非洲及拉美地区的政治环境在2009年与东北亚地区基本持平，但2018年明显低于东北亚地区，得分在0.06左右；南亚和中亚的政治环境相对较差，2013年"一带一路"倡议提出以来，政治环境逐渐改善，得分在0.04~0.05。

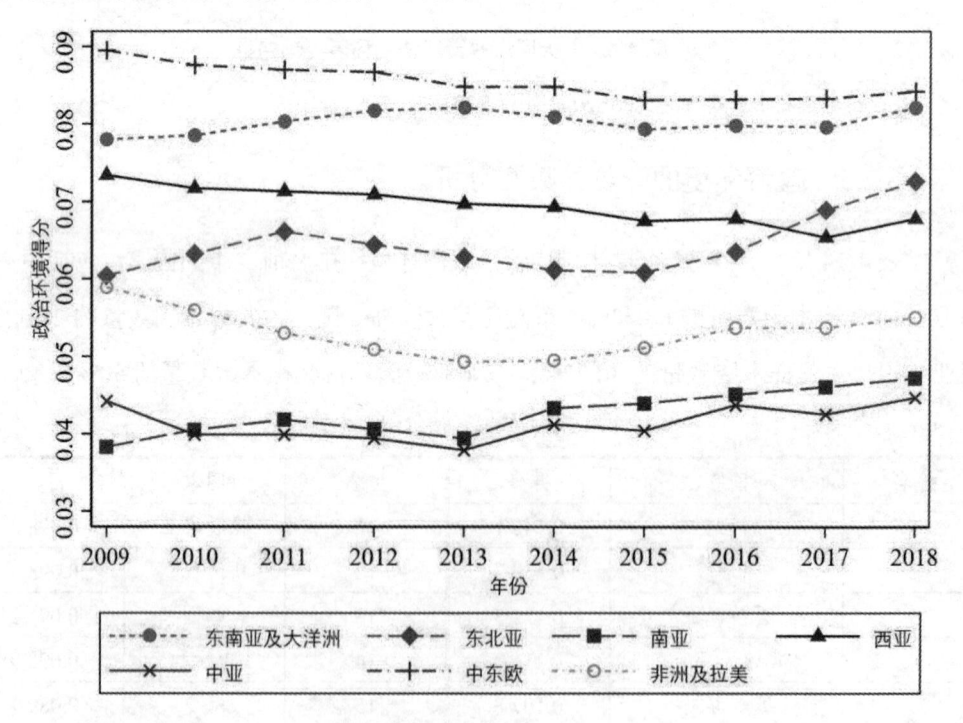

图4-7 七大区域政治环境变动趋势

注：图中数据由作者使用SPSS20软件计算而得。

2.6 基础设施环境的评价结果与分析

如表 4-15 所示，在 58 个样本国中，"基础设施环境"排名前二十的国家，包括西亚 7 国，占其样本国数量的 53.85%；东南亚及大洋洲 4 国，占其样本国数量的 57.14%；东北亚 1 国，占其样本国数量的 50%；中东欧 6 国，占其样本国数量的 31.58%；非洲及拉美 2 国，占其样本国数量的 22.22%。

表 4-15 "基础设施环境"得分前二十名国家

排名	国家	得分	排名	国家	得分
1	阿联酋	0.149 4	11	爱沙尼亚	0.104 3
2	新加坡	0.145 4	12	立陶宛	0.099 6
3	巴拿马	0.127 0	13	约旦	0.098 4
4	马来西亚	0.121 3	14	以色列	0.098 3
5	韩国	0.120 2	15	捷克	0.096 6
6	卡塔尔	0.119 5	16	塞浦路斯	0.096 1
7	巴林	0.118 9	17	斯洛文尼亚	0.095 9
8	阿曼	0.116 9	18	克罗地亚	0.095 2
9	新西兰	0.109 4	19	土耳其	0.094 7
10	泰国	0.105 0	20	摩洛哥	0.092 5

注：表中数据由作者使用 SPSS20 软件计算而得。

从区域角度来看，如图 4-8 所示，各区域的基础设施环境整体呈逐渐改善的趋势。从区域差异来看，东南亚及大洋洲、西亚、东北亚地区的基础设施环境得分较高，东南亚及大洋洲地区的新加坡、马来西亚、新西兰的基础设施较为完善，而西亚地区的阿联酋、阿曼的基础设施水平也较高，东北亚地区的基础设施环境自 2013 年以来明显改善；2012 年以后，中东欧的基础设施水平提升速度较快；非洲及拉美地区的基础设施水平在 2012—2015 年有所下降，2015 年以后缓慢上升；南亚的基础设施环境相对较差，得分在 0.05～0.06，但中国以中巴经济走廊为依托，增加了对巴基斯坦、孟加拉国和斯里兰卡等国基础设施建设的投资，使得其基础设施水平有所提升；中亚的基础设施环境得分最低，但有明显改善的趋势。

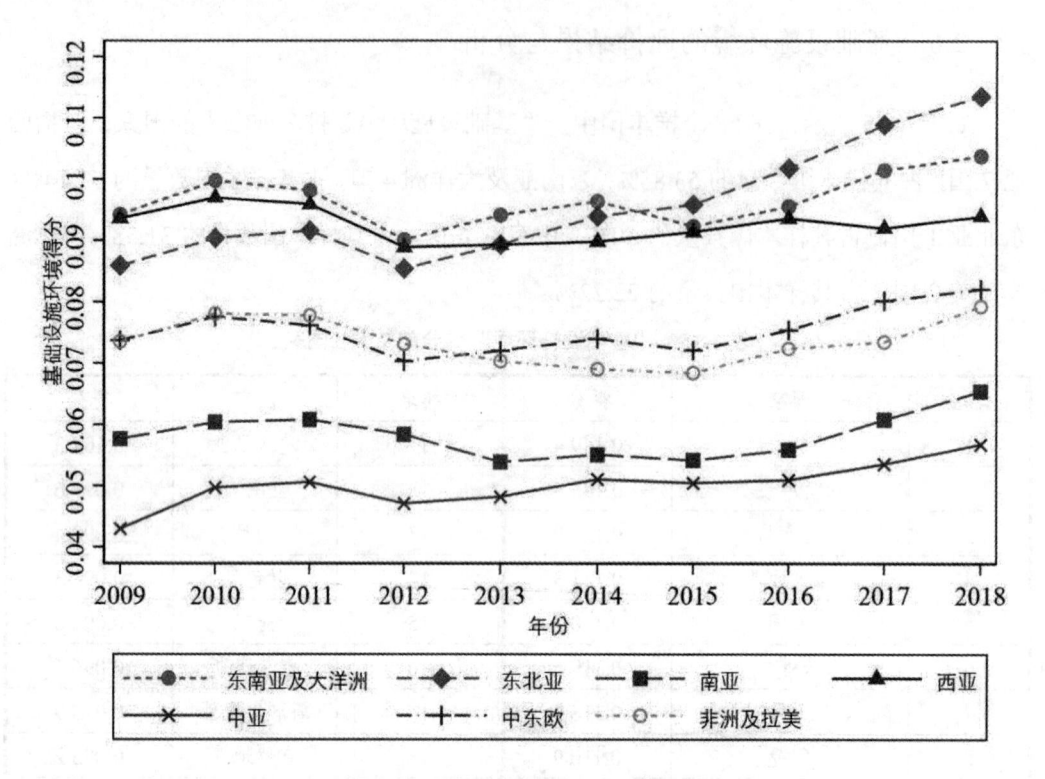

图 4-8 七大区域基础设施环境变动趋势

注：图中数据由作者使用 SPSS20 软件计算而得。

4.4 本章小结

本章基于国际组织及学术界对投资环境评价指标体系的相关研究，选取营商环境、金融及经济环境、劳动力供给环境、政策及法制环境、政治环境、基础设施环境构建了东道国投资便利化评价指标体系，采用主成分分析法计算了各指标的权重，并对样本国2009—2018年的投资便利化水平进行了测算与分析。

第一，2009—2018 年东道国总体投资便利化水平处于"中等"水平，总体呈逐渐改善的趋势。其中，营商环境、政策及法制环境、政治环境波动幅度较小，基础设施环境、金融及经济环境、劳动力供给环境波动幅度相对较大。

第二,从区域对比结果来看,中国投资东道国的总体投资环境存在较大的区域差异,东南亚及大洋洲的总体投资环境得分最高,南亚的总体投资环境得分最低。

第三,各分项指标之间也存在较大的区域差异。其中,东南亚及大洋洲地区在金融及经济环境、劳动力供给环境、政策及法制环境、基础设施环境方面的水平相对较高,东北亚地区在营商环境方面的得分较高,中东欧地区在政治环境方面的得分相对较高。

第5章　东道国投资便利化水平对中国对外直接投资效率的影响：基于国家视角的实证

随机前沿模型的一个重要应用就是将不可观测的效率因素从随机扰动项中分解出来，将自然影响因素之外的其他人为因素纳入效率损失项中去考察。由于受到人为因素的影响，投资会存在一定程度的效率损失。上一章所构建的东道国投资便利化评价指标体系，主要用来评价影响对外直接投资的东道国各种外在可变投资环境，属于人为因素。因此，本章将上一章中测算出来的六大投资环境作为人为因素引入投资非效率模型中，以六大投资环境得分作为后续实证分析的基础数据，用来分析造成中国对外直接投资效率损失的主要因素，并进一步对对外直接投资效率和投资潜力进行评价，以期为中国与投资东道国家开展高质量投资合作，优化区位布局提供有益的启示。

5.1 理论模型

5.1.1 引力模型

引力模型是国际贸易和国际投资的相关实证研究中最常用的模型。简·丁伯根（Jan Tinbergen）最早将引力模型引入贸易的研究中，用来说明两国间的贸易量与其经济规模成正比，与距离成反比。引力模型的基本形式为：

第5章　东道国投资便利化水平对中国对外直接投资效率的影响：基于国家视角的实证

$$\ln TRADE_{ijt} = \alpha_0 + \alpha_1 \ln GDP_{it} + \alpha_2 \ln GDP_{jt} + \alpha_3 \ln Dist_{ij} + v_{ijt}$$

（公式22）

在公式22中，$TRADE_{ijt}$ 为 t 时期 i 国对 j 国的贸易额，GDP_{it} 为 t 时期 i 国的国内生产总值，GDP_{jt} 为 t 时期 j 国的国内生产总值，$Dist_{ij}$ 为两国之间的距离，v_{ijt} 为随机干扰项。

随着引力模型在贸易领域的推广，有学者开始将其应用到对外直接投资领域，并得到了很好的效果。由于两国间的投资还会受到其他因素的影响，如两国的自然资源禀赋、是否拥有共同的边界、是否使用相同的语言等因素，因此随着研究的深入，学者们开始将更多的变量纳入引力模型中，形成了投资的拓展引力模型，其基本形式为：

$$\ln OFDI_{ijt} = \beta_0 + \beta_1 \ln GDP_{it} + \beta_2 \ln GDP_{jt} + \beta_3 \ln Dist_{ij} + \\ \beta_4 x_{4t} + \cdots + \beta_n x_{nt} + v_{ijt}$$

（公式23）

在公式23中，$OFDI_{ij}$ 为 t 时期 i 国对 j 国的直接投资额，GDP_{it} 和 GDP_{jt} 分别为 t 时期 i 国和 j 国的国内生产总值，$Dist_{ij}$ 为两国之间的距离，$x_{4t} \sim x_{nt}$ 为模型中新加入的解释变量，v_{ijt} 为随机干扰项。

需要注意的是，引力模型中的解释变量都是易于观测到的自然因素，而其他一些难以衡量的因素都作为人为因素被纳入随机干扰项之中。因此，在对投资效率的相关研究中，从引力模型的实证结果中无法获得人为因素对对外直接投资效率的影响，从而使得实证结果出现一定的偏差。为了解决这个问题，有学者开始将生产领域的随机边界模型与拓展的引力模型结合，构建随机前沿引力模型，对对外直接投资效率、潜力及区位选择进行实证分析。

5.1.2 随机前沿引力模型

随机前沿模型最早由 Aigner et al.（1977）等提出，该模型的理论思想是：在生产活动中，总是存在各种阻力因素（如管理方式、劳动力水平等），使得厂商的实际产出水平无法达到其产出的前沿水平（即理论上的最优产出水平），进而造成效率的损失。该模型将误差项分解为两部分，即随机干扰项与非负的技术非效率项，从而估计出最优的产出水平，厂商的实际产出与相应的前沿产出水平之比，即产出的技术效率。随后，Peng et al.（2008）、Armstrong（2007）、Stack et al.（2015）等学者陆续将随机前沿模型引入贸易和投资领域的拓展引力模型中，构建了随机前沿引力模型，进行贸易及投资效率的测算。

根据投资拓展引力模型，在理想状态下，t 时期 i 国对 j 国直接投资的最优水平为：

$$OFDI_{ijt}^{*} = f(x_{ijt}\beta)\exp(v_{ijt}) \qquad （公式24）$$

在公式24中，$OFDI_{ijt}^{*}$ 为理论上的最优投资水平，即投资的前沿水平，x_{ijt} 为引力拓展模型中对外直接投资的核心影响因素，v_{ijt} 为随机误差项，且 $v_{ijt} \sim iidN(0,\sigma_v^2)$。然而在实际的对外直接投资中，存在着一定的投资阻力，使得实际投资额并不能达到最优投资水平。此时将随机边界模型代到公式24中，得到 i 国对外直接投资的随机前沿引力模型：

$$OFDI_{ijt} = f(x_{ijt}\beta)\exp(v_{ijt})\exp(-\mu_{ijt}), \quad \mu_{ijt} \geq 0 \qquad （公式25）$$

等式两边经过对数转换后，可得：

$$\ln OFDI_{ijt} = f(x_{ijt}\beta) + v_{ijt} - \mu_{ijt} \qquad （公式26）$$

在公式26中，$OFDI_{ijt}$ 为实际投资水平，如前所述，实际投资水平低于理论上的前沿水平 $OFDI_{ijt}^{*}$；μ_{ijt} 为单边误差项，即非负的投资非效率项，用来反映造成投资效率损失的各种人为因素，通常假定 $\mu_{ijt} \sim iidN^{+}(\mu,\sigma_\mu^2)$，即服从非负截断正态分布，且与 v_{ijt} 相互独立。当 $\mu_{ijt}=0$ 时，表明 t 时期 i 国对 j 国直接投资不存在投资非效率，即投资水平达到最优"前沿"水平；当 $\mu_{ijt}>0$ 时，表明 t 时期 i 国对 j 国直接投资存在投资非效率，即存在投资效率的损失。方程随机干扰性的总方差为 $\sigma^2=\sigma_\mu^2+\sigma_v^2$，用 γ 表示投资效率损失项的方差占随机干扰性总方差的比重，即 $\gamma=\sigma_\mu^2/\sigma^2$，其中，$0\leqslant\gamma\leqslant1$，$\gamma$ 越接近于 1，说明对外直接投资水平与最优投资水平之间的差距受投资非效率项的影响越大。

此外，考虑投资非效率项 μ_{ijt} 可能随时间的变化而变化，根据时变随机前沿模型，引入时变因素得到：

$$\mu_{ijt}=\{\exp[-\eta(t-T)]\}\mu_{ij} \qquad (公式27)$$

在公式 27 中，η 为时变性的待估参数，用来衡量非效率项是否随时间的变化而变化。当 $\eta=0$ 时，表明投资非效率项不随时间的变化而变化，此时应该采用时不变随机前沿引力模型进行估计；如果 $\eta\neq0$ 时，则应采用时变随机前沿引力模型进行估计。当 $\eta<0$ 时，说明投资非效率项随时间的变化而增加，投资效率损失的增加会导致投资效率的下降；当 $\eta>0$ 时，说明投资非效率项随时间的变化而递减，投资效率损失的减少会带来投资效率的提升。

由此，可以得到投资效率的计算公式：

$$TE_{ijt}=\frac{OFDI_{ijt}}{OFDI_{ijt}^*}=\exp(-\mu_{ijt}) \qquad (公式28)$$

在公式 28 中，TE_{ijt} 为投资效率。由于 μ_{ijt} 为正值，所以 TE_{ijt} 的取值范围为（0，1），TE 越接近于 1，说明投资效率越高。

随机前沿引力模型相比其他方法的优势在于，它可以进一步考察造成投资非效率的主要因素。将造成投资非效率的影响因素引入模型，即可得到投资非效率模型：

$$\mu_{ijt}=\delta z_{ijt}+\varepsilon_{ijt} \qquad (公式29)$$

在公式 29 中，z_{ijt} 为造成投资非效率的影响因素，ε_{ijt} 为随机扰动项。

早期的学者对投资非效率的考察主要基于两步法,即在根据公式 28 测算出投资的效率值后,用其对非效率的影响因素进行回归,进而得出造成投资非效率的主要因素,但这种方法的弊端在于前沿引力模型与非效率项的假设是不一致的。为了避免两步法的缺陷,Battese & Coelli(1995)提出了一步法,即将非效率项的影响因素直接带入随机前沿引力模型中进行估计。将公式 29 带入公式 30 中,得到最终模型为:

$$\ln OFDI_{ijt} = f(x_{ijt}\beta) + v_{ijt} - (\delta z_{ijt} + \varepsilon_{ijt}) \quad \text{(公式 30)}$$

5.2 模型设定与数据说明

5.2.1 模型设定

5.2.1.1 随机前沿引力模型的设定

根据以上理论模型的分析,笔者借鉴已有研究成果,选取中国对外直接投资额作为被解释变量,将中国与东道国的实际 GDP、地理距离、是否拥有共同边界以及是否使用共同语言作为影响中国对外直接投资的自然因素引入随机前沿引力模型中。构建的中国对外直接投资的随机前沿引力模型如下:

$$\ln OFDI_{ijt} = \beta_0 + \beta_1 \ln GDP_{it} + \beta_2 \ln GDP_{jt} + \beta_3 \ln Dist_{ij} + \beta_4 Contig_{ij} + \beta_5 Lang_{ij} + v_{ijt} - \mu_{ijt}$$

(公式 31)

在公式 31 中,t 代表时间,i 代表中国,j 代表东道国,v_{ijt} 代表通常意义上的随机误差项,μ_{ijt} 代表投资非效率项。

被解释变量 $OFDI_{ijt}$，为中国对东道国的对外直接投资额。在数据的选取上，考虑到流量数据易受多种因素的影响，波动较大且存在较多缺失值，同时考虑流量较多会引起估计结果偏误及造成多重共线性等问题，因此出于对实证结果稳健性的考虑，笔者选用中国对东道国直接投资存量数据，并做对数处理，数据源于2009—2018年的中国对外直接投资统计公报。各解释变量的具体说明如表5-1所示。

表5-1 随机前沿引力模型解释变量的说明及数据来源

变量符号	变量名称	预期符号	理论阐释	数据来源
GDP_{it}	中国GDP	+	衡量中国的经济规模，按2010年美元计价（单位：亿美元），以GDP平减指数进行价格调整并做对数处理。中国的GDP越高，企业进行对外直接投资的能力与机会越多，相应的OFDI值越大，故预期符号为正	世界银行世界发展指标数据库
GDP_{jt}	东道国GDP	+	衡量东道国 j 的经济规模，按2010年美元计价（单位：亿美元），以GDP平减指数进行价格调整并做对数处理。东道国的GDP越高，其吸引外资的能力越强，相应的OFDI值也越大，故预期符号为正	世界银行世界发展指标数据库
$Dist_{ij}$	地理距离	-	衡量中国与东道国的相对地理距离，选取北京与各东道国首都的地理距离（单位：千米），并做对数处理。地理距离能够反映对外直接投资成本，理论上来看，地理距离越大，投资成本越高，OFDI值越小，因此地理距离属于投资阻碍因素，故预期符号为负	法国国际展望与信息研究中心数据库
$Contig_{ij}$	是否与中国接壤	+	虚拟变量，与中国接壤取值为1，反之取值为0。接壤的国家在地理位置、资源禀赋等方面具有一定的相似性，同时接壤可以节约投资过程中的交通运输成本，有利于进行对外直接投资，故预期符号为正	法国国际展望与信息研究中心数据库
$Lang_{ij}$	是否与中国使用共同语言	+	虚拟变量，与中国使用共同语言取值为1，反之取值为0。使用共同语言表示东道国与中国有相似的文化背景，双方在文化认同等方面存在相通性，有利于民心相通，降低对外直接投资的交易成本，故预期符号为正	法国国际展望与信息研究中心数据库

5.2.1.2 投资非效率模型的设定

笔者构建中国对东道国直接投资的非效率模型如下:

$$\mu_{ijt} = \delta_0 + \delta_1 BUS_{jt} + \delta_2 FIN_{jt} + \delta_3 LAB_{jt} + \delta_4 LAW_{jt} + \delta_5 POL_{jt} + \delta_6 INF_{jt} + \varepsilon_{ijt}$$

（公式32）

在公式32中，μ_{ijt} 代表投资非效率项，ε_{ijt} 代表非效率模型的随机干扰项。各解释变量的具体说明如表5-2所示。

表5-2 投资非效率模型的变量说明

变量符号	变量名称	预期符号	理论阐释
BUS_{jt}	营商环境	−	衡量东道国 j 的营商环境便利度，数值越大，外商在东道国开办、经营企业的行政审批手续越简便，有助于降低投资成本，有利于东道国吸引外资，提高OFDI的便利性，属于投资促进因素，故与 μ_{ijt} 的预期符号为负
FIN_{jt}	金融及经济环境	−	反映东道国 j 的金融及经济系统的稳定性，数值越大，表明东道国的金融体系及经济环境越稳定，有助于降低企业在海外的融资成本，有利于东道国吸引外资，属于投资促进因素，故与 μ_{ijt} 的预期符号为负
LAB_{jt}	劳动力供给环境	−	衡量东道国 j 的劳动力市场环境，数值越大，表明东道国的劳动力市场越完善，这将有利于企业在 j 国雇佣劳动力，属于投资促进因素，故与 μ_{ijt} 的预期符号为负
LAW_{jt}	政策及法制环境	−	衡量东道国 j 的投资政策及相关法律的规范性以及对投资者的保护力度，数值越大，表明东道国的法律法规越完善，越有利于东道国吸引外资，属于投资促进因素，故与 μ_{ijt} 的预期符号为负
POL_{jt}	政治环境	−	反映东道国 j 的政治及社会稳定性，数值越大，表明东道国的政治稳定性、民主自由度及对腐败的治理力度越大，可以降低企业在投资过程中的"寻租"等成本，有利于东道国吸引外资，属于投资促进因素，故与 μ_{ijt} 的预期符号为负

续表

变量符号	变量名称	预期符号	理论阐释
INF_{jt}	基础设施环境	-	反映东道国 j 的基础设施完备水平，数值越大，表明东道国的交通、电力、通信等基础设施越完善，可以大大降低企业的投资成本，提升投资便利化水平，属于投资促进因素，故与 μ_{ijt} 的预期符号为负

5.2.2 样本与数据说明

为保证实证结果的合理性及数据的可得性，本章仍以2009—2018年为时间跨度，选用上一章中的58个样本国家的面板数据进行实证分析。其中，投资非效率模型中相关变量的数据是根据第4章的投资环境评价模型计算而得，表5-3为各变量的描述性统计结果。

表5-3 各变量的描述性统计结果

变量类型	变量符号	变量名称	均值	标准差	最小值	最大值
被解释变量	$\ln OFDI_{ijt}$	中国对外直接投资	9.635 7	2.599 4	3.465 7	15.426 8
自然因素	$\ln GDP_{it}$	中国 GDP	11.278 2	0.211 5	10.915 4	11.589 6
	$\ln GDP_{jt}$	东道国 GDP	6.809 1	1.436 7	3.696 1	10.254 7
	$\ln Dist_{ij}$	地理距离	8.716 1	0.430 0	6.862 4	9.571 7
	$Contig_{ij}$	共同边界（虚拟）	0.140 0	0.345 0	0	1
	$Lang_{ij}$	共同语言（虚拟）	0.030 0	0.183 0	0	1
人为因素	BUS_{jt}	营商环境	0.132 8	0.031 6	0.048 3	0.206 1
	FIN_{jt}	金融及经济环境	0.071 1	0.017 7	0.026 6	0.116 3
	LAB_{jt}	劳动力供给环境	0.083 9	0.028 7	0.018 8	0.168 6
	LAW_{jt}	政策及法制环境	0.076 1	0.030 0	0.014 7	0.169 4
	POL_{jt}	政治环境	0.069 5	0.028 2	0.010 1	0.148 7
	INF_{jt}	基础设施环境	0.076 8	0.026 1	0.014 6	0.148 8

5.3 实证检验与结果分析

5.3.1 模型适用性检验

为了判别所选模型的适用性及具体形式,笔者采用似然比检验(Likelihood Ratio, LR)依次进行了两项似然比检验。检验的基本原理如下:

LR 检验的原假设为 H_0,备择假设为 H_1,含有约束条件模型的似然函数值为 $L(H_0)$,不含约束条件模型的似然函数值为 $L(H_1)$,则广义似然比的统计量 LR 为:

$$LR = -2[\ln L(H_0) - \ln L(H_1)] \qquad (公式33)$$

检验 LR 统计量服从混合卡方分布,即 $LR \sim \chi^2_{1-\alpha}(k)$,$k$ 为受约束变量的个数。

具体检验步骤如下:第一项检验是判定投资非效率是否存在,首先按照研究问题的需要设定原假设 H_0 为不存在投资非效率,如果似然比统计量即 LR 值大于临界值,则拒绝原假设,即存在投资非效率,应该采用随机前沿模型来进行估计;反之,如果接受原假设,则应该采用最小二乘法进行估计。第二项检验是判定投资非效率是否具有时变性特征,设定原假设 H_0 为"投资非效率不随时间的变化而变化",如果 LR 值大于临界值,则拒绝原假设,即投资非效率随时间的变化而变化,应该采用时变随机前沿引力模型来进行估计;反之,如果接受原假设,则应采用时不变模型来进行估计。具体检验结果如表 5-4 所示。

表 5-4 模型适用性检验结果

步骤	原假设	约束模型对数似然值	无约束模型对数似然值	LR统计量	自由度	1%临界值	结论
一	不存在投资非效率	-8 151.880 7	-7 982.473 6	338.814 2	3	11.34	拒绝
二	非效率不随时间变化	-8 057.495 6	-7 982.473 6	150.044	2	9.21	拒绝

首先，步骤一的检验结果显示，LR 统计量为338.814 2，远大于1%水平的临界值，因此拒绝了不存在非效率项的原假设，说明笔者适合使用随机前沿引力模型进行估计。其次，从步骤二的结果可以看出，LR 统计量为150.044，在1%的水平上拒绝原假设，即非效率项具有时变性特征，应该使用时变模型进行估计。上述检验的结果表明，笔者设定的模型是正确合理的。基于上述检验，笔者运用 Stata 16 软件对模型进行了进一步估计。

5.3.2 实证结果分析

5.3.2.1 随机前沿引力模型结果分析

为了检验模型的稳健性，笔者将基准模型设定为仅含中国GDP、东道国GDP和双边距离的引力模型，在基准模型的基础上逐渐加入其他变量。估计结果如表5-5所示。表 5-5 中的模型（1）为基准模型，模型（2）在基准模型基础上加入是否接壤变量（$Contig_{ij}$），模型（3）在基准模型基础上加入共同语言变量（$Lang_{ij}$），模型（4）在基准模型基础上同时加入这两个变量。表 5-5 最后两行代表模型（1）、模型（2）和模型（3）相对于模型（4）的似然比检验，原假设为"模型（1）至模型（3）优于模型（4）"。模型（1）至模型（3）的检验 LR 值分别为 19.60、13.29、12.03，均显著拒绝了原假设。从LR 检验结果可以判断模型（4）优于其他3个模型，因此模型（4）是笔者选取的最优模型。

表 5-5 中国对东道国直接投资的前沿水平估计结果

变量	（1）	（2）	（3）	（4）
$\ln GDP_{it}$	2.735 9***	2.631 2***	3.012 1***	2.927 3***
	(8.959)	(6.836)	(12.292)	(11.858)
$\ln GDP_{jt}$	0.843 8***	0.945 0***	0.518 7***	0.685 6***
	(7.859)	(6.380)	(6.060)	(6.412)
$\ln Dist_{ij}$	-1.411 4***	-0.388 5	-0.990 2***	0.218 8
	(-3.458)	(-0.651)	(-4.088)	(0.730)
$Contig_{ij}$		2.017 9***		1.893 9***
		(2.780)		(3.284)

续表

变量	（1）	（2）	（3）	（4）
$Lang_{ij}$			1.864 6	2.530 7***
			（1.237）	（2.679）
$\_Cons$	-11.196 6**	-19.287 3***	-16.586 2***	-27.908 1***
	（-2.420）	（-2.993）	（-4.754）	（-7.429）
η	0.0139***	0.0138***	0.0142***	0.0142***
	（2.839）	（2.665）	（2.854）	（2.678）
σ^2	3.833 2	2.867 6	6.317 7	5.011 5
γ	0.888 0	0.849 6	0.932 7	0.914 9
σ_μ^2	3.403 8	2.436 2	5.892 4	4.584 9
σ_v^2	0.429 4	0.431 4	0.425 3	0.426 6
N	580	580	580	580
LR	19.60	13.29	12.03	—
P值	0.000	0.000	0.000	—

注：***、**、*分别代表在1%、5%、10%水平上显著。

实证结果显示，中国GDP与东道国GDP的系数在1%的显著性水平下都显著为正，与预期相符，这表明中国及东道国经济规模的扩大能够促进中国的对外直接投资。由此可以看出，目前中国对东道国的直接投资仍然以水平型投资为主，存在市场寻求动因。从以上两个变量的系数对比上来看，中国经济规模对直接投资的促进作用明显高于东道国经济规模的促进作用。从表5-3中所有模型的系数看，在加入其他变量的过程中，这两个变量的估计结果始终非常稳健。

地理距离（$\ln Dist_{ij}$）系数的符号为正，但并不显著，与预期结果不符，但与胡浩等（2017）、崔娜等（2017）等学者的研究结论一致，这表明中国的对外直接投资并没有受到地理距离的显著影响，主要原因可能是随着各国的交通基础设施的日趋完善，运输技术不断进步，大大降低了运输成本；同时随着金融业的蓬勃发展，对外直接投资的国际结算日益便捷，这些已经抵消了地理距离对投资带来的不利影响。这表明，中国的对外直接投资已经突破了地理区位限制。

是否接壤（$Contig_{ij}$）与是否使用共同语言（$Lang_{ij}$）的系数在 1%水平上显著为正，与预期相符，表明与中国接壤及使用共同语言的国家往往在地理环境、文化、心理等方面与中国具有一定的相似性，这将有助于加深双方的文化认同与有效沟通，是中国对外直接投资的促进因素。

时变系数 $\eta=0.0142>0$，在 1%水平上显著，说明随着时间变化投资非效率项递减，投资效率呈上升趋势，同时也进一步证明了采用时变模型的正确性。投资非效率项在随机扰动项中所占的比重 $\gamma=0.9149$，接近于 1，表明中国的对外直接投资存在较大的效率损失，这也说明了进一步分析投资非效率影响因素的必要性。

5.3.2.2 投资非效率模型结果分析

根据以上结果可知，投资非效率项对中国的对外直接投资产生了显著影响。因此，笔者对影响投资非效率的主要因素进行了进一步分析。为了稳健性考虑，笔者基于逐项回归法，逐渐加入营商环境、金融及经济环境、劳动力供给环境、政策及法制环境、政治环境、基础设施环境变量，估计结果如表 5-6 中的模型（1）~模型（6）所示。笔者将表 5-6 中的模型（1）~模型（5）与模型（6）进行似然比检验，表 5-6 最后两行代表模型（1）~模型（5）相对于模型（6）的似然比检验，原假设为"模型（1）至模型（5）优于模型（6）"。模型（1）至模型（5）LR 检验的 P 值为 0，拒绝原假设，由此可以判断模型（6）优于其他 5 个模型。由表 5-6 中所有模型中变量的系数可以看出，随着非效率模型中变量的加入，基本没有改变各变量的显著性水平，而且增加的解释变量能够更好地解释投资效率的损失，因此笔者将模型（6）作为基准模型。

表 5-6 投资非效率模型估计结果

变量	（1）	（2）	（3）	（4）	（5）	（6）
$\ln GDP_{it}$	2.803***	2.814***	2.871***	2.787***	2.688***	2.686***
	(17.280)	(16.715)	(18.094)	(17.337)	(16.111)	(16.015)
$\ln GDP_{jt}$	0.687***	0.696***	0.690***	0.685***	0.662***	0.663***
	(20.132)	(18.122)	(19.794)	(20.663)	(23.940)	(23.851)

续表

变量	(1)	(2)	(3)	(4)	(5)	(6)
$\ln Dist_{ij}$	0.287***	0.302***	0.305***	0.294***	0.281***	0.281***
	(4.315)	(4.350)	(4.752)	(4.499)	(4.566)	(4.538)
$Contig_{ij}$	1.827***	1.857***	1.837***	1.800***	1.640***	1.640***
	(10.549)	(10.201)	(10.870)	(11.301)	(13.880)	(13.883)
$Lang_{ij}$	2.276***	2.743***	2.236***	2.195***	2.185***	2.186***
	(11.197)	(3.633)	(13.052)	(17.522)	(21.384)	(21.312)
_Cons	-26.978***	-27.302***	-27.909***	-26.853***	-25.438***	-25.414***
	(-13.887)	(-13.378)	(-14.505)	(-14.044)	(-13.413)	(-13.326)
μ						
BUS_{jt}	0.920	-6.717	-2.091	1.698	-13.756**	-13.838**
	(0.183)	(-1.231)	(-0.381)	(0.313)	(-2.406)	(-2.415)
FIN_{jt}		29.849***	49.556***	59.910***	36.072***	35.999***
		(2.840)	(4.204)	(5.043)	(3.388)	(3.382)
LAB_{jt}			-29.063***	-7.881	-5.655	-5.596
			(-4.155)	(-1.076)	(-0.825)	(-0.817)
LAW_{jt}				-35.592***	-43.823***	-44.378***
				(-4.539)	(-5.877)	(-5.588)
POL_{jt}					45.769***	45.344***
					(5.909)	(5.675)
INF_{jt}						-16.764*
						(-1.728)
_Cons	1.002	0.102	0.470	0.219	1.280*	1.251*
	(1.239)	(0.116)	(0.552)	(0.262)	(1.799)	(1.723)
N	580	580	580	580	580	580
LR	96.50	88.42	68.04	43.20	39.58	—
P值	0.000	0.000	0.000	0.000	0.000	—

注：***、**、*分别代表在1%、5%、10%水平上显著。

从投资非效率模型估计结果看，在加入投资便利化指标后，在模型（1）~模型（6）中，除地理距离变量外，原随机前沿引力模型中自然因素的系数、符号和显著性都没有发生较大变化，这表明笔者的实证结果是稳健的。

从投资便利化指标对投资非效率的影响来看，营商环境（BUS_{jt}）、政策及法制环境（LAW_{jt}）的系数在 1%的显著性水平下显著为负，基础设施环境（INF_{jt}）的系数在 10%的显著性水平下显著为负，与预期符号一致，这表明东道国的营商环境、政策及法制环境、基础设施环境与投资非效率负相关，与对外直接投资效率正相关，是促进投资效率提升的重要因素，即营商环境、政策及法制环境、基础设施环境的改善，能够降低投资效率损失，提升投资效率，促进中国对沿线国家的直接投资。

劳动力供给环境（LAB_{jt}）的系数为负，与预期符号一致，但对投资非效率的影响并不明显，这表明劳动力供给环境对投资效率没有产生明显的影响。

金融及经济环境（FIN_{jt}）、政治环境（POL_{jt}）的系数，在 1%的显著性水平下显著为正，与预期符号相反，这说明东道国的金融及经济环境、政治环境与投资非效率正相关，与对外直接投资效率负相关，两者都是阻碍投资效率提升的主要因素，即东道国金融及经济环境、政治环境越稳定，中国对其进行直接投资的效率损失越大。其主要原因在于：一方面金融及经济环境、政治环境稳定性的增强，将会使更多的投资者进入该国，增加了该国直接投资的竞争程度，使得中国企业的投资成本加大，从而引起投资效率损失的增加；另一方面，中国对外直接投资的一大主体是国有企业，国有企业在直接投资的过程中，既要考虑利润最大化的问题，又要兼顾国家意志，作为有大国担当的中国，对外直接投资的目标之一就是帮助低收入国家或地区实现经济增长，因此国有企业的对外直接投资更多集中于收入较低的国家，而这些国家的金融经济环境以及政治环境水平往往不高，这也在一定程度上反映出中国对外直接投资的特殊性。

5.3.3 稳健性检验

5.3.3.1 随机前沿引力模型的稳健性检验

为了确保估计结果的稳健性，笔者同时采用普通最小二乘法、时不变随机前沿引力模型进行检验，并与笔者所采用的时变随机前沿引力模型进行对比，如表5-7所示。从三种估计方法对比结果看，模型中所有解释变量的符号均一致，显著性也未发生较大变化，说明估计结果具有稳健性。

表5-7 随机前沿引力模型稳健性检验结果

变量	（1）普通最小二乘法模型	（2）时不变随机前沿引力模型	（3）时变随机前沿引力模型
$lnGDP_{it}$	3.160 4***	3.256 3***	2.927 3***
	(16.780)	(23.703)	(11.858)
$lnGDP_{jt}$	0.852 5***	0.647 5***	0.685 6***
	(14.782)	(6.277)	(6.412)
$lnDist_{ij}$	0.267 6*	0.236 7	0.218 8
	(1.738)	(1.347)	(0.730)
$Contig_{ij}$	2.791 5***	1.676 1***	1.893 9***
	(7.751)	(2.998)	(3.284)
$Lang_{ij}$	2.438 8***	2.410 9***	2.530 7***
	(9.032)	(3.177)	(2.679)
$\_Cons$	-33.046 7***	-29.414 6***	-27.908 1***
	(-13.073)	(-20.110)	(-7.429)
η			0.014 2***
			(2.678)
γ		0.924 5	0.914 9
N	580	580	580

5.3.3.2 投资非效率模型的稳健性检验

考虑到投资环境的测度误差可能会引致内生性问题，笔者借鉴李文霞和杨逢珉（2019）的做法，将投资便利化各分项指标的滞后一阶引入模型，对基准模型进行检验。从表5-8第（1）列所示结果可见，引入一阶滞后项后，各变量估计结果的系数、符号及显著性与表5-6的基准模型基本一致，进而验证了表5-6中基准模型（6）的结论。

同时，为了保证投资非效率模型估计结果的稳健性，笔者参考董有德和夏文豪（2021）、杨栋旭和于津平（2021）的做法，采用以下三种方法进行稳健性检验：第一，采用熵值法对东道国的投资便利化水平进行重新测算；第二，剔除特殊国家，将样本中每年投资环境得分最高和最低的国家剔除；第三，进行1%分位上的双边缩尾处理。稳健性检验结果如表5-8第（2）～（4）列所示。从稳健性检验的结果来看，采用上述三种方法进行模型估计后，各变量的符号及显著性水平基本与表5-6中基准模型（6）的结果保持一致，这也进一步印证了投资非效率基准模型的估计结果是稳健的。

表 5-8 投资非效率模型稳健性检验结果

变量	（1）滞后一阶	（2）熵值法	（3）剔除特殊国家	（4）双边缩尾
$\ln GDP_{it}$	2.642***	2.956***	2.683***	2.617***
	(9.406)	(18.523)	(13.536)	(14.294)
$\ln GDP_{jt}$	0.665***	0.618***	0.666***	0.666***
	(24.020)	(35.892)	(22.293)	(23.989)
$\ln Dist_{ij}$	0.267***	0.270***	0.269***	0.281***
	(3.761)	(2.782)	(3.716)	(4.342)
$Contig_{ij}$	1.637***	1.513***	1.653***	1.641***
	(13.761)	(15.987)	(12.932)	(13.956)
$Lang_{ij}$	2.191***	2.104***	2.190***	1.945***
	(20.585)	(19.287)	(11.218)	(18.228)
_Cons	-24.820***	-28.022***	-25.297***	-24.668***
	(-8.144)	(-14.856 7)	(-11.395)	(-11.898)

续表

变量	（1）滞后一阶	（2）熵值法	（3）剔除特殊国家	（4）双边缩尾
μ				
BUS_{jt}	-15.406**	-18.621**	-9.289*	-13.773**
	(-2.489)	(-2.409)	(-1.649)	(-2.425)
FIN_{jt}	33.484***	21.193**	16.796*	34.755***
	(2.957)	(2.116)	(1.737)	(3.301)
LAB_{jt}	-4.757	-3.004	-9.331	-5.194
	(-0.646)	(-0.460)	(-1.405)	(-0.766)
LAW_{jt}	-46.956***	-24.539***	-43.597***	-44.509***
	(-5.435)	(-4.868)	(-5.647)	(-5.632)
POL_{jt}	48.715***	39.342***	46.029***	45.853***
	(5.610)	(7.116)	(6.004)	(5.782)
INF_{jt}	-11.439*	-13.909*	-12.145*	-11.637*
	(1.910)	(-1.846)	(-1.761)	(-1.733)
_Cons	1.394*	1.586***	2.373***	1.279*
	(1.791)	(2.761)	(3.124)	(1.775)
N	522	580	540	580

注：***、**、*分别代表在1%、5%、10%水平上显著。

5.3.4 机制检验

由影响机制分析可以看出，沿线国家的投资环境，可能通过投资成本和经营效率影响中国的对外直接投资效率。为检验沿线国家投资便利化水平的提升，是否通过降低投资成本和提升经营效率的渠道，减少中国对外直接投资效率的损失，笔者借鉴温忠麟和叶宝娟（2014）的逐步回归分析法，综合公式32，构建如下模型：

$$Mechanism_{jt} = \alpha_0 + \alpha_1 BUS_{jt} + \alpha_2 FIN_{jt} + \alpha_3 LAB_{jt} + \alpha_4 LAW_{jt} + \alpha_5 POL_{jt} + \alpha_6 INF_{jt} + v_{jt}$$

（公式34）

$$\mu_{ijt} = \gamma_0 + \gamma_1 Mechanism_{jt} + \gamma_2 BUS_{jt} + \gamma_3 FIN_{jt} + \gamma_4 LAB_{jt} + \\ \gamma_5 LAW_{jt} + \gamma_6 POL_{jt} + \gamma_7 INF_{jt} + \nu_{ijt}$$

(公式35)

其中，$Mechanism_{jt}$ 为机制变量。首先，利用公式34检验东道国投资便利化水平对机制变量的影响，即检验东道国投资便利化水平的提升是否对投资成本降低和经营效率提升有显著的促进作用；其次，利用公式35同时检验机制变量和投资便利化水平对中国对外直接投资效率的影响。

关于中介变量的测度，笔者借鉴杨栋旭和于津平（2021）的方法，选取东道国国内信贷总额占GDP比重作为投资成本的逆向代理变量，选取东道国政府监管质量指数作为经营效率的正向代理变量，进行机制检验。向私营部门提供的国内信贷是指金融公司向私营部门提供的金融资源。一般来说，国内信贷总额占GDP比重越高，东道国融资渠道越丰富，投资成本越低。国内信贷总额占GDP比重（IC_{jt}）的数据源于世界银行世界发展指标数据库。政府监管质量衡量了东道国政府允许和促进私营部门发展的能力。一般来说，该指数越高，表示该国监管水平越高，在其开展对外直接投资的经营效率越高，政府监管质量（RQ_{jt}）的数据来源于世界银行的世界治理指数。

首先，笔者使用逐步回归分析法，检验投资便利化水平的提升是否可以通过投资成本的降低，减少中国对外直接投资效率的损失，即对国内信贷总额占GDP比重在投资便利化水平影响投资效率过程中的中介效应进行检验。首先，利用公式33检验东道国投资便利化水平对机制变量 IC_{jt} 的影响，即检验东道国投资便利化水平的提升是否能够显著地降低投资成本，结果如表5-9第（2）列所示；其次，基于公式34同时考察东道国投资成本与投资便利化水平对中国对外直接投资效率的影响，结果如表5-9第（3）列所示。

表 5-9 投资成本中介效应检验结果

变量	(1) 投资非效率 μ_{ijt}	(2) IC_{jt}	(3) 投资非效率 μ_{ijt}
IC_{jt}			-2.123***
			(-2.325)
BUS_{jt}	-13.838**	0.734*	-13.879**
	(-2.415)	(1.763)	(-2.421)
FIN_{jt}	35.999***	2.334**	35.856***
	(3.382)	(2.091)	(3.365)
LAB_{jt}	-5.596	3.116***	-5.176
	(-0.817)	(4.285)	(-0.743)
LAW_{jt}	-44.378***	1.328*	-44.687***
	(-5.588)	(1.712)	(-5.579)
POL_{jt}	45.344***	3.041***	44.985***
	(5.675)	(4.149)	(5.590)
INF_{jt}	-16.764*	4.894***	-12.925*
	(-1.728)	(6.424)	(-1.627)
_Cons	1.251*	-0.079	1.245*
	(1.723)	(-1.135)	(1.715)
N	580	580	580

注：***、**、*分别代表在1%、5%、10%水平上显著。

从表 5-9 第（2）列检验结果看，东道国投资便利化水平的提升，对于提升投资成本的逆向代理变量——国内信贷总额占 GDP 比重（IC_{jt}）有显著的促进作用，即能够降低投资成本。表 5-9 第（3）列中，投资成本的逆向代理变量 IC_{jt} 的系数在1%的显著水平上显著为负，各投资便利化指标的系数和符号与原回归表 5-6 中模型（6）结果基本一致，表明投资成本的降低，能够减少中国对东道国投资效率的损失。由此可以判断，该中介效应成立，即东道国推进投资便利化水平的提升，可以通过降低投资成本，减少投资效率损失。

为保证进一步验证经营效率的中介作用,笔者选取东道国政府监管质量(RQ_{jt})作为机制变量进行检验,检验结果如表 5-10 所示。

表 5-10 经营效率中介效应检验结果

变量	(1) 投资非效率 μ_{ijt}	(2) RQ_{jt}	(3) 投资非效率 μ_{ijt}
RQ_{jt}			-0.478* (-1.940)
BUS_{jt}	-13.838** (-2.415)	2.476*** (3.985)	-15.364*** (-2.619)
FIN_{jt}	35.999*** (3.382)	9.213*** (7.713)	31.828*** (2.883)
LAB_{jt}	-5.596 (-0.817)	3.752*** (4.822)	-7.095 (-1.020)
LAW_{jt}	-44.378*** (-5.588)	0.336* (1.809)	-43.728*** (-5.534)
POL_{jt}	45.344*** (5.675)	15.755*** (20.089)	37.581*** (3.832)
INF_{jt}	-16.764* (-1.728)	2.077* (1.894)	-11.585* (-1.924)
_Cons	1.251* (1.723)	-2.063*** (-27.689)	2.258** (2.140)
N	580	580	580

注:***、**、*分别代表在 1%、5%、10%水平上显著。

从表 5-10 的检验结果看,东道国投资便利化水平的提升,对提升东道国的政府监管质量有显著的促进作用。表 5-10 第(3)列中,政府监管质量的系数在 10%的显著水平上显著为负,各投资便利化指标的系数和符号与原回归表 5-6 中模型(6)的结果基本一致,表明东道国政府监管质量的提高,有助于减少中国对外直接投资效率的损失。由此可以判断,该中介效应成立,即东道国推进投资便利化水平的提升,可以通过提升东道国的政府监管质量,减少投资效率损失。

以上机制检验充分说明，投资成本与经营效率是东道国投资便利化水平影响中国对外直接投资效率的重要渠道。中介效应模型证实东道国投资便利化水平的提升，可以通过降低投资成本、提升经营效率减少中国对沿线国家投资效率的损失。

5.4 异质性实证检验

在笔者选取的58个样本国中，各国的经济发展水平存在着较大的差异，不同经济发展水平的国家在投资便利化水平对投资非效率的影响方面可能存在一定的差异。因此，笔者参考世界银行的划分方式，将58个样本国分为高收入国家、中高等收入国家和中低等收入国家。由于低收入样本国只有3个，因此笔者将3个低收入样本国归为中低等收入国家。具体实证估计结果如表5-11所示。

表5-11 不同收入水平沿线国家异质性实证检验

解释变量	按经济发展水平划分					
	高收入国家		中高等收入国家		中低等收入国家	
$\ln GDP_{it}$	3.159***	(6.854)	2.944***	(6.423)	2.198**	(2.136)
$\ln GDP_{jt}$	1.396***	(9.547)	1.250***	(16.773)	0.381***	(4.052)
$\ln Dist_{ij}$	0.699***	(2.847)	-2.969***	(-6.082)	-0.496*	(-1.848)
$Contig_{ij}$			0.527	(1.535)	-0.149	(-0.203)
$Lang_{ij}$	2.658***	(7.129)	1.520***	(2.891)		
_Cons	-40.114***	(-6.894)	-30.437***	(-6.780)	-10.697	(-0.719)
μ						
BUS_{jt}	0.294	(0.033)	-19.905***	(-4.235)	26.056	(1.576)
FIN_{jt}	-11.991	(-0.918)	50.810***	(6.860)	-45.093	(-0.979)
LAB_{jt}	5.921	(0.748)	10.116*	(1.725)	-49.379***	(-3.157)
LAW_{jt}	-21.050***	(-2.585)	3.374	(0.442)	-58.554***	(-3.63)
POL_{jt}	3.582	(0.302)	-50.287***	(-5.765)	94.050***	(3.248)
INF_{jt}	-24.697***	(-2.868)	4.775	(0.797)	40.797**	(2.460)

续表

解释变量	按经济发展水平划分					
	高收入国家		中高等收入国家		中低等收入国家	
_Cons	6.367***	（4.465）	1.057**	（1.962）	4.083**	（2.197）
N	210		190		180	

注：***、**、*分别代表在1%、5%、10%水平上显著。

从投资非效率模型的实证结果可以看出，东道国的投资便利化水平对三种收入水平国家的影响程度和效果均存在差异。在高收入国家中，政策及法制环境、基础设施环境在1%的水平上显著为负，营商环境、金融及经济环境、劳动力供给环境、政治环境均未通过显著性检验，这说明对高收入国家而言，政策及法制环境和基础设施环境是减少效率损失的主要因素，即东道国良好的政策及法制环境和完善的基础设施环境能够显著提高中国对高收入国家的直接投资效率。在中高等收入国家中，营商环境和政治环境在1%的水平上显著为负，金融及经济环境在1%的水平上显著为正，劳动力供给环境在10%的水平上显著为正，政策及法制环境、基础设施环境未通过显著性检验，这表明良好的营商环境和政治环境能够显著地提高中国对中高等收入国家的直接投资效率，而金融及经济环境和劳动力供给环境是阻碍投资效率提升的主要因素。在中低等收入国家中，劳动力供给环境和政策及法制环境在1%的水平上显著为负，政治环境在1%的水平上显著为正，基础设施环境在5%的水平上显著为正，营商环境和金融及经济环境未通过显著性检验，这表明良好的劳动力供给环境和政策及法制环境能够显著地提升中国对中低等收入国家的直接投资效率，而政治环境和基础设施环境则对投资效率的提升有抑制作用。

5.5 投资效率分析

5.5.1 全样本投资效率分析

笔者测算了 2009—2018 年 58 个样本国家的投资效率，如表 5-12 所示。根据公式 28 可知，当投资非效率存在时，投资效率 TE 介于 $0\sim1$，TE 的值越大，说明投资效率越高。

表 5-12 中国对"一带一路"沿线国家的直接投资效率

国家	2009	2010	2011	2012	2013	2014	2015	2016	2017	2018	均值
新加坡	0.656 8	0.572 1	0.751 0	0.695 4	0.656 9	0.741 6	0.914 5	0.810 5	0.876 4	0.820 4	0.749 6
菲律宾	0.210 9	0.415 8	0.405 5	0.380 5	0.347 4	0.303 4	0.228 2	0.185 4	0.169 9	0.139 4	0.278 7
马来西亚	0.060 3	0.064 8	0.055 2	0.055 9	0.072 2	0.061 6	0.062 2	0.082 6	0.090 3	0.125 9	0.073 1
泰国	0.445 7	0.780 5	0.735 2	0.908 7	0.865 0	0.882 0	0.815 3	0.875 0	0.849 8	0.777 1	0.793 4
印度尼西亚	0.409 3	0.431 8	0.476 5	0.686 4	0.813 3	0.919 5	0.902 3	0.872 3	0.788 6	0.781 4	0.708 1
越南	0.314 3	0.311 6	0.306 6	0.300 5	0.320 5	0.337 7	0.318 1	0.379 0	0.303 3	0.276 0	0.316 8
新西兰	0.112 2	0.143 6	0.129 0	0.153 2	0.243 5	0.349 3	0.358 5	0.510 6	0.497 2	0.428 0	0.292 5
俄罗斯	0.133 2	0.123 8	0.127 2	0.131 7	0.165 2	0.156 1	0.213 6	0.165 7	0.146 9	0.125 0	0.148 8
韩国	0.785 2	0.300 9	0.570 7	0.882 9	0.457 3	0.523 0	0.572 6	0.540 3	0.627 1	0.582 4	0.584 2
印度	0.014 4	0.022 6	0.023 4	0.032 8	0.053 9	0.059 3	0.052 1	0.034 2	0.041 9	0.033 2	0.036 8
巴基斯坦	0.400 3	0.378 9	0.344 7	0.283 9	0.236 8	0.303 2	0.265 3	0.253 3	0.246 3	0.148 8	0.286 2
斯里兰卡	0.045 8	0.152 5	0.252 7	0.213 7	0.280 5	0.279 4	0.479 2	0.368 6	0.302 2	0.160 8	0.253 5
孟加拉国	0.105 4	0.087 0	0.074 1	0.088 6	0.094 3	0.075 8	0.071 5	0.068 5	0.080 2	0.169 9	0.091 5
尼泊尔	0.020 7	0.017 3	0.020 5	0.022 0	0.039 3	0.057 4	0.099 0	0.070 1	0.051 4	0.069 1	0.046 7
以色列	0.011 6	0.016 4	0.013 6	0.017 6	0.012 3	0.025 5	0.076 8	0.833 0	0.671 4	0.616 3	0.229 4
阿曼	0.021 6	0.042 3	0.046 4	0.040 5	0.168 3	0.148 4	0.127 3	0.044 7	0.042 9	0.054 4	0.073 7
卡塔尔	0.063 3	0.091 1	0.110 8	0.148 6	0.136 0	0.152 8	0.158 2	0.298 5	0.267 2	0.088 1	0.151 5
阿联酋	0.397 6	0.520 6	0.598 9	0.540 6	0.485 2	0.602 0	0.923 8	0.838 0	0.771 8	0.770 3	0.644 9
黎巴嫩	0.005 4	0.005 0	0.003 9	0.004 7	0.004 6	0.003 9	0.003 2	0.002 1	0.001 2	0.001 1	0.003 5
约旦	0.044 3	0.039 9	0.031 2	0.044 0	0.036 7	0.039 4	0.034 0	0.034 2	0.046 1	0.084 6	0.043 4

续表

国家	2009	2010	2011	2012	2013	2014	2015	2016	2017	2018	均值
科威特	0.009 4	0.063 1	0.084 9	0.059 2	0.051 9	0.165 5	0.216 5	0.189 6	0.266 0	0.259 5	0.136 6
伊朗	0.146 1	0.352 2	0.511 8	0.673 3	0.758 8	0.744 8	0.531 0	0.463 3	0.412 8	0.324 0	0.491 8
巴林	0.004 0	0.002 9	0.002 7	0.014 1	0.002 4	0.005 0	0.004 2	0.033 2	0.054 1	0.043 6	0.016 6
阿塞拜疆	0.035 1	0.026 8	0.051 4	0.043 6	0.041 5	0.048 6	0.046 6	0.017 9	0.014 8	0.004 1	0.033 0
格鲁吉亚	0.574 1	0.726 7	0.455 8	0.580 7	0.856 8	0.968 6	0.898 3	0.778 0	0.653 9	0.601 8	0.709 5
亚美尼亚	0.011 8	0.008 9	0.006 7	0.005 2	0.023 9	0.019 3	0.015 8	0.013 3	0.042 2	0.057 0	0.020 4
土耳其	0.183 3	0.138 5	0.101 8	0.099 7	0.098 8	0.108 6	0.131 4	0.086 4	0.084 7	0.093 4	0.112 7
哈萨克斯坦	0.493 1	0.376 8	0.506 1	0.868 4	0.765 8	0.669 0	0.375 3	0.333 8	0.379 5	0.302 5	0.50 70
吉尔吉斯斯坦	0.860 1	0.901 2	0.902 9	0.918 6	0.928 6	0.865 0	0.771 6	0.727 6	0.621 7	0.549 6	0.804 7
塔吉克斯坦	0.447 1	0.385 5	0.325 8	0.556 3	0.546 3	0.526 6	0.528 1	0.544 5	0.602 6	0.583 4	0.504 6
乌克兰	0.030 8	0.024 6	0.024 4	0.022 5	0.028 9	0.030 6	0.029 7	0.023 8	0.018 4	0.022 0	0.025 6
摩尔多瓦	0.008 4	0.006 1	0.004 6	0.010 2	0.014 4	0.011 6	0.005 3	0.007 9	0.006 4	0.005 3	0.008 0
斯洛文尼亚	0.013 8	0.010 4	0.008 1	0.006 8	0.005 6	0.004 5	0.003 7	0.016 4	0.013 6	0.016 4	0.009 9
克罗地亚	0.019 0	0.014 7	0.011 6	0.010 2	0.008 0	0.009 5	0.007 8	0.006 5	0.017 3	0.025 4	0.013 0
爱沙尼亚	0.039 9	0.029 9	0.022 3	0.008 3	0.006 8	0.005 5	0.004 5	0.003 7	0.003 1	0.040 0	0.016 4
罗马尼亚	0.111 9	0.117 4	0.091 3	0.094 1	0.067 9	0.072 5	0.112 5	0.098 2	0.062 4	0.050 4	0.087 9
塞尔维亚	0.008 2	0.011 2	0.009 0	0.009 5	0.021 8	0.029 2	0.040 5	0.055 2	0.093 9	0.122 8	0.040 1
保加利亚	0.006 3	0.038 0	0.114 6	0.163 2	0.157 4	0.146 3	0.165 7	0.095 4	0.117 8	0.066 5	0.107 1
斯洛伐克	0.017 7	0.013 7	0.027 5	0.073 9	0.057 9	0.072 5	0.058 9	0.031 6	0.026 2	0.025 6	0.040 6
匈牙利	0.139 4	0.505 2	0.398 9	0.351 0	0.297 5	0.250 4	0.209 5	0.095 3	0.081 3	0.064 9	0.239 3
拉脱维亚	0.002 4	0.001 9	0.001 4	0.001 1	0.000 9	0.000 7	0.001 1	0.000 9	0.000 8	0.007 3	0.001 9
黑山	0.004 6	0.003 4	0.002 6	0.002 2	0.001 7	0.001 4	0.001 2	0.013 2	0.095 7	0.124 3	0.025 0
捷克	0.052 4	0.041 8	0.041 3	0.102 6	0.085 1	0.082 1	0.061 3	0.051 4	0.030 4	0.042 5	0.059 1
立陶宛	0.013 5	0.010 2	0.007 7	0.010 9	0.015 5	0.012 6	0.010 4	0.010 5	0.009 6	0.006 0	0.010 7
阿尔巴尼亚	0.030 8	0.023 9	0.018 0	0.014 5	0.018 8	0.015 4	0.012 5	0.010 8	0.005 8	0.006 4	0.015 6
波黑	0.032 3	0.024 8	0.019 4	0.016 0	0.013 1	0.010 7	0.011 1	0.010 2	0.004 2	0.003 5	0.014 5

续表

国家	2009	2010	2011	2012	2013	2014	2015	2016	2017	2018	均值
塞浦路斯	0.005 9	0.004 4	0.229 4	0.200 2	0.308 9	0.162 1	0.135 0	0.109 4	0.581 8	0.562 0	0.229 9
希腊	0.001 3	0.002 6	0.002 4	0.002 7	0.044 7	0.037 2	0.030 8	0.010 4	0.032 8	0.036 3	0.020 1
波兰	0.075 5	0.065 6	0.071 3	0.059 5	0.059 6	0.061 9	0.053 9	0.040 5	0.041 5	0.043 7	0.057 3
埃及	0.296 9	0.258 9	0.240 0	0.219 9	0.197 4	0.206 3	0.169 0	0.184 8	0.141 9	0.149 4	0.206 4
肯尼亚	0.373 3	0.496 5	0.521 2	0.538 6	0.669 7	0.718 9	0.745 0	0.605 0	0.688 3	0.634 1	0.599 1
尼日利亚	0.701 2	0.600 4	0.530 8	0.580 0	0.500 4	0.430 5	0.361 8	0.328 4	0.308 4	0.220 2	0.456 2
摩洛哥	0.082 2	0.070 0	0.084 9	0.072 3	0.062 1	0.056 2	0.062 3	0.054 1	0.086 3	0.085 8	0.071 6
阿尔及利亚	0.887 3	0.833 9	0.725 9	0.714 0	0.657 7	0.863 9	0.732 5	0.607 4	0.363 2	0.341 4	0.672 7
加纳	0.615 9	0.487 8	0.467 8	0.672 8	0.862 2	0.882 1	0.877 3	0.965 6	0.716 7	0.661 8	0.721 0
坦桑尼亚	0.934 4	0.787 8	0.777 0	0.817 5	0.845 9	0.829 9	0.855 1	0.721 8	0.623 1	0.516 3	0.770 9
突尼斯	0.006 6	0.005 5	0.010 7	0.007 7	0.015 1	0.012 9	0.015 3	0.009 9	0.007 6	0.009 0	0.010 0
巴拿马	0.267 5	0.572 8	0.583 5	0.266 6	0.507 4	0.174 1	0.156 0	0.149 5	0.161 6	0.187 6	0.302 7
年度均值	0.203 5	0.216 6	0.225 4	0.250 0	0.260 3	0.264 4	0.260 8	0.254 7	0.247 3	0.226 7	0.241 0

注：表中数据为作者根据实证模型计算而得。

由表 5-12 可以看出，2009—2018 年，中国对外直接投资效率的平均值为 0.241 0，处于较低水平，这说明实际投资水平与投资前沿水平有较大偏离，未来的投资拓展空间较大。从投资效率的年度变化情况来看，中国对东道国的投资效率表现出先上升后下降的特征。在这 10 年间，投资效率均值处于（0.203 5，0.264 4）区间，整体波动不大，这意味着虽然近年来中国对外直接投资规模有所上升，但投资效率并没有随着投资规模的增加而明显提升。

为了更加清楚地描述每个国家的投资效率，笔者根据各国的投资效率均值，参考程中海和南楠（2017）的分类方式，将投资效率分为 7 个子区间，如表 5-13 所示。从表中可以看出，中国对外直接投资效率较低且国别差异较大，投资效率处于 0.01~0.05 的国家最多，达到 17 个，投资效率低于 0.1 的国家共 28 个，占总样本的 48.28%，而投资效率高于 0.5 的国家仅为 13 个，占总样本的 22.41%。从国别差异上来看，中国对新加坡、吉尔吉斯斯坦、泰国、坦桑尼亚的投资效率一直较高，效率均值在 0.7 以上，而对摩尔多瓦、黎巴嫩、拉脱维亚、斯洛文尼亚的投资效率较低，效率均值在 0.01 以下。

表 5-13 中国对外直接投资效率区间及国别分布

效率区间	国家
（0，0.01）	斯洛文尼亚、摩尔多瓦、黎巴嫩、拉脱维亚（4 国）
[0.01，0.05）	尼泊尔、约旦、斯洛伐克、塞尔维亚、印度、阿塞拜疆、乌克兰、黑山、亚美尼亚、希腊、巴林、爱沙尼亚、阿尔巴尼亚、波黑、克罗地亚、立陶宛、突尼斯（17 国）
[0.05，0.1）	孟加拉国、罗马尼亚、阿曼、马来西亚、摩洛哥、捷克、波兰（7 国）
[0.1，0.3）	新西兰、巴基斯坦、菲律宾、斯里兰卡、匈牙利、塞浦路斯、以色列、埃及、卡塔尔、俄罗斯、科威特、土耳其、保加利亚（13 国）
[0.3，0.5）	伊朗、尼日利亚、越南、巴拿马（4 国）
[0.5，0.7）	阿尔及利亚、阿联酋、肯尼亚、韩国、哈萨克斯坦、塔吉克斯坦（6 国）
[0.7，1）	吉尔吉斯斯坦、泰国、坦桑尼亚、新加坡、加纳、格鲁吉亚、印度尼西亚（7 国）

综上，从总样本的投资效率来看，中国对外直接投资呈现出"差异大、效率低"的特点。

5.5.2 分组样本投资效率分析

5.5.2.1 按地区分组的投资效率分析

按照第 4 章东道国所在区域的划分方式，笔者在加入时间维度的基础上，进一步对不同区域的投资效率进行了比较分析。由图 5-1 可以看出，2009—2018 年 10 年间，中国对中亚地区的投资效率均值最高为 0.605 4，这意味着实际投资效率实现了最优效率的 60.54%；其次为东南亚及大洋洲和非洲及拉美地区，投资效率均值在 0.4 以上，即实现了最优投资效率的 40%以上；投资效率最低的区域是中东欧地区，投资效率均值仅为 0.053 8，这说明虽然中国对中东欧国家的直接投资在数量上显著提高，但直接投资效率依然较低。但从另一角度看，这表明中东欧地区未来的投资拓展空间较大，中国应进一步加强与中东欧各国的交流与合作，尽量减少投资环境等人为因素的约束与限制，有效提升投资效率。

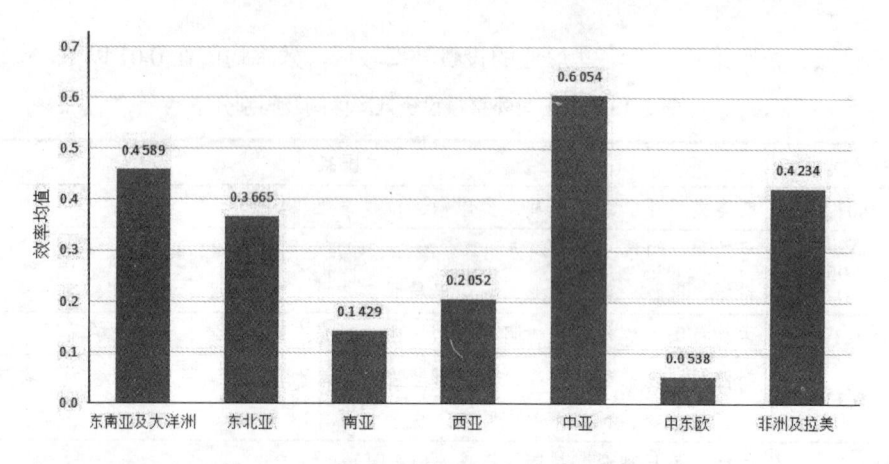

图 5-1 "一带一路"各区域投资效率均值

东道国投资效率的年度变化情况如图 5-2 所示。2009—2018 年，中亚地区的投资效率最高，但波动幅度也较大，2012 年以后呈现下降的趋势。东南亚及大洋洲地区的投资效率呈上升趋势，2018 年已基本与中亚地区的投资效率持平。东北亚地区的投资效率在 2010—2013 年波动较大，2013 年以后波动较小。中东欧、西亚地区的投资效率较低，且波动幅度较小，呈现缓步上升的趋势。南亚地区的投资效率处于较低水平，但波动幅度不大，从 2015 年起，开始出现下降的趋势。非洲及拉美地区的投资效率波动幅度不大，从 2013 年起投资效率有所下降。总体来看，随着时间的推移，中国对不同区域的直接投资效率显现收敛趋势。

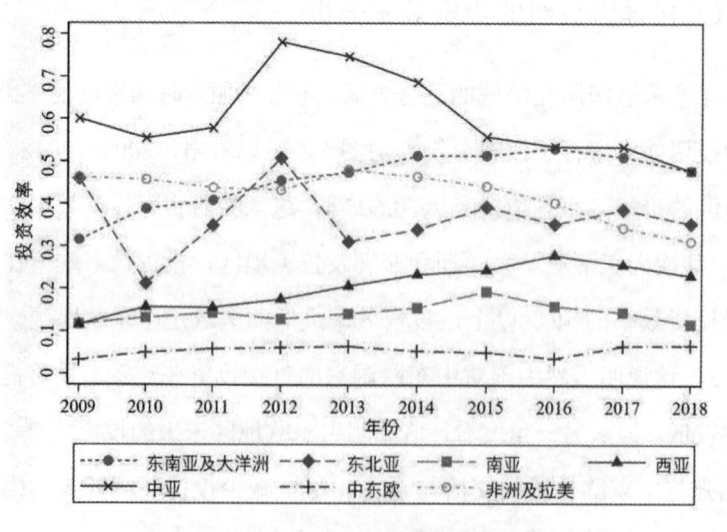

图 5-2 "一带一路"各区域投资效率变化趋势

5.5.2.2 按经济规模分组的投资效率分析

笔者根据东道国的经济规模,将样本国分为大、中、小规模三组。图 5-3 及图 5-4 表示三种经济规模国家的投资效率均值及其年度变化趋势。从图中可以看出,中国对不同经济规模国家的投资效率呈现差异化的特征。中国对大规模国家的投资效率最高,均值为 0.317 1;其次为中等规模国家,均值为 0.256 3;最低的是小规模国家,均值为 0.148 7。从年度变化情况来看,大规模国家的投资效率呈现波动上升的趋势,由 2009 年的 0.26 左右上升到 2018 年的 0.3 以上。中等规模国家的投资效率与全样本水平最为接近,其年度变化呈现先上升再下降的趋势,2018 年起中等规模国家的投资效率开始低于全样本水平。小规模国家的投资效率呈现波动上升的趋势,由 2009 年的 0.12 左右上升到 2018 年的 0.16 左右。

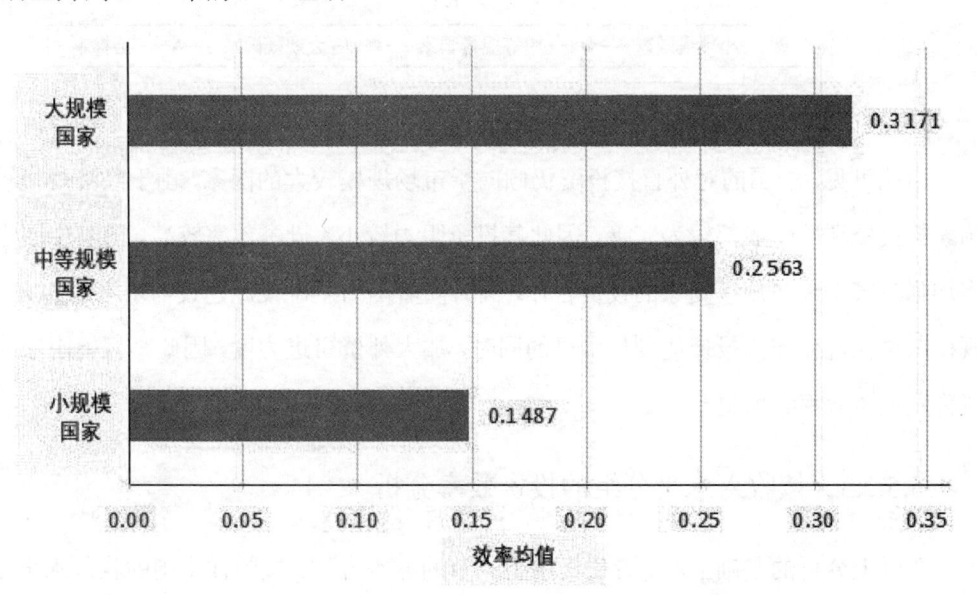

图 5-3 按经济规模分组的直接投资效率均值

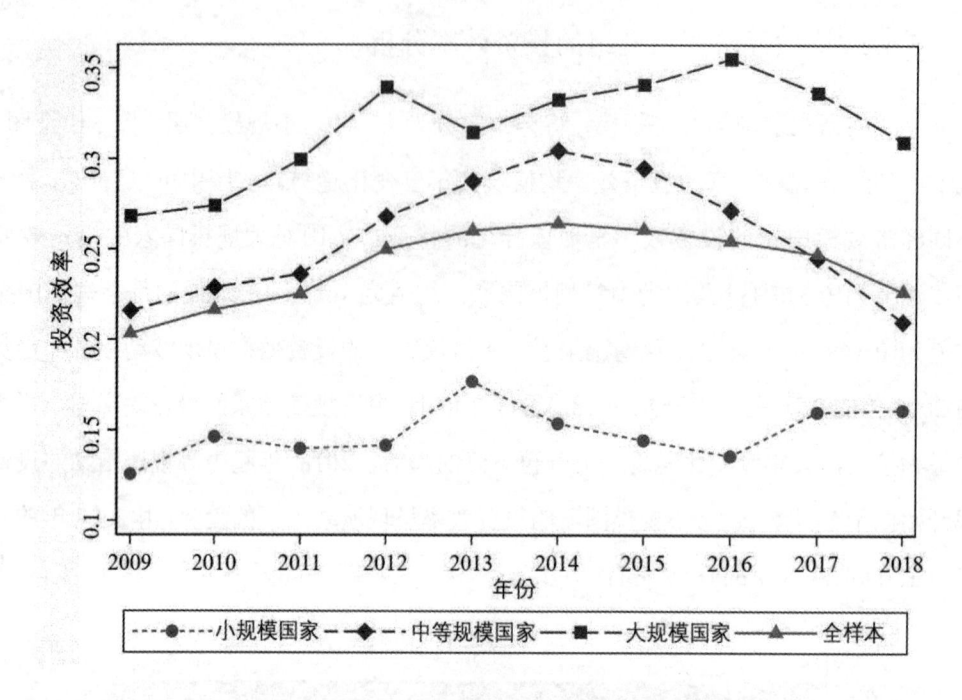

图 5-4　不同经济规模国家直接投资效率年度变化趋势

由此可见，中国的对外直接投资仍倾向于市场规模较大的国家，由于经济规模较大国家的投资环境一般都较为完善，因此其投资阻力较小，投资效率较高。随着中国进一步加强与较小经济规模国家的投资合作，同时随着国内基础设施建设需求不断加大，小规模国家在优化国内投资便利化水平的同时，加大外资引进力度，因此小规模国家的投资额及投资效率有所提升。

5.5.2.3　按收入水平分组的投资效率分析

在以上分析的基础上，笔者仍沿用上一节的分类方式，按照样本国的收入水平，将样本国分为高收入国家、中高等收入国家、中低等收入国家三个组别，同时加入时间维度分析投资效率的变化趋势。如图 5-5 所示，中国对外直接投资效率由高到低依次为：中低等收入国家、中高等收入国家、高收入国家。

第5章 东道国投资便利化水平对中国对外直接投资效率的影响：基于国家视角的实证

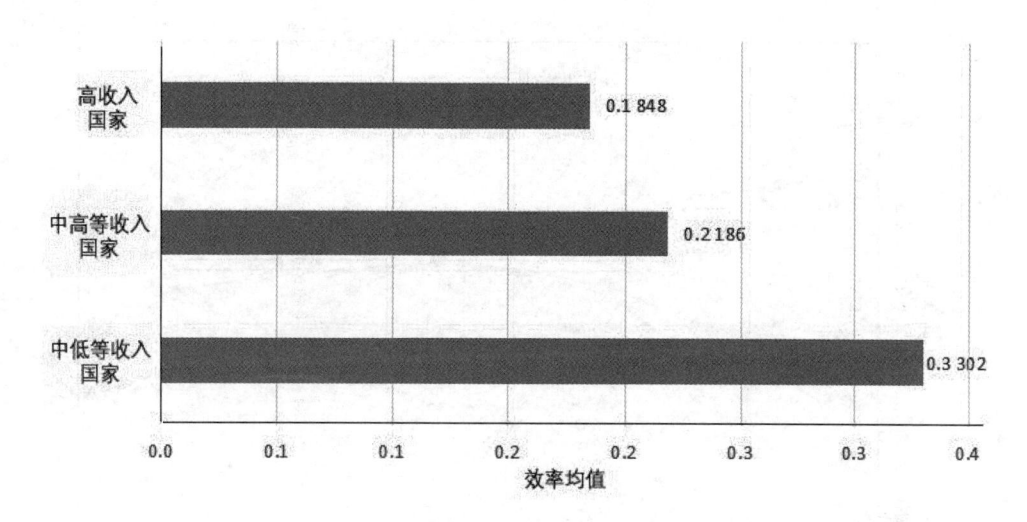

```
高收入
国家          ▬▬▬▬▬▬▬▬▬  0.1 848

中高等收入
国家          ▬▬▬▬▬▬▬▬▬▬▬  0.2 186

中低等收入
国家          ▬▬▬▬▬▬▬▬▬▬▬▬▬▬▬▬  0.3 302

         0.0   0.1   0.1   0.2   0.2   0.3   0.3   0.4
                        效率均值
```

图 5-5 按收入水平分组的直接投资效率均值

从图 5-6 可以看出，中国对中低等收入国家的投资效率最高，基本处在 0.25～0.35，明显高于全样本水平，这也反映出由于中低等收入国家的国内经济处于飞速发展阶段，与中国存在着产业互补，需要大规模的基础设施建设等方面的投资，同时这些国家在营商环境、金融环境和基础设施环境等方面不断改善与优化，能够有效降低直接投资效率的损失，所以中国对东道国的投资绩效主要来自中低等收入国家，这同时也体现出中国与这些国家之间存在着良好的投资合作关系。中高等收入国家的投资效率与全样本水平较为接近，但从 2015 年起明显低于全样本水平，主要原因可能是受复杂的全球经济环境的影响，这些国家在保护国内产业和市场准入方面有一些限制性措施，同时受发达国家资本与技术涌入的竞争影响，在一定程度上阻碍了投资效率的提高。高收入国家的投资效率最低，基本处于 0.2 以下，主要原因可能是对于高收入国家的直接投资，欧美等发达国家在中国之前已经抢占了先机，作为后来者，中国的对外直接投资前期不得不选择投资准入门槛较低的国家。但从年度变化趋势看，中国对高收入国家的投资效率呈现逐渐上升趋势，2016 年已经超过中高等收入国家，基本达到全样本水平，这说明中国对高收入国家的投资布局正逐步调整与改善。高收入国家的投资环境一般较为完善且稳定，因此中国加大对高收入国家的投资，其投资效率提高的速度会相对较快。

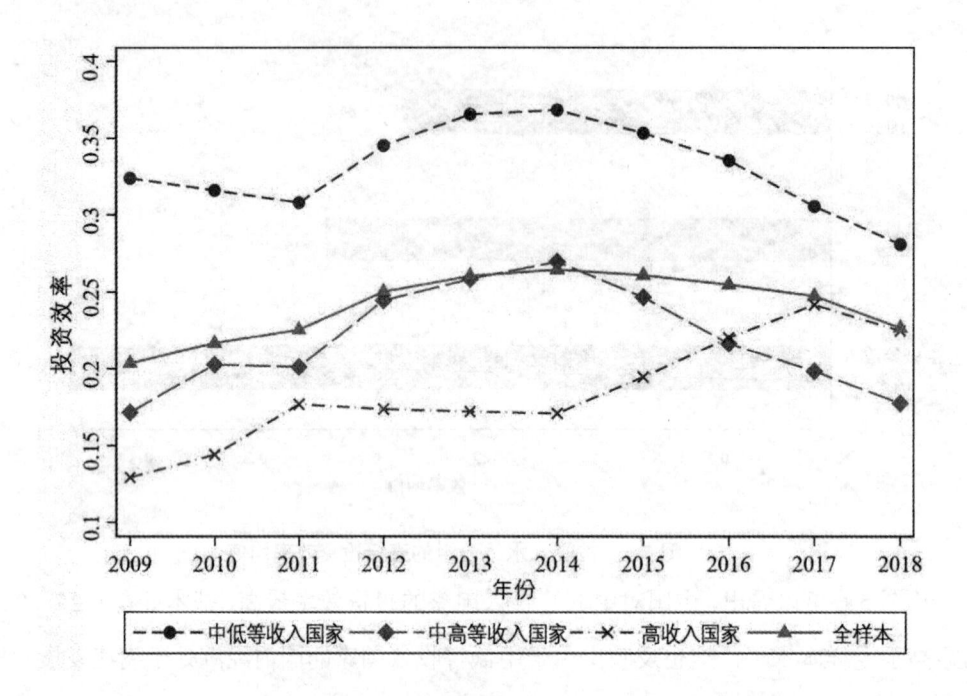

图 5-6　不同收入水平国家直接投资效率年度变化趋势

5.6　投资潜力分析

5.6.1　按地区分组的投资潜力分析

由于投资效率存在着差异性特征，笔者进一步测算了中国对外直接投资潜力。在得出投资效率的基础上，通过公式 28 得出中国对沿线各国直接投资的前沿投资额，前沿投资额与实际投资额之差即为投资潜力。笔者测算了 2009—2018 年中国对外直接投资潜力并按前文的七大区域进行了分组，如表 5-14 至表 5-20 所示。

表 5-14 中国对东南亚及大洋洲的直接投资潜力

单位：亿美元

国家	2009	2010	2011	2012	2013	2014	2015	2016	2017	2018
新加坡	25.38	45.40	35.16	54.23	77.06	71.91	29.90	78.18	62.83	109.64
菲律宾	5.33	5.44	7.25	9.66	13.01	17.45	24.05	31.59	40.03	51.23
马来西亚	74.78	102.31	136.57	173.27	214.42	272.18	336.45	403.74	495.19	582.40
泰国	5.57	3.04	4.71	2.14	3.86	4.12	7.79	6.48	9.47	17.06
印度尼西亚	11.53	15.14	18.55	14.16	10.69	5.95	8.80	13.97	28.25	35.83
越南	15.89	21.80	29.19	37.36	45.94	56.20	72.32	81.66	114.06	147.02
新西兰	7.42	9.49	12.52	15.14	16.83	17.93	21.66	20.15	25.20	34.63
总额	145.9	202.62	243.95	305.96	381.81	445.74	500.97	635.77	775.03	977.81

注：表中数据为作者根据实证模型计算而得。

表 5-15 中国对东北亚的直接投资潜力

单位：亿美元

国家	2009	2010	2011	2012	2013	2014	2015	2016	2017	2018
俄罗斯	144.53	197.28	258.19	322.43	383.25	469.92	516.11	653.35	805.29	994.57
韩国	3.33	14.81	11.91	4.09	23.30	25.28	27.60	36.06	35.58	48.10
总额	147.86	212.09	270.1	326.52	406.55	495.2	543.71	689.41	840.87	1 042.67

注：表中数据为作者根据实证模型计算而得。

表 5-16 中国对南亚的直接投资潜力

单位：亿美元

国家	2009	2010	2011	2012	2013	2014	2015	2016	2017	2018
印度	151.30	207.68	274.34	344.94	429.60	540.82	686.10	876.91	1085.68	1357.35
巴基斯坦	21.84	29.96	41.12	56.35	75.51	85.87	111.75	140.26	174.89	243.03
斯里兰卡	3.29	4.04	4.81	6.57	7.52	9.39	8.40	12.48	16.82	24.47
孟加拉国	5.12	7.09	9.58	12.05	15.24	19.53	24.48	30.60	37.74	42.52
尼泊尔	6.69	9.08	11.82	14.92	18.42	22.71	26.57	32.77	42.01	51.08
总额	188.24	257.85	341.67	434.84	546.29	678.32	857.3	1 093.02	1 357.14	1 718.44

注：表中数据为作者根据实证模型计算而得。

表 5-17 中国对西亚的直接投资潜力

单位：亿美元

国家	2009	2010	2011	2012	2013	2014	2015	2016	2017	2018
以色列	9.69	13.12	17.34	21.49	27.10	33.13	38.14	8.48	20.31	28.77
阿曼	3.61	4.78	6.04	7.90	8.63	10.89	13.76	18.50	22.10	26.21
卡塔尔	5.37	7.69	10.45	12.65	16.14	19.62	23.90	24.10	30.32	45.13
阿联酋	6.67	7.04	7.87	11.36	16.07	15.42	3.80	9.45	15.89	19.19
黎巴嫩	2.88	3.98	5.12	6.38	7.95	9.72	11.67	14.06	16.82	19.97
约旦	2.27	3.04	3.98	4.90	6.15	7.56	9.24	11.15	13.32	15.36
科威特	6.17	7.55	10.01	13.16	16.33	17.44	19.68	24.71	25.83	31.16
伊朗	12.73	13.16	12.89	10.05	9.06	11.94	26.05	38.59	51.54	67.47
巴林	2.18	2.94	3.81	4.74	6.06	7.52	9.17	10.87	13.01	15.78
阿塞拜疆	3.30	4.50	5.55	6.96	8.85	10.81	13.04	15.64	18.64	22.55
格鲁吉亚	0.56	0.49	1.31	1.29	0.55	0.18	0.60	1.57	3.01	4.23
亚美尼亚	1.11	1.48	1.95	2.50	3.07	3.82	4.68	5.59	6.80	8.21
土耳其	17.20	25.11	35.85	45.39	58.58	72.40	87.85	112.26	140.58	168.26
总额	73.74	94.88	122.17	148.77	184.54	220.45	261.58	294.97	378.17	472.29

注：表中数据为作者根据实证模型计算而得。

表 5-18 中国对中亚的直接投资潜力

单位：亿美元

国家	2009	2010	2011	2012	2013	2014	2015	2016	2017	2018
哈萨克斯坦	15.59	26.30	27.89	29.48	31.27	37.31	84.82	108.40	123.64	169.30
吉尔吉斯斯坦	0.46	0.43	0.56	0.59	0.68	1.54	3.17	4.63	7.91	11.42
塔吉克斯坦	2.01	3.05	4.49	3.80	4.98	6.55	8.12	9.76	10.66	13.89
总额	18.06	29.78	32.94	33.87	36.93	45.4	96.11	122.79	142.21	194.61

注：表中数据为作者根据实证模型计算而得。

表 5-19　中国对中东欧的直接投资潜力

单位：亿美元

国家	2009	2010	2011	2012	2013	2014	2015	2016	2017	2018
乌克兰	6.54	8.85	11.72	14.41	17.48	20.11	22.49	27.40	33.36	40.29
摩尔多瓦	0.92	1.27	1.69	2.05	2.64	3.31	3.97	4.85	5.97	7.25
斯洛文尼亚	3.57	4.74	6.10	7.35	8.93	11.00	13.35	16.06	19.81	24.08
克罗地亚	4.17	5.44	6.96	8.41	10.26	12.37	15.06	18.38	22.15	26.52
爱沙尼亚	1.80	2.43	3.29	4.16	5.14	6.34	7.68	9.32	11.53	13.63
罗马尼亚	7.40	9.40	12.53	15.51	19.93	24.50	28.79	35.94	46.56	57.39
塞尔维亚	3.25	4.27	5.54	6.75	8.31	9.87	11.81	14.15	16.40	19.38
保加利亚	3.67	4.70	5.61	6.50	8.02	9.94	11.88	15.74	18.76	24.00
斯洛伐克	5.19	7.09	9.11	10.78	13.46	16.30	20.42	25.36	31.00	37.77
匈牙利	6.01	4.56	7.16	9.38	12.57	16.65	21.55	29.78	37.07	46.23
拉脱维亚	2.24	2.85	3.79	4.77	5.92	7.25	8.86	10.68	13.05	15.88
黑山	0.70	0.93	1.22	1.47	1.84	2.24	2.74	3.30	3.73	4.43
捷克	8.92	12.00	15.51	17.71	21.99	27.14	34.36	42.03	52.65	62.89
立陶宛	2.86	3.81	5.06	6.34	7.90	9.79	11.90	14.41	17.67	21.52
阿尔巴尼亚	1.37	1.85	2.42	3.00	3.68	4.51	5.49	6.69	8.21	10.01
波黑	1.77	2.35	3.04	3.72	4.62	5.65	6.89	8.39	10.19	12.38
塞浦路斯	2.30	3.07	3.05	3.79	3.83	5.54	7.00	8.95	5.17	6.59
希腊	12.64	15.96	19.14	22.28	25.60	31.31	37.58	45.60	53.74	64.34
波兰	14.74	20.00	26.23	32.88	40.54	49.91	61.75	76.10	93.57	114.48
总额	90.06	115.57	149.17	181.26	222.66	273.73	333.57	413.13	500.59	609.06

注：表中数据为作者根据实证模型计算而得。

表 5-20　中国对非洲及拉美的直接投资潜力

单位：亿美元

国家	2009	2010	2011	2012	2013	2014	2015	2016	2017	2018
埃及	6.75	9.64	12.77	16.29	20.78	25.29	32.60	39.21	50.50	61.44
肯尼亚	2.02	2.25	2.84	3.45	3.14	3.34	3.76	7.20	6.99	10.13
尼日利亚	4.37	8.06	12.52	14.12	21.42	30.73	41.93	51.98	64.18	86.91
摩洛哥	5.44	7.42	9.64	12.22	15.54	19.22	23.53	28.46	33.69	40.76

续表

国家	2009	2010	2011	2012	2013	2014	2015	2016	2017	2018
阿尔及利亚	0.95	1.87	4.00	5.23	7.79	3.86	9.24	16.50	32.15	39.79
加纳	1.15	2.12	3.07	2.46	1.33	1.41	1.78	0.70	6.23	9.19
坦桑尼亚	0.20	0.83	1.17	1.21	1.31	1.81	1.93	4.59	7.75	12.21
突尼斯	3.44	4.61	5.80	7.31	9.05	11.17	13.45	16.23	19.63	23.63
巴拿马	2.22	1.76	2.36	5.41	4.65	9.72	12.34	15.30	18.61	21.92
总额	26.54	38.56	54.17	67.7	85.01	106.55	140.56	180.17	239.73	305.98

注：表中数据为作者根据实证模型计算而得。

从总体来看，中国对各区域的直接投资潜力总额均呈逐年上升的趋势，58个国家的投资潜力总额从2009年的690.44亿美元增加到2018年的5 320.83亿美元，这说明中国对东道国的直接投资具有较大的开拓空间。从区域角度看，中国对东南亚及大洋洲、东北亚以及南亚地区的投资潜力较大，这也表明中国—东盟自贸区、中蒙俄经济走廊、中巴经济走廊等区域合作组织对投资等经济活动发挥了重要的作用，促进了中国"走出去"战略的实施。

从区域内部差异看，在东南亚及大洋洲区域，中国对马来西亚、越南、新加坡的投资潜力较大。马来西亚地理位置优越，石油资源丰富，人力资源素质较高，营商环境、金融及经济环境、政策及法制环境、基础设施环境较为完善，同时马来西亚是东盟的成员国，是东南亚地区最具投资吸引力的国家之一。2018年，中国对马来西亚的对外直接投资增长了70.66%，直接投资潜力同比增长了17.61%。2018年，中国对新加坡的直接投资潜力增速最快，达到了74.50%。中国对越南的直接投资潜力增长也较快，2018年增长速度达到28.9%。

在东北亚区域内，中国对俄罗斯的投资潜力最大。近年来中国不断加强与东北亚的区域合作，中国对俄罗斯的对外直接投资额一直较高。俄罗斯作为东北亚区域内经济规模最大的国家，经济体量大，投资吸引力较大，其交通运输、能源（石油、天然气）和重工业均具有较大投资空间，投资潜力较大。因此，中国应进一步开拓与俄罗斯的投资合作，充分释放投资潜力。

在南亚区域内,中国对印度的投资潜力最大。印度是亚洲甚至是世界主要经济体中经济增长最快的国家之一,其外商投资额在"一带一路"国家中仅次于新加坡,位列第二,我国企业对印度的投资以劳动密集型行业和服务型行业为主。从投资环境看,印度的金融及经济环境、政策及法制环境、劳动力供给环境都排在较为靠前的位置,投资吸引力较强,潜力较大。

在西亚区域内,中国对土耳其的投资潜力最大。土耳其经济规模较大,在2009—2018年,土耳其的GDP水平迅速上升,已经成为继中国、俄罗斯、印度、巴西之后又一新兴经济体,同时土耳其的劳动力供给环境较好且劳工素质较高,基础设施环境较为完善,其汽车业与纺织业较为发达,具有较高的投资吸引力,投资潜力较大。

在中亚区域内,中国对哈萨克斯坦的投资潜力最大。哈萨克斯坦的经济规模不大,但在中亚地区哈萨克斯坦的外商投资流入量明显高于其他国家。哈萨克斯坦的营商环境、劳动力供给环境得分较高,企业税负压力较小,能源、农业资源较为丰富,是中亚地区投资潜力较大的国家。

在中东欧区域内,中国对波兰的投资潜力最大。波兰是中东欧区域内经济规模最大以及吸收外国直接投资最多的国家,其营商环境、经济及金融环境、政治环境得分较高,劳动力素质高。波兰的投资吸引力在中东欧地区国家中较高,投资潜力较大。

在非洲及拉美区域内没有投资潜力超过100亿美元的国家,主要原因是非洲及拉美区域经济发展水平相对落后,投资环境相对较差。但随着中国加强对非洲及拉美地区的对外直接投资,其投资潜力不断提升,已经从2009年的26.55亿美元提升到2018年的305.98亿美元。相对来看,在该地区,尼日利亚的投资潜力最大。

5.6.2 按经济规模分组的投资潜力分析

从投资潜力的区域分析结果可以看出,中国对外直接投资潜力与东道国的经济规模有较大的关系。基于此,笔者按上一节的分组方式,进一步测算了不同经济规模国家的投资潜力,如图5-7所示。2009—2018年,中国对大规模、中等规模及小规模国家的投资潜力均呈逐年上升的趋势但差异显著。近年来，由于进一步刺激市场需求，市场规模、投资规模进一步加大。同时，东道国为了提高投资吸引力，也逐渐优化其国内投资环境，增强与中国的投资合作。因此，三个组别国家的投资潜力都在不断扩大。其中，大规模国家的投资潜力最大，小规模国家的投资潜力最小，主要原因是中国对大规模国家的直接投资额在总量上与小规模国家存在较大差异，因而其投资潜力明显高于小规模国家。

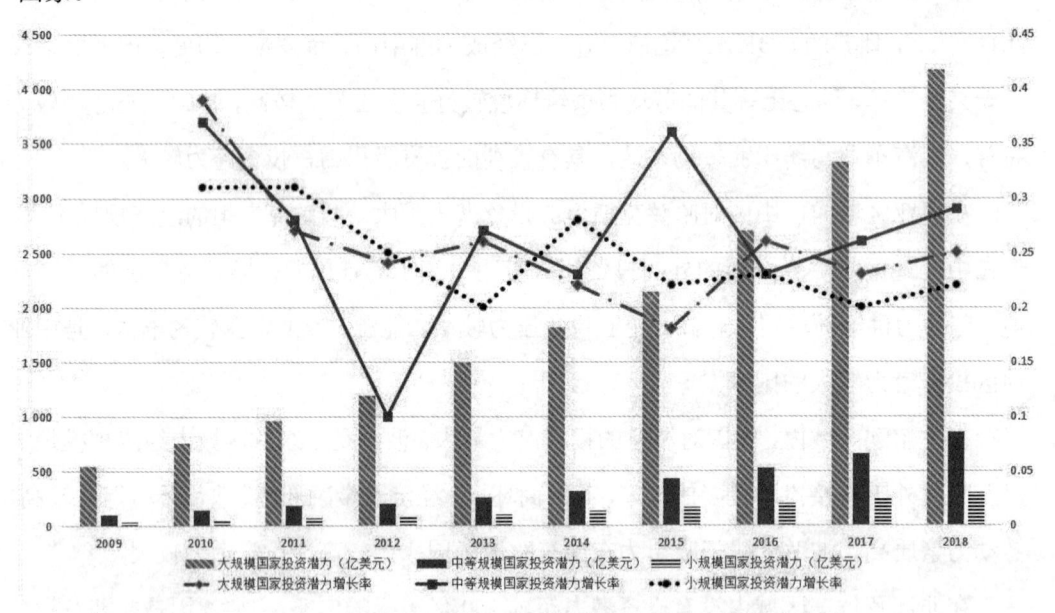

图 5-7　中国对不同经济规模国家直接投资潜力及变动趋势

从年均增长率看，三个组别国家的投资潜力增长率基本呈现"M"形波动趋势。2016年以来，三种规模国家的投资潜力增长率较为接近，2018 年三个组别国家的投资潜力增长率均在 20%～30%。2013 年以来，大规模国家的投资潜力增长率波动较为平缓，属于缓慢平稳增长且潜力巨大型；中等规模国家的投资潜力增长率波动较大，属于波动增长且潜力适中型；小规模国家的投资潜力增长率波动也较为平缓，属于缓慢平稳增长但潜力较小型。

5.6.3 按收入水平分组的投资潜力分析

笔者进一步测算了不同收入水平国家的投资潜力，如图 5-8 所示。2009—2018 年，中国对三种收入水平国家的投资潜力均呈逐年上升的趋势。其中，中高等收入国家的投资潜力最大，高收入国家的投资潜力最小。

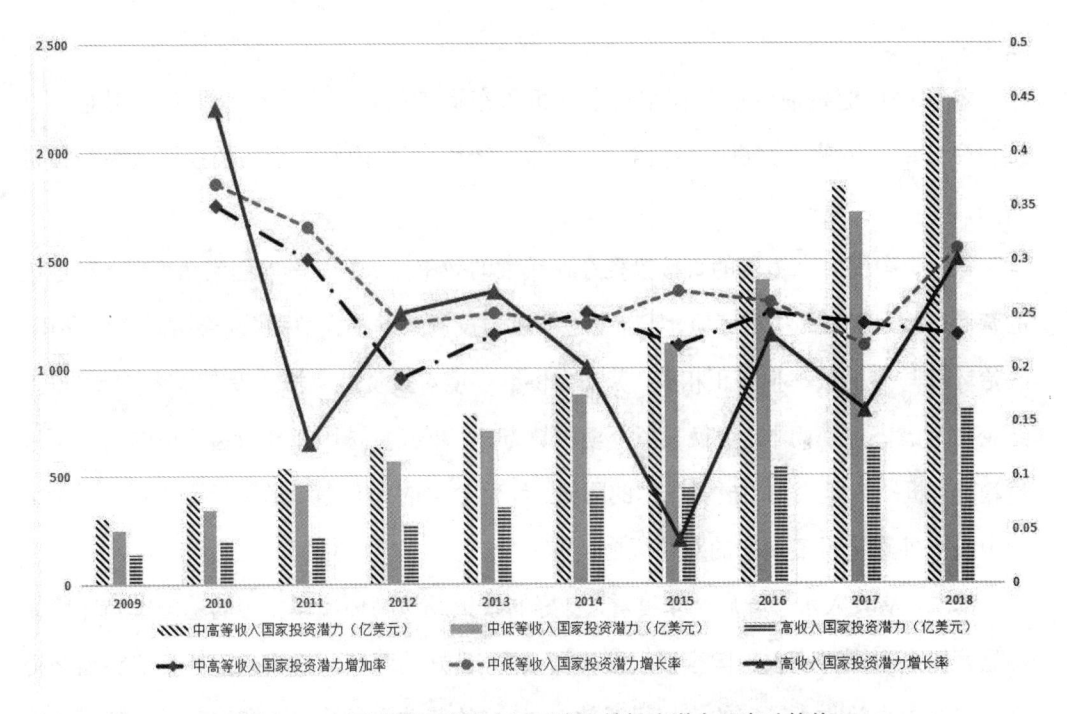

图 5-8 中国对不同收入水平国家直接投资潜力及变动趋势

从年均增长率看，2013 年之前，各组别的国家投资潜力增长率下降趋势较为明显，但 2013 年以后，中高等收入国家和中低等收入国家的投资潜力增长率波动较为平缓，基本呈现收敛的特征。2018 年，三个组别的投资潜力增长率基本都处在 0.2~0.3，其中，高收入国家的投资潜力增长率最高，达到了 30%。这也表明，由于高收入国家的市场准入等条件较高，中国的前期投资可能更加集中于劳动密集型和资源密集型投资，但随着中国新一轮结构调整与转型升级，中国的对外直接投资开始向资本和技术密集型的投资转移。从投资潜力总量及年均增长率来看，中低等收入国家和中高等收入国家的投资潜力增长率波动属于缓慢平稳增长且潜力巨大型，是中国未来对外直接投资的主要方向。

5.7 本章小结

本章采用随机前沿引力模型实证分析了东道国的投资便利化水平对中国对外直接投资效率的影响，并进一步测算了 2009—2018 年中国对东道国的投资效率与投资潜力。

第一，中国对东道国的直接投资存在较大的效率损失。从影响因素角度看，东道国的营商环境、政策及法制环境、基础设施环境与投资效率损失负相关，金融及经济环境、政治环境与投资效率损失正相关，劳动力供给环境对投资效率损失没有显著影响。以上结论在考虑内生性问题、更换投资环境测算方法、剔除特殊国家和双边缩尾的情形下依然稳健。机制检验表明，投资成本的降低、经营效率的提升是东道国投资便利化水平影响中国对外直接投资效率的重要渠道。

第二，从收入水平异质性角度看，良好的政策及法制环境和完善的基础设施环境能够显著提高中国对高收入国家的直接投资效率，良好的营商环境和政治环境能够显著提高中国对中高等收入国家的直接投资效率，良好的劳动力供给环境和政策及法制环境能够显著提高中国对中低等收入国家的直接投资效率。

第三，2009—2018 年，中国对东道国的直接投资效率均值仅为 0.241 0，效率水平较低且存在较大的国别差异。从地区对比来看，中亚、东南亚及大洋洲地区的投资效率较高，中东欧地区的投资效率较低。从经济规模对比来看，经济规模较大的国家投资效率较高。从收入水平对比来看，中低等收入国家的投资效率最高，高收入国家的投资效率相对较低。

第四，2009—2018 年，中国对各区域的直接投资潜力均呈逐年上升的趋势，其中东南亚及大洋洲、东北亚以及南亚地区的投资潜力最大,具有较大的开拓空间。从经济规模的对比来看,经济规模大的国家属于缓慢平稳增长且潜力巨大型,中等经济规模的国家属于波动增长且潜力适中型,经济规模较小的国家属于缓慢平稳增长但潜力较小型。从收入水平的对比来看,中低等收入和中高收入国家属于缓慢平稳增长且潜力巨大型。

第 6 章 东道国投资便利化水平对中国对外直接投资效率的影响：基于行业视角的实证

在上一章研究的基础上，本章进一步基于随机前沿引力模型，研究在不同行业中东道国的投资便利化水平与中国对外直接投资效率的关系，并进一步测算不同行业的直接投资效率，以期为中国的对外直接投资提供基于行业层面的决策参考。

6.1 行业的选择

目前，关于对外直接投资的数据主要来源于中国对外直接投资统计公报，但针对行业对外直接投资的数据，中国对外直接投资统计公报仅公布不同行业对外直接投资的总额，并没有细分国别的具体数据。美国传统基金会公布的中国全球投资跟踪，记录了2005年以来中国企业对外投资额超过1亿美元的投资信息，这是目前为止唯一一个公开中国企业对外投资相关信息的数据库。近年来，这一数据库被越来越多的文献采用（Tan，2013；杨连星等，2016；金刚，沈坤荣，2019；孙楚仁等，2021）。该数据库为笔者进一步研究基于不同行业中国对外直接投资效率提供了重要的数据来源，使得本研究可以继续进行。CGIT中涵盖了中国企业对外投资所涉及的14个行业，笔者根据CGIT的行业数据绘制了2009—2018年中国企业对外直接投资的主要行业分布图，如图6-1所示。

第6章 东道国投资便利化水平对中国对外直接投资效率的影响：基于行业视角的实证

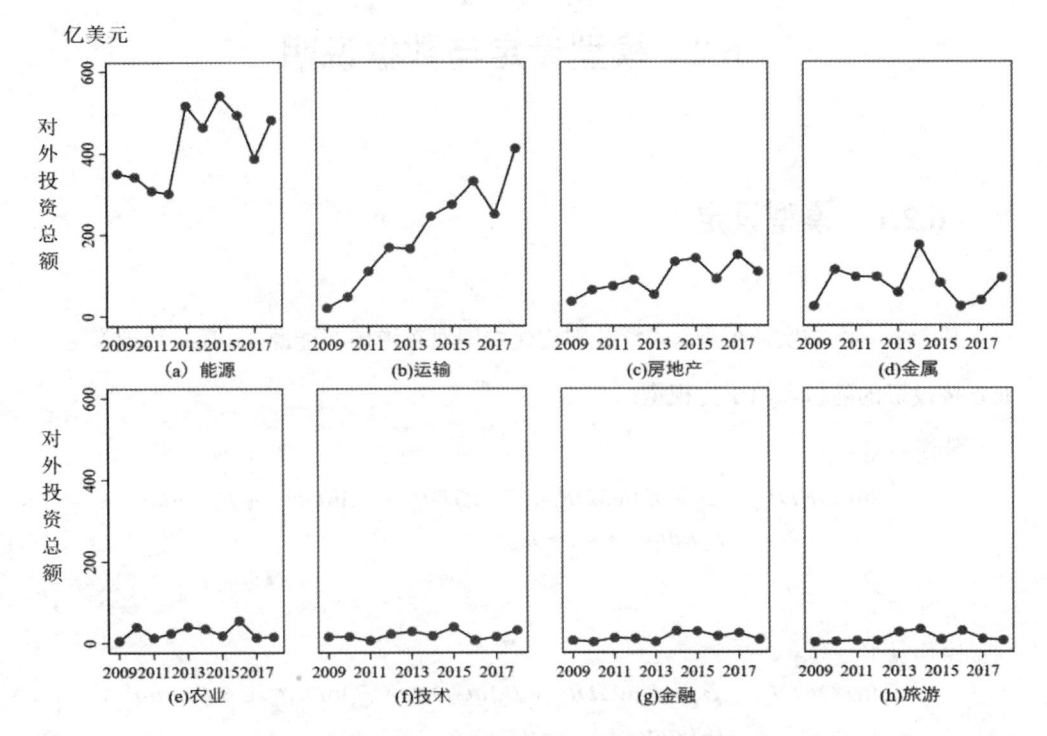

图 6-1　2009—2018 年中国对东道国直接投资的行业分布

从行业投资分布情况来看，2009—2018 年在中国对东道国的直接投资中，对能源行业的投资规模最大，其次是运输行业，且从图 6-1 中可以看出，中国在运输行业的投资增长速度最快，投资规模处在第三位的是房地产行业，金属行业的投资规模略低于房地产行业，但投资国别相对较少。笔者借鉴杨连星和刘晓光（2017）的研究方法，基于投资规模以及投资分布国别样本容量的综合考虑，最终选取能源行业、运输行业及房地产行业进行投资效率的实证检验与分析。

6.2 模型设定与数据说明

6.2.1 模型设定

基于上一章的实证模型,本章分别构建中国对东道国在能源、运输、房地产三个行业直接投资的随机前沿引力模型:

能源行业:

$$\ln EOFDI_{ijt} = \beta_0 + \beta_1 \ln GDP_{it} + \beta_2 \ln GDP_{jt} + \beta_3 \ln Dist_{ij} + \beta_4 Contig_{ij} + \beta_5 Lang_{ij} + v_{ijt} - \mu_{ijt}$$

(公式36)

运输行业:

$$\ln TOFDI_{ijt} = \beta_0 + \beta_1 \ln GDP_{it} + \beta_2 \ln GDP_{jt} + \beta_3 \ln Dist_{ij} + \beta_4 Contig_{ij} + \beta_5 Lang_{ij} + v_{ijt} - \mu_{ijt}$$

(公式37)

房地产行业:

$$\ln ROFDI_{ijt} = \beta_0 + \beta_1 \ln GDP_{it} + \beta_2 \ln GDP_{jt} + \beta_3 \ln Dist_{ij} + \beta_4 Contig_{ij} + \beta_5 Lang_{ij} + v_{ijt} - \mu_{ijt}$$

(公式38)

式中,t 代表时间,i 代表中国,j 代表东道国,v_{ijt} 代表通常意义上的随机误差项,μ_{ijt} 代表投资非效率项。

被解释变量 $EOFDI_{ijt}$、$TOFDI_{ijt}$、$ROFDI_{ijt}$,分别为中国在能源行业、运输行业以及房地产行业对东道国的投资额,数据均来源于 CGIT 数据库;各解释变量的含义与上一章相同。

投资非效率模型与上一章相同,仍然选用第 4 章中测算出来的六大投资便利化指标作为解释变量,即:

$$\mu_{ijt} = \delta_0 + \delta_1 BUS_{jt} + \delta_2 FIN_{jt} + \delta_3 LAB_{jt} + \delta_4 LAW_{jt} + \\ \delta_5 POL_{jt} + \delta_6 INF_{jt} + \varepsilon_{ijt}$$

（公式 39）

6.2.2 样本与数据说明

笔者使用中国全球投资跟踪数据库，得到中国企业在能源、运输、房地产三个行业中对东道国投资的数据集，并对国家和年份数据进行汇总，最终得到 2009—2018 年投资的国别面板数据，进而基于行业异质性视角，采用随机前沿引力模型，分析中国对东道国的行业投资效率及影响投资效率损失的主要因素。

在数据的处理上，由于被解释变量的数据是投资流量，因此存在部分年份投资额为零的情况，无法进行对数计算。但在实际投资中，投资流量为零并非随机产生的，如果直接将零投资样本删除，可能出现选择性偏差问题。因此笔者参考 Busse & Hefeker（2007）的处理方法，对其进行 $\ln(x+\sqrt{x^2+1})$ 合法化处理。

6.3 行业异质性实证检验与结果分析

6.3.1 模型适用性检验

为了判别所选模型的适用性及具体形式，本节采用似然比判别法依次对三个行业进行了两项似然比检验，检验结果如表 6-1 所示。首先，对投资非效率是否存在进行判断，从检验结果可以看出，三个行业的 LR 统计量均大于 1%水平的临界值，因此拒绝了不存在非效率项的原假设，说明中国对东道国在能源、运输以及房地产行业的直接投资均存在效率损失，适合使用随机前沿引力模型进行估计。其次，检验投资非效率项是否随时间变化，三个行业的 LR 统计量也都在 1%的水平上拒绝了原假设，即三个行业的非效率项均具有时变性特征，应该使用时变模型进行估计。上述检验结果表明，笔者设定的随机前沿引力模型是正确合理的。

表 6-1 模型适用性检验结果

行业	原假设	约束模型对数似然值	无约束模型对数似然值	LR统计量	自由度	1%临界值	结论
能源行业	不存在投资非效率	-1 345.788 8	-1 336.056 1	19.47	3	11.34	拒绝
	非效率不随时间变化	-1 341.873 8	-1 336.056 1	11.64	2	9.21	拒绝
运输行业	不存在投资非效率	-1 348.395 7	-1 334.724 4	27.34	3	11.34	拒绝
	非效率不随时间变化	-1 341.667 1	-1 334.724 4	13.89	2	9.21	拒绝
房地产行业	不存在投资非效率	-1 222.644 7	-1 212.968 7	19.35	3	11.34	拒绝
	非效率不随时间变化	-1 218.686 2	-1 212.968 7	11.44	2	9.21	拒绝

6.3.2 实证结果分析

6.3.2.1 随机前沿引力模型实证结果与分析

为了保证模型的稳健性，笔者沿用上一章的方法，将基准模型设定为仅含中国 GDP、东道国 GDP 和双边距离的引力模型，在基准模型的基础上逐渐加入其他变量。能源行业、运输行业、房地产行业的实证结果如表 6-2～表 6-4 所示。从表中的模型（1）至模型（3）的 LR 检验结果可以判断模型（4）优于其他 3 个模型，因此本节将模型（4）作为能源行业随机前沿水平估计模型；同理，将模型（8）和模型（12）作为运输行业和房地产行业的随机前沿水平估计模型，将上述三个模型进行对比分析。

表 6-2 中国对东道国投资前沿水平行业异质性实证结果（一）

变量	能源行业			
	（1）	（2）	（3）	（4）
$\ln GDP_{it}$	3.002 3**	4.357 6***	3.063 0**	4.549 7***
	(1.993)	(3.697)	(2.004)	(3.829)
$\ln GDP_{jt}$	0.781 1***	0.870 1***	0.774 6***	0.851 4***
	(4.774)	(6.563)	(4.696)	(6.459)
$\ln Dist_{ij}$	-1.213 8**	0.170 9	-1.197 3**	0.292 5
	(-2.082)	(0.344)	(-2.057)	(0.589)
$Contig_{ij}$		3.618 0***		3.763 4***
		(5.840)		(6.059)
$Lang_{ij}$			0.365 0	1.426 4*
			(0.987)	(1.661)
$\_Cons$	-22.119 6	-51.940 5***	-22.866 7	-55.103 1***
	(-1.340)	(-3.803)	(-1.364)	(-3.998)
η	-0.033 7	-0.081 9***	-0.034 3	-0.086 3***
	(-1.591)	(-3.396)	(-1.619)	(-3.586)
σ^2	8.641 3	8.523 8	8.652 5	8.572 4
γ	0.599 2	0.606 3	0.598 3	0.636 0
σ_μ^2	5.177 8	5.168 3	5.176 5	5.451 8
σ_v^2	3.463 6	3.355 6	3.476 1	3.120 5
LR	30.78	15.30	30.69	—
P 值	0.000	0.000	0.000	

表 6-3 中国对东道国投资前沿水平行业异质性实证结果（二）

变量	运输行业			
	（5）	（6）	（7）	（8）
$\ln GDP_{it}$	5.879 6***	5.979 3***	5.907 8***	6.006 8***
	(6.004)	(6.060)	(5.905)	(5.996)
$\ln GDP_{jt}$	0.436 6***	0.453 5***	0.413 7***	0.431 2***
	(3.370)	(3.536)	(3.308)	(3.527)
$\ln Dist_{ij}$	-0.304 3	-0.011 5	-0.206 2	0.191 0
	(-0.729)	(-0.025)	(-0.507)	(0.419)

续表

变量	运输行业			
	(5)	(6)	(7)	(8)
$Contig_{ij}$		0.772 4		0.985 7*
		(1.329)		(1.764)
$Lang_{ij}$			1.839 9*	2.122 8**
			(1.880)	(2.203)
$\_Cons$	-62.185 9***	-66.056 7***	-63.331 4***	-68.195 1***
	(-5.619)	(-5.752)	(-5.640)	(-5.912)
η	-0.095 6***	-0.097 6***	-0.098 5***	-0.102 3***
	(-4.093)	(-4.136)	(-3.900)	(-3.947)
σ^2	8.959 1	8.833 3	8.546 6	8.382 8
γ	0.568 1	0.575 6	0.597 0	0.607 9
σ_μ^2	5.090 0	5.084 7	5.103 0	5.096 3
σ_v^2	3.869 1	3.748 7	3.443 6	3.286 5
LR	16.67	14.91	13.06	—
P 值	0.000	0.000	0.000	—

表 6-4　中国对东道国投资前沿水平行业异质性实证结果（三）

变量	房地产行业			
	(9)	(10)	(11)	(12)
$\ln GDP_{it}$	4.535 0***	4.543 6***	3.648 8***	3.634 4***
	(4.320)	(4.317)	(3.532)	(3.463)
$\ln GDP_{jt}$	0.467 4***	0.469 7***	0.432 1***	0.439 5***
	(4.217)	(4.218)	(4.586)	(4.701)
$\ln Dis_{ij}$	-0.099 2	-0.058 0	0.031 3	0.207 7
	(-0.268)	(-0.138)	(0.100)	(0.583)
$Contig_{ij}$		0.104 4		0.441 6
		(0.205)		(1.022)
$Lang_{ij}$			3.253 3**	3.396 2***
			(2.281)	(4.453)
$\_Cons$	-48.678 9***	-49.143 4***	-40.875 4***	-42.339 6***
	(-3.991)	(-3.956)	(-3.478)	(-3.523)

续表

变量	房地产行业			
	（9）	（10）	（11）	（12）
η	-0.071 2***	-0.071 0***	-0.077 7***	-0.076 6***
	(-3.621)	(-3.611)	(-2.689)	(-2.615)
σ^2	5.542 0	5.535 2	4.770 3	4.711 0
γ	0.612 0	0.612 8	0.718 1	0.727 8
σ_μ^2	3.391 6	3.391 9	3.425 6	3.428 6
σ_v^2	2.150 4	2.143 3	1.344 6	1.282 5
LR	17.85	17.81	11.03	—
P 值	0.000	0.000	0.000	

注：***、**、*分别代表在1%、5%、10%水平上显著。

三个行业的实证结果显示，中国GDP与东道国GDP的系数在1%的显著性水平下都显著为正，表明中国及东道国经济规模的扩大能够显著促进中国在能源、运输、房地产行业的对外直接投资。从两个变量的系数对比上来看，中国经济规模对直接投资的促进作用明显高于东道国经济规模的促进作用。从三个行业的所有模型看，在加入其他变量的过程中，这两个变量的估计结果始终保持稳健。

地理距离（$\ln Dist_{ij}$）系数在三个行业中的符号均为正，且都不显著。这表明地理距离在三个行业中均不是中国对东道国直接投资的显著影响因素。

是否接壤（$Contig_{ij}$）变量，在能源行业中，在1%水平上显著为正；在运输行业中，在10%的水平上显著为正；在房地产行业中，符号为正但不显著。这表明中国对东道国在能源及运输行业的投资虽不再受地理距离的显著影响，但仍存在"接壤效应"，该变量是中国在能源行业以及运输行业中对外直接投资的促进因素；但该变量对房地产行业的对外直接投资并没有产生显著影响。

是否使用共同语言（$Lang_{ij}$）变量，在三个行业中的系数均为正，在能源行业通过10%的显著性检验，在运输行业通过5%的显著性检验，在房地产行业通过1%的显著性检验。这表明与中国使用共同语言，即中国与东道国的文化认同与有效沟通，能够显著促进中国在三个行业的对外直接投资，且在房地产行业中的促进作用更加明显。

时变系数 η 在 1%水平上显著不为 0，说明投资非效率项随时间的变化而变化，这也进一步证明了采用时变模型的正确性。同时，从三个行业的 γ 值可以看出，中国对东道国在三个行业直接投资中的效率损失，较大部分受投资非效率项的影响。

6.3.2.2 投资非效率模型实证结果与分析

为了稳健性考虑，本节沿用上一章的方法，逐渐加入营商环境、金融及经济环境、劳动力供给环境、政策及法制环境、政治环境、基础设施环境变量，估计结果如表 6-5～表 6-7 所示。从模型（1）至模型（5）LR 检验结果看，模型（6）优于其他 5 个模型，因此本节将模型（6）作为能源行业投资非效率的基准模型；同理，将模型（12）和模型（18）作为运输行业和房地产行业的投资非效率的基准模型，对上述三个模型进行对比分析。

表 6-5 投资非效率模型行业异质性实证结果（一）

变量	能源行业					
	（1）	（2）	（3）	（4）	（5）	（6）
$\ln GDP_{it}$	1.258**	1.307***	1.518***	1.422***	1.048**	0.992*
	(2.524)	(2.618)	(3.048)	(2.721)	(2.001)	(1.892)
$\ln GDP_{jt}$	0.827***	0.829***	0.812***	0.817***	0.820***	0.837***
	(10.825)	(10.776)	(10.641)	(10.480)	(10.965)	(10.803)
$\ln Dist_{ij}$	-0.070	-0.057	0.035	0.219	0.373	0.339
	(-0.236)	(-0.186)	(0.117)	(0.715)	(1.230)	(1.109)
$Contig_{ij}$	2.890***	2.845***	2.845***	2.908***	2.450***	2.389***
	(8.177)	(7.857)	(7.921)	(8.085)	(6.764)	(6.398)
$Lang_{ij}$	2.016***	2.160***	1.587**	1.605**	1.258*	1.164*
	(3.314)	(3.343)	(2.419)	(2.390)	(1.853)	(1.734)
_Cons	-16.858***	-17.475***	-20.257***	-20.541***	-17.882***	-17.010***
	(-2.744)	(-2.800)	(-3.281)	(-3.125)	(-2.781)	(-2.659)
μ						
BUS_{jt}	27.159***	26.953***	29.552***	16.146***	14.460**	14.786**
	(5.964)	(4.590)	(5.197)	(3.729)	(2.489)	(2.317)
FIN_{jt}		4.979	14.766	20.799**	20.602**	19.090**
		(0.466)	(1.585)	(2.412)	(2.230)	(2.123)

续表

变量	能源行业					
	(1)	(2)	(3)	(4)	(5)	(6)
LAB_{jt}			-16.080***	-13.377**	-15.880***	-15.641***
			(-3.417)	(-2.333)	(-2.577)	(-2.700)
LAW_{jt}				1.356	-10.318	-13.960**
				(0.238)	(-1.529)	(-1.964)
POL_{jt}					26.273***	24.742***
					(4.054)	(3.539)
INF_{jt}						6.301
						(0.947)
_Cons	-2.800***	-3.073***	-2.487***	-1.102**	-1.978***	-1.969***
	(-4.849)	(-4.612)	(-3.955)	(-2.272)	(-2.982)	(-2.693)
LR	26.58	26.11	16.03	20.40	17.98	—
P 值	0.000	0.000	0.001	0.000	0.000	—

表6-6 投资非效率模型行业异质性实证结果（二）

变量	运输行业					
	(7)	(8)	(9)	(10)	(11)	(12)
$\ln GDP_{it}$	2.565***	2.578***	2.668***	2.481***	2.123***	2.120***
	(5.220)	(5.233)	(5.374)	(4.822)	(4.053)	(4.034)
$\ln GDP_{jt}$	0.445***	0.444***	0.435***	0.430***	0.434***	0.436***
	(5.855)	(5.838)	(5.707)	(5.618)	(5.707)	(5.504)
$\ln Dist_{ij}$	-0.192	-0.202	-0.156	-0.163	-0.055	-0.058
	(-0.652)	(-0.678)	(-0.520)	(-0.544)	(-0.184)	(-0.192)
$Contig_{ij}$	0.576	0.590*	0.598*	0.515	0.153	0.143
	(1.635)	(1.655)	(1.683)	(1.458)	(0.411)	(0.372)
$Lang_{ij}$	3.465***	3.437***	3.213***	3.072***	2.802***	2.802***
	(5.780)	(5.542)	(5.011)	(4.654)	(4.239)	(4.238)
_Cons	-27.471***	-27.499***	-28.681***	-25.735***	-21.917	-22.132
	(-4.523)	(-4.492)	(-4.632)	(-3.966)	(-0.213)	(-0.008)
μ						
BUS_{jt}	21.657***	22.506***	23.355***	22.421***	16.054***	15.986***
	(5.904)	(5.114)	(5.342)	(5.390)	(3.464)	(3.409)

续表

变量	运输行业					
	（7）	（8）	（9）	（10）	（11）	（12）
FIN_{jt}		-1.716	2.429	10.397	3.260	3.231
		(-0.228)	(0.285)	(1.268)	(0.385)	(0.381)
LAB_{jt}			-6.425	-1.820	-0.784	-0.752
			(-1.358)	(-0.317)	(-0.137)	(-0.131)
LAW_{jt}				-8.686	-13.938*	-14.176**
				(-1.529)	(-1.663)	(-2.209)
POL_{jt}					18.045***	17.936***
					(3.022)	(2.951)
INF_{jt}						0.593
						(0.097)
_Cons	-1.485***	-1.467***	-1.153**	-0.600*	0.505	0.228
	(-3.801)	(-3.747)	(-2.404)	(-1.812)	(0.005)	(0.000)
LR	13.68	13.63	11.72	10.41	10.01	—
P 值	0.008	0.008	0.008	0.001	0.001	—

表6-7 投资非效率模型行业异质性实证结果（三）

变量	房地产行业					
	（13）	（14）	（15）	（16）	（17）	（18）
$\ln GDP_{it}$	1.083***	1.091***	1.306***	0.977**	0.814*	0.868**
	(2.698)	(2.717)	(3.210)	(2.334)	(1.670)	(2.114)
$\ln GDP_{jt}$	0.442***	0.441***	0.432***	0.438***	0.433***	0.411***
	(7.218)	(7.200)	(7.122)	(7.029)	(7.093)	(6.534)
$\ln Dist_{ij}$	0.014	0.016	0.096	0.155	0.321	0.379
	(0.060)	(0.067)	(0.393)	(0.633)	(1.175)	(1.575)
$Contig_{ij}$	0.394	0.368	0.332	0.361	0.215	0.326
	(1.385)	(1.285)	(1.168)	(1.254)	(0.631)	(1.145)
$Lang_{ij}$	4.313***	4.351***	4.069***	3.896***	3.706***	3.658***
	(8.793)	(8.752)	(7.173)	(7.250)	(5.835)	(7.659)
_Cons	-14.284***	-14.368***	-17.384***	-12.686	-13.682**	-14.642***
	(-2.891)	(-2.906)	(-3.441)	(-0.001)	(-2.216)	(-2.875)
μ						

续表

变量	房地产行业					
	(13)	(14)	(15)	(16)	(17)	(18)
BUS_{jt}	9.233**	8.950**	10.950**	3.483	-1.792	-2.938
	(2.502)	(2.331)	(2.193)	(1.029)	(-0.256)	(-0.678)
FIN_{jt}		1.195	17.891	17.942***	23.727	23.487**
		(0.336)	(1.607)	(2.687)	(1.428)	(2.519)
LAB_{jt}			-13.563*	-3.201	-5.897	-6.107
			(-1.703)	(-0.684)	(-0.498)	(-1.088)
LAW_{jt}				-8.202*	-15.198**	-10.335**
				(-1.773)	(-2.468)	(-1.962)
POL_{jt}					16.566**	18.007***
					(2.141)	(2.820)
INF_{jt}						-11.080**
						(-2.252)
_Cons	-0.992**	-1.031**	-1.361**	1.000	-0.642	-0.035
	(-2.271)	(-2.403)	(-2.390)	(0.000)	(-0.634)	(-0.058)
LR	20.71	20.56	12.16	15.00	13.34	—
P值	0.000	0.000	0.000	0.000	0.000	—

注：***、**、*分别代表在1%、5%、10%水平上显著。

从三个行业中投资便利化水平对投资非效率影响的对比看，营商环境（BUS_{jt}）在能源行业中，在1%的水平下显著为正；在运输行业中，在5%的水平下显著为正。这说明在能源和运输行业，东道国的营商环境与投资非效率正相关，与投资效率负相关，即东道国的营商环境越好，投资效率越低，是阻碍能源行业和运输行业直接投资效率提升的因素。其主要原因在于：能源行业投资存在着一定的特殊性，东道国的能源禀赋是进行能源行业对外投资的先决条件，而能源禀赋较高的国家，其营商环境得分往往不高；同样中国在运输行业对东道国投资较多的国家，其营商环境得分也相对较低。因此，在能源和运输行业中，营商环境与投资效率呈现负相关关系。在房地产行业中，营商环境变量符号为负但不显著，这说明营商环境不是造成房地产行业投资非效率的主要因素，对投资效率没有显著影响。

金融及经济环境（FIN_{jt}）在能源和房地产行业中，在5%的水平下显著为正，这说明东道国的金融及经济环境与能源和房地产行业的投资非效率正相关，与投资效率负相关，是阻碍能源和房地产行业直接投资效率提升的因素。在运输行业中符号为正但不显著，这说明金融及经济环境不是造成运输行业投资非效率的主要因素，对投资效率没有显著影响。

劳动力供给环境（LAB_{jt}）在能源行业中，在1%的水平下显著为负，在运输行业和房地产行业中符号为负，但不显著，这说明在能源行业中，东道国的劳动力供给环境与投资非效率负相关，与投资效率正相关。东道国的劳动力供给环境是促进能源行业直接投资效率提升的主要因素，即劳动力供给环境的改善有助于提升能源行业的投资效率。但劳动力供给环境对运输和房地产行业的投资效率并没有产生显著影响。

政策及法制环境（LAW_{jt}）在三个行业中均在5%的水平下显著为负，这表明政策及法制环境与能源、运输、房地产行业投资非效率负相关，与投资效率正相关，即东道国政策及法制环境的改善，能够显著地降低中国在三个行业的投资效率损失，提升投资效率。

政治环境（POL_{jt}）在三个行业中均在1%的水平下显著为正，这说明东道国的政治环境与三个行业的投资非效率正相关，与投资效率负相关，即东道国的政治环境越好，投资非效率越大，投资效率越低。

基础设施环境（INF_{jt}）在房地产行业中，在5%的水平下显著为负，这说明东道国的基础设施环境与房地产行业的投资非效率负相关，与投资效率正相关，即东道国基础设施环境的改善能够显著提升房地产行业的投资效率。但基础设施环境在能源行业和运输行业并不显著，这说明基础设施环境对能源行业和运输行业的投资非效率影响不大，对投资效率没有显著影响。

6.3.3 稳健性检验

6.3.3.1 随机前沿引力模型的稳健性检验

为了确保估计结果的稳健性，本节将三个行业分别采用普通最小二乘模型、时不变随机前沿模型进行再检验，并与表 6-2～表 6-4 中的时变随机前沿模型进行对比，如表 6-8～表 6-10 所示。从三种估计方法对比结果看，三个行业的模型中所有解释变量的符号均一致，显著性也未发生较大变化，说明三个行业的随机前沿引力模型的估计结果均具有稳健性。

表6-8 能源行业随机前沿引力模型稳健性检验结果

变量	(1) 普通最小二乘法模型	(2) 时不变随机前沿引力模型	(3) 时变随机前沿引力模型
$lnGDP_{it}$	0.823 7*	0.907 7**	4.549 7***
	(1.810)	(2.002)	(3.829)
$lnGDP_{jt}$	1.030 2***	0.850 5***	0.851 4***
	(7.670)	(5.996)	(6.459)
$lnDist_{ij}$	0.058 2	0.289	0.292 5
	(0.103)	(0.654)	(0.589)
$Contig_{ij}$	2.994 3***	3.038 9***	3.763 4***
	(4.670)	(5.454)	(6.059)
$Lang_{ij}$	0.986 9*	0.856 9*	1.426 4*
	(1.752)	(1.805)	(1.661)
_Cons	-13.410 9*	-10.748 7*	-55.103 1***
	(-1.875)	(-1.817)	(-3.998)
η			-0.0863***
			(-3.586)
γ		0.533 6	0.636 0

注：***、**、*分别代表在1%、5%、10%水平上显著。

表 6-9　运输行业随机前沿引力模型稳健性检验结果

变量	（1）普通最小二乘法模型	（2）时不变随机前沿引力模型	（3）时变随机前沿引力模型
$\ln GDP_{it}$	2.215 7***	2.265 3***	6.006 8***
	（4.833）	（4.966）	（5.996）
$\ln GDP_{jt}$	0.622 2***	0.516 2***	0.431 2***
	（4.156）	（4.185）	（3.527）
$\ln Dist_{ij}$	0.610 9	0.235 8	0.191 0
	（1.117）	（0.908）	（0.419）
$Contig_{ij}$	0.969 4	0.849 2*	0.985 7*
	（1.461）	（1.670）	（1.764）
$Lang_{ij}$	1.878 9*	2.498 2**	2.122 8**
	（1.887）	（2.570）	（2.203）
_Cons	-31.273 7***	-23.497 7***	-68.195 1***
	（-4.411）	（-3.069）	（-5.912）
η			-0.1023***
			（-3.947）
γ		0.537 5	0.607 9

注：***、**、*分别代表在1%、5%、10%水平上显著。

表 6-10　房地产行业随机前沿引力模型稳健性检验结果

变量	（1）普通最小二乘法模型	（2）时不变随机前沿引力模型	（3）时变随机前沿引力模型
$\ln GDP_{it}$	0.834 4**	0.950 6**	3.634 4***
	（2.270）	（2.570）	（3.463）
$\ln GDP_{jt}$	0.699 7***	0.451 3***	0.439 5***
	（7.231）	（4.901）	（4.701）
$\ln Dist_{ij}$	0.409 7	0.267 9	0.207 7
	（0.935）	（0.764）	（0.583）
$Contig_{ij}$	0.529 1	0.409 3	0.441 6
	（1.089）	（1.079）	（1.022）
$Lang_{ij}$	3.436 8***	3.918 0***	3.396 2***
	（4.230）	（5.403）	（4.453）
_Cons	-15.511 0***	-9.303 1	-42.339 6***
	（-2.738）	（-0.414）	（-3.523）

续表

变量	(1) 普通最小二乘法模型	(2) 时不变随机前沿引力模型	(3) 时变随机前沿引力模型
η			-0.0766***
			(-2.615)
γ		0.598 2	0.727 8

注：***、**、*分别代表在1%、5%、10%水平上显著。

6.3.3.2 投资非效率模型的稳健性检验

考虑到投资便利化水平的测度误差可能会引致内生性问题，本节将投资便利化各分项指标的滞后一阶引入模型，对三个行业的基准模型进行检验，分别列于表 6-11～表 6-13 中的第（1）列。

表6-11 能源行业投资非效率模型稳健性检验结果

变量	(1) 滞后一阶	(2) 熵值法	(3) 剔除特殊国家	(4) 双边缩尾	(5) 剔除问题投资
$\ln GDP_{it}$	1.420**	1.027**	1.106**	0.996*	1.310**
	(2.209)	(1.975)	(2.073)	(1.916)	(2.498)
$\ln GDP_{jt}$	0.825***	0.860***	0.873***	0.837***	0.865***
	(9.904)	(11.121)	(11.520)	(10.889)	(10.798)
$\ln Dist_{ij}$	0.465	0.212	0.626**	0.331	0.395
	(1.454)	(0.687)	(2.115)	(1.077)	(1.297)
$Contig_{ij}$	2.330***	2.433***	2.387***	2.374***	2.591***
	(5.803)	(6.626)	(6.628)	(6.422)	(6.749)
$Lang_{ij}$	1.633**	1.232*	2.902***	1.193*	1.912***
	(2.343)	(1.889)	(3.520)	(1.718)	(2.888)
_Cons	-22.133***	-16.652***	-21.014***	-17.003***	-20.749***
	(-2.811)	(-2.611)	(-3.294)	(-2.665)	(-3.163)
μ					
BUS_{jt}	14.712***	28.023***	6.264*	15.047**	9.808**
	(3.042)	(3.487)	(1.991)	(2.330)	(2.163)

续表

变量	(1) 滞后一阶	(2) 熵值法	(3) 剔除特殊国家	(4) 双边缩尾	(5) 剔除问题投资
FIN_{jt}	15.786*	6.386	34.977***	19.695**	15.295*
	(1.804)	(1.480)	(4.040)	(2.130)	(1.770)
LAB_{jt}	-17.965***	-23.254***	-16.951***	-15.529***	-14.704**
	(-2.969)	(-3.376)	(-3.043)	(-2.753)	(-2.560)
LAW_{jt}	-10.250	-11.354	-10.563*	-14.009*	-13.004**
	(-1.038)	(-1.267)	(-1.930)	(-1.933)	(-2.468)
POL_{jt}	24.990***	15.117**	25.650***	24.603***	25.477***
	(4.001)	(2.369)	(4.238)	(3.548)	(4.415)
INF_{jt}	0.444	6.823	4.797	6.533	0.824
	(0.071)	(1.150)	(0.855)	(0.975)	(0.134)
_Cons	-1.247***	-1.705**	-2.049***	-2.085***	-1.029**
	(-2.610)	(-2.493)	(-2.909)	(-3.010)	(-2.133)

注：***、**、*分别代表在1%、5%、10%水平上显著。

表6-12 运输行业投资非效率模型稳健性检验结果

变量	(1) 滞后一阶	(2) 熵值法	(3) 剔除特殊国家	(4) 双边缩尾	(5) 剔除问题投资
$\ln GDP_{it}$	1.773***	2.605***	1.825***	2.109***	2.283***
	(2.702)	(4.965)	(3.399)	(4.021)	(4.442)
$\ln GDP_{jt}$	0.496***	0.477***	0.389***	0.434***	0.409***
	(5.818)	(6.168)	(4.887)	(5.493)	(5.279)
$\ln Dist_{ij}$	0.211	-0.056	-0.060	-0.062	0.275
	(0.649)	(-0.182)	(-0.199)	(-0.206)	(0.934)
$Contig_{ij}$	0.151	0.261	0.301	0.141	0.275
	(0.366)	(0.690)	(0.781)	(0.368)	(0.734)
$Lang_{ij}$	3.417***	2.933***	1.686**	2.800***	3.126***
	(4.768)	(4.474)	(2.016)	(4.243)	(4.835)
_Cons	-21.691***	-29.268***	-19.049***	-21.978***	-27.092***
	(-2.657)	(-4.674)	(-3.689)	(-3.010)	(4.013)
μ					

续表

变量	（1）滞后一阶	（2）熵值法	（3）剔除特殊国家	（4）双边缩尾	（5）剔除问题投资
BUS_{jt}	11.776**	19.134***	15.675***	15.905***	12.354***
	(2.326)	(3.432)	(3.261)	(3.398)	(2.694)
FIN_{jt}	10.905	-5.076	-5.580	3.229	4.586
	(1.211)	(-0.666)	(-0.635)	(0.382)	(0.553)
LAB_{jt}	-0.520	-2.588	-0.682	-0.719	-0.616
	(-0.086)	(-0.434)	(-0.119)	(-0.126)	(-0.110)
LAW_{jt}	-16.610**	-13.110**	-13.932**	-14.107**	-12.459**
	(-2.418)	(-2.075)	(-2.200)	(-2.202)	(-1.985)
POL_{jt}	20.804***	11.345***	19.797***	17.856***	18.784***
	(3.199)	(2.676)	(3.253)	(2.943)	(3.160)
INF_{jt}	5.192	2.279	-1.403	0.484	0.696
	(0.798)	(0.445)	(-0.227)	(0.079)	(0.116)
_Cons	-0.871	-0.478	0.401	0.237	0.133
	(-1.279)	(-1.193)	(0.060)	(0.000)	(0.021)

注：***、**、*分别代表在1%、5%、10%水平上显著。

表6-13 房地产行业投资非效率模型稳健性检验结果

变量	（1）滞后一阶	（2）熵值法	（3）剔除特殊国家	（4）双边缩尾	（5）剔除问题投资
$lnGDP_{it}$	1.120**	0.842**	0.621*	0.818*	0.868**
	(2.218)	(2.049)	(1.777)	(1.959)	(2.114)
$lnGDP_{jt}$	0.455***	0.412***	0.416***	0.409***	0.411***
	(6.808)	(6.523)	(5.736)	(6.527)	(6.534)
$lnDist_{ij}$	0.147	0.372	0.214	0.386	0.379
	(0.552)	(1.529)	(0.650)	(1.585)	(1.575)
$Contig_{ij}$	0.172	0.278	0.182	0.328	0.326
	(0.559)	(0.924)	(0.600)	(1.160)	(1.145)
$Lang_{ij}$	4.184***	3.645***	4.152***	3.654***	3.658***
	(8.348)	(7.298)	(6.422)	(7.553)	(7.659)

续表

变量	(1) 滞后一阶	(2) 熵值法	(3) 剔除特殊国家	(4) 双边缩尾	(5) 剔除问题投资
_Cons	-15.940***	-14.048***	-10.370**	-14.064***	-14.642***
	(-2.628)	(-2.793)	(-1.969)	(-2.725)	(-2.875)
μ					
BUS_{jt}	-4.169	-3.238	-1.737	-2.778	-2.938
	(-1.504)	(-0.589)	(-0.131)	(-0.568)	(-0.678)
FIN_{jt}	17.693*	17.793*	23.131*	21.547*	23.487**
	(1.797)	(1.787)	(1.929)	(1.699)	(2.519)
LAB_{jt}	-16.806	-7.740	-5.718	-6.296	-6.107
	(-1.457)	(-1.537)	(-0.995)	(-1.070)	(-1.088)
LAW_{jt}	-10.035	-12.638*	-10.715*	-11.232**	-10.335**
	(-1.558)	(-1.893)	(-1.730)	(-2.020)	(-1.962)
POL_{jt}	22.267*	16.186***	19.180	19.622***	18.008***
	(1.844)	(3.692)	(1.597)	(2.680)	(2.820)
INF_{jt}	-8.509*	-9.305**	-10.635*	-10.725*	-11.079**
	(-1.833)	(-2.070)	(-1.747)	(-1.948)	(-2.252)
_Cons	-1.559*	0.604	-0.264	0.059	-0.035
	(-1.869)	(1.359)	(-0.156)	(0.061)	(-0.058)

注：***、**、*分别代表在1%、5%、10%水平上显著。

同时，为了保证投资非效率模型估计结果的稳健性，本节采用以下五种方法进行稳健性检验：第一，采用熵值法对东道国的投资便利化水平进行重新测算；第二，剔除特殊国家，将样本中每年投资环境得分最高和最低的国家剔除；第三，进行1%分位上的双边缩尾处理；第四，剔除问题投资；第五，考虑到研究期内中国企业对58个样本国在三个行业均发生了问题投资，为进一步排除问题投资的干扰，笔者删除问题投资样本，对基准模型进行重新检验。三个行业的上述稳健性检验结果分别列于表 6-11～表 6-13 中的第（2）～（5）列。

从表 6-11 能源行业的稳健性检验的结果来看，采用上述五种方法进行模型估计后，各变量的符号及显著性水平与能源行业的基准模型结果基本保持一致，这表明能源行业投资非效率基准模型的估计结果是稳健的。

从表 6-12 运输行业的稳健性检验的结果来看,采用上述五种方法进行模型估计后,各变量的符号及显著性水平与运输行业的基准模型结果基本保持一致,这表明运输行业投资非效率基准模型的估计结果是稳健的。

从表 6-13 房地产行业的稳健性检验的结果来看,采用上述五种方法进行模型估计后,除了个别变量的显著性小幅变化,其他各变量的符号及显著性水平与房地产行业的基准模型结果基本保持一致,这表明房地产行业投资非效率基准模型的估计结果是稳健的。

6.3.4 机制检验

为检验东道国投资便利化水平的改善是否通过降低投资成本和提升经营效率的渠道,减少中国在三个行业中对外直接投资效率的损失,本节仍采用逐步回归分析法,选取沿线国家国内信贷总额占 GDP 比重(IC_{jt})与政府监管质量(RQ_{jt})作为机制变量,综合公式 39,构建行业中介效应模型如下:

$$Mechanism_{jt} = \alpha_0 + \alpha_1 BUS_{jt} + \alpha_2 FIN_{jt} + \alpha_3 LAB_{jt} + \alpha_4 LAW_{jt} + \alpha_5 POL_{jt} + \alpha_6 INF_{jt} + v_{jt}$$

(公式 40)

$$\mu_{ijt} = \gamma_0 + \gamma_1 Mechanism_{jt} + \gamma_2 BUS_{jt} + \gamma_3 FIN_{jt} + \gamma_4 LAB_{jt} + \gamma_5 LAW_{jt} + \gamma_6 POL_{jt} + \gamma_7 INF_{jt} + v_{ijt}$$

(公式41)

将机制变量引入上述模型,对三个行业进行检验,检验结果如表 6-14 所示。

表 6-14 行业中介效应检验结果

变量	能源行业		运输行业		房地产行业	
	(1)	(2)	(3)	(4)	(5)	(6)
IC_{jt}	-0.181*		-0.368*		-0.401	
	(-1.870)		(-1.932)		(-1.382)	
RQ_{jt}		-0.585**		-0.155*		-0.599**
		(-2.163)		(-1.814)		(-2.023)
BUS_{jt}	15.811***	10.498*	16.086***	15.410***	-0.949	-3.173
	(3.597)	(1.894)	(3.434)	(3.173)	(-0.155)	(-1.072)
FIN_{jt}	13.599*	20.844*	2.132	1.887	17.663*	13.947*
	(1.932)	(1.731)	(0.250)	(0.213)	(1.899)	(1.876)
LAB_{jt}	-14.992***	-16.764**	-0.857	-1.318	-2.726	-8.309*
	(-2.609)	(-2.058)	(-0.145)	(-0.226)	(-0.425)	(-1.688)
LAW_{jt}	-6.090*	-12.734**	-14.697**	-14.156**	-10.624**	-8.766*
	(-1.983)	(-2.233)	(-2.287)	(-2.202)	(-2.305)	(-1.753)
POL_{jt}	21.062***	17.894*	16.335***	15.761**	15.231***	12.512**
	(3.628)	(1.899)	(2.620)	(2.129)	(2.609)	(2.195)
INF_{jt}	1.591	2.374	0.871	0.875	-12.555*	-13.699*
	(0.96)	(0.254)	(0.139)	(0.142)	(-1.938)	(-1.901)
_Cons	-0.946**	-1.052	-0.121	-0.121	0.053	0.455
	(-2.250)	(-0.848)	(-0.003)	(-0.003)	(0.020)	(1.363)

注：公式40的检验结果同表5-9列（2）及表5-10列（2），此处不再列出。

由表6-10的结果可以看出，在能源行业中，选取的投资成本机制变量在10%的显著水平上通过检验，政府监管质量在5%的显著水平上通过检验，这表明东道国投资成本的下降以及政府监管质量的提升，能够显著地减少中国在能源行业的投资效率损失，该机制变量的中介效应成立，即东道国投资便利化水平的提升，可以通过降低投资成本、提升经营效率的渠道，减少能源行业投资效率损失。在运输行业中，选取的投资成本机制变量和政府监管质量的系数均在10%的显著水平上显著为负，这表明东道国投资成本的降低、政府监管质量的提升，能够显著降低中国投资效率的损失，中介效应成立，即东道国投资便利化水平的提升，可以通过降低投资成本、提升经营效率的渠道，减少运输行业投资效率损失。在房地产行业中,选取的投资成本机制变量的中介效应不成立;政府监管质量的系数在5%的显著水平上通过检验,这表明东道国政府监管质量的提高,能够显著地减少中国在沿线国家房地产行业投资效率的损失,该机制变量的中介效应成立,即东道国投资便利化水平的提升,可以通过提升经营效率的渠道,减少房地产行业投资效率损失。

6.4 分行业投资效率分析

6.4.1 行业总体投资效率对比分析

根据表6-5~表6-7中的模型(6)、模型(12)、模型(18),笔者进一步测算了2009—2018年中国在能源、运输、房地产行业的对外直接投资效率,并进行了对比,如图6-2所示。从三个行业效率均值对比中可以看出,2009—2018年,中国在房地产行业的投资效率最高,但波动幅度大;能源行业的投资效率居中,基本处在0.25~0.35;运输行业的投资效率最低且波动幅度较小,基本处在0.1左右。随着中国对外直接投资规模的扩大,提升能源行业与运输行业的投资效率有助于深化中国与投资东道国的互利合作,实现中国对外直接投资的高质量发展。

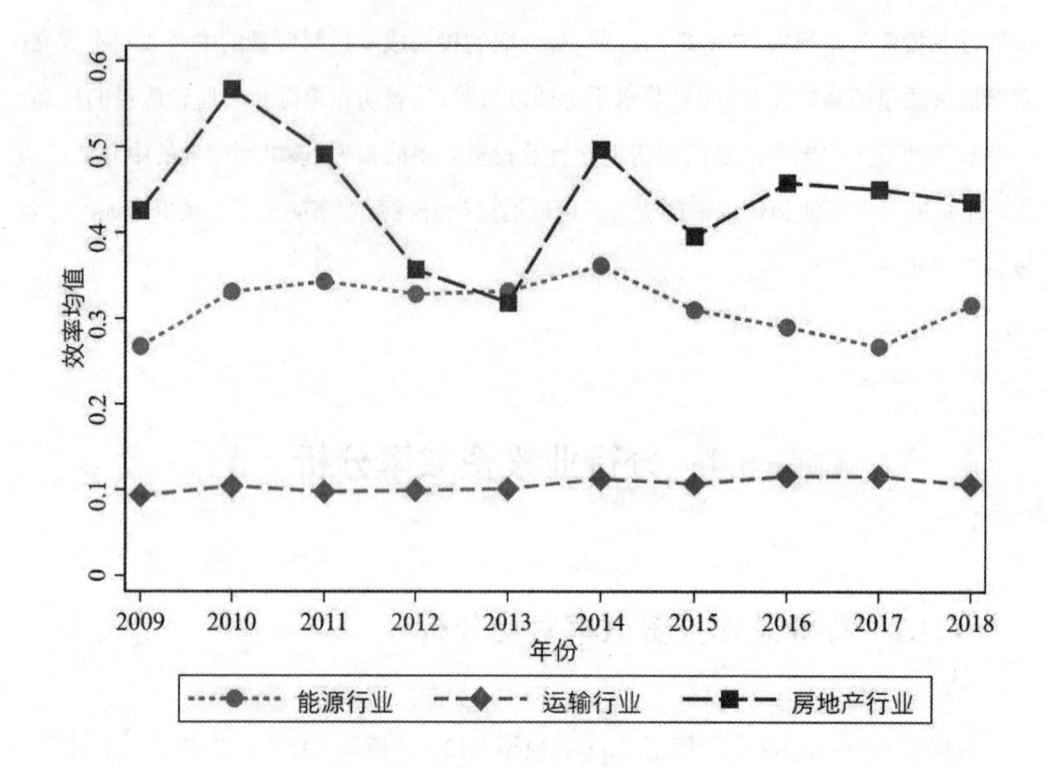

图 6-2 中国对东道国行业投资效率均值对比

6.4.2 能源行业投资效率分析

由表 6-15 中的数据可以看出，2009—2018 年，中国在能源行业的对外直接投资效率的平均值为 0.314 5，处于较低水平。从投资效率的年度变化情况来看，中国在能源行业的投资效率表现出"先上升，后下降，再上升"的波动特征，但整体波动不大，10年间投资效率均值处于（0.26，0.37）之间。

表 6-15 中国在能源行业直接投资效率

国家	2009	2010	2011	2012	2013	2014	2015	2016	2017	2018	均值
新加坡	0.042 8	0.050 9	0.047 2	0.044 7	0.046 3	0.054 3	0.052 4	0.048 4	0.033 3	0.037 4	0.045 8
菲律宾	0.539 0	0.632 1	0.590 4	0.568 8	0.460 2	0.530 9	0.488 8	0.545 1	0.692 8	0.879 6	0.592 8
马来西亚	0.183 3	0.208 9	0.183 0	0.176 2	0.217 6	0.208 7	0.180 6	0.207 2	0.170 7	0.148 3	0.188 4
泰国	0.214 4	0.282 9	0.215 5	0.236 3	0.238 1	0.282 6	0.283 9	0.247 2	0.153 7	0.20 26	0.235 7

续表

国家	2009	2010	2011	2012	2013	2014	2015	2016	2017	2018	均值
印度尼西亚	0.3535	0.4576	0.4398	0.3778	0.3673	0.3848	0.3623	0.2949	0.2404	0.2529	0.3531
越南	0.3154	0.3974	0.4161	0.3038	0.2559	0.2669	0.1898	0.1671	0.1455	0.2056	0.2664
俄罗斯	0.3608	0.4170	0.4053	0.3862	0.3759	0.4171	0.3133	0.2360	0.1748	0.2138	0.3300
印度	0.3471	0.6011	0.4701	0.5157	0.5326	0.5861	0.4501	0.5103	0.4123	0.3176	0.4743
巴基斯坦	0.9741	0.9990	0.9992	0.9989	0.9986	0.9980	0.8918	0.7635	0.7389	0.8725	0.9234
斯里兰卡	0.3404	0.3750	0.3224	0.3128	0.3792	0.4055	0.2702	0.2508	0.2462	0.3218	0.3224
孟加拉国	0.7658	0.8698	0.9470	0.8340	0.8563	0.8875	0.9623	0.9930	0.8856	0.9975	0.8999
尼泊尔	0.2401	0.3755	0.3089	0.3020	0.3058	0.2755	0.2325	0.2917	0.2217	0.1703	0.2724
以色列	0.1311	0.1484	0.1069	0.0874	0.0848	0.0991	0.1196	0.1028	0.0926	0.1149	0.1088
阿曼	0.1270	0.1636	0.1649	0.1686	0.1502	0.0984	0.1009	0.0770	0.1212	0.1695	0.1341
卡塔尔	0.1315	0.1489	0.1658	0.1630	0.1708	0.2148	0.1915	0.1793	0.1481	0.1734	0.1687
阿联酋	0.0907	0.1219	0.1147	0.1172	0.1327	0.1489	0.1459	0.1510	0.0920	0.0877	0.1203
约旦	0.1479	0.2332	0.2698	0.2909	0.3666	0.3997	0.3140	0.2711	0.2087	0.3177	0.2820
科威特	0.1151	0.1530	0.1609	0.1812	0.1912	0.2028	0.1629	0.1774	0.1470	0.2026	0.1695
伊朗	0.2743	0.4009	0.4475	0.4497	0.4982	0.4768	0.3039	0.2779	0.3407	0.6318	0.4102
土耳其	0.1879	0.2351	0.2709	0.2851	0.2824	0.2914	0.2265	0.2860	0.2906	0.2599	0.2616
哈萨克斯坦	0.2637	0.4322	0.5770	0.5176	0.4518	0.3916	0.2338	0.2115	0.1643	0.1782	0.3422
吉尔吉斯斯坦	0.2916	0.4951	0.5498	0.3292	0.3784	0.4228	0.3157	0.1840	0.1828	0.2197	0.3369
塔吉克斯坦	0.5464	0.7718	0.9208	0.8517	0.8082	0.7492	0.7072	0.7916	0.6994	0.8261	0.7672
乌克兰	0.5789	0.4965	0.4350	0.3607	0.3433	0.8406	0.7893	0.4859	0.3254	0.4755	0.5131
摩尔多瓦	0.1861	0.2537	0.2430	0.2367	0.2398	0.2345	0.2085	0.2086	0.1696	0.2225	0.2203
克罗地亚	0.0609	0.0802	0.0766	0.0881	0.0867	0.0735	0.0619	0.0509	0.0424	0.0558	0.0677
罗马尼亚	0.0652	0.0928	0.0888	0.0919	0.0996	0.1047	0.0748	0.0670	0.0650	0.1019	0.0852
保加利亚	0.0900	0.1176	0.1505	0.1409	0.1223	0.1126	0.1265	0.0965	0.0836	0.1113	0.1152
黑山	0.0813	0.1009	0.1134	0.1152	0.1038	0.0979	0.0840	0.0804	0.0759	0.0846	0.0937
捷克	0.0615	0.0620	0.0623	0.0760	0.0624	0.0638	0.0650	0.0613	0.0465	0.0595	0.0620
希腊	0.0424	0.0708	0.0960	0.1342	0.1094	0.1094	0.1122	0.1114	0.1000	0.1255	0.1011

续表

国家	2009	2010	2011	2012	2013	2014	2015	2016	2017	2018	均值
波兰	0.052 7	0.056 0	0.059 3	0.044 9	0.042 1	0.043 8	0.042 3	0.043 0	0.037 9	0.049 0	0.047 1
埃及	0.193 4	0.246 5	0.371 6	0.422 1	0.453 4	0.548 8	0.453 8	0.349 6	0.452 3	0.549 7	0.404 1
肯尼亚	0.418 1	0.473 2	0.601 4	0.643 6	0.752 7	0.923 0	0.612 9	0.566 4	0.465 1	0.465 9	0.592 2
尼日利亚	0.868 2	0.879 1	0.889 1	0.879 2	0.889 4	0.889 3	0.897 1	0.898 8	0.991 2	0.897 6	0.898 0
摩洛哥	0.147 2	0.191 6	0.199 6	0.213 8	0.239 9	0.193 8	0.153 6	0.153 2	0.153 6	0.161 4	0.180 8
阿尔及利亚	0.293 6	0.330 1	0.388 4	0.369 4	0.366 0	0.394 8	0.330 7	0.308 5	0.290 8	0.478 2	0.355 0
加纳	0.137 0	0.192 6	0.185 5	0.158 7	0.187 9	0.283 3	0.252 0	0.342 8	0.282 7	0.301 0	0.232 3
坦桑尼亚	0.161 9	0.292 4	0.312 4	0.323 1	0.282 9	0.380 0	0.318 6	0.224 2	0.229 9	0.372 1	0.289 8
年度均值	0.267 2	0.331 0	0.342 7	0.328 1	0.331 6	0.361 2	0.309 8	0.290 1	0.267 1	0.315 7	0.315 4

注：表中数据为作者根据实证模型计算而得。

6.4.2.1 按地区分组的能源行业投资效率分析

由图 6-3 可以看出，2009—2018 年 10 年间，在能源行业的对外直接投资中，中国对南亚地区的投资效率均值最高，为 0.578 5，其次是非洲及拉美和中亚地区，投资效率均值在 0.4 以上；再次是东北亚和东南亚及大洋洲地区，投资效率均值在 0.2 以上；投资效率最低的区域是西亚和中东欧地区，投资效率均值在 0.2 以下。

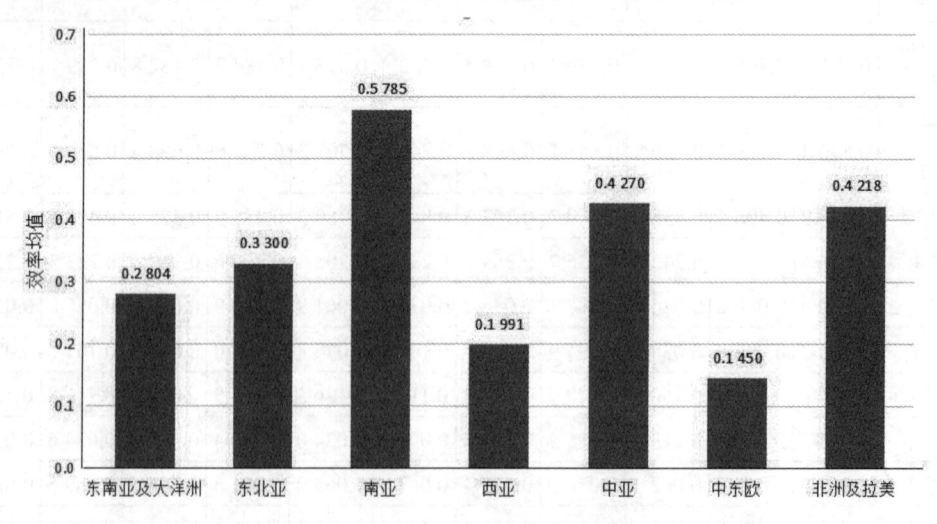

图 6-3 能源行业分区域投资效率均值

6.4.2.2 按能源禀赋分组的能源行业投资效率分析

由于能源行业存在资源寻求动机的特殊性,所以笔者在参照中国对外直接投资统计公报、联合国人力发展指标的标准及德勤公布的"一带一路"国家投资指数报告的基础上,将2009—2018年10年间中国进行能源投资的主要沿线国家划分为能源丰裕国家、非能源丰裕国家,进一步比较分析能源丰裕国家与非能源丰裕国家的投资规模及投资效率的年度变化情况。

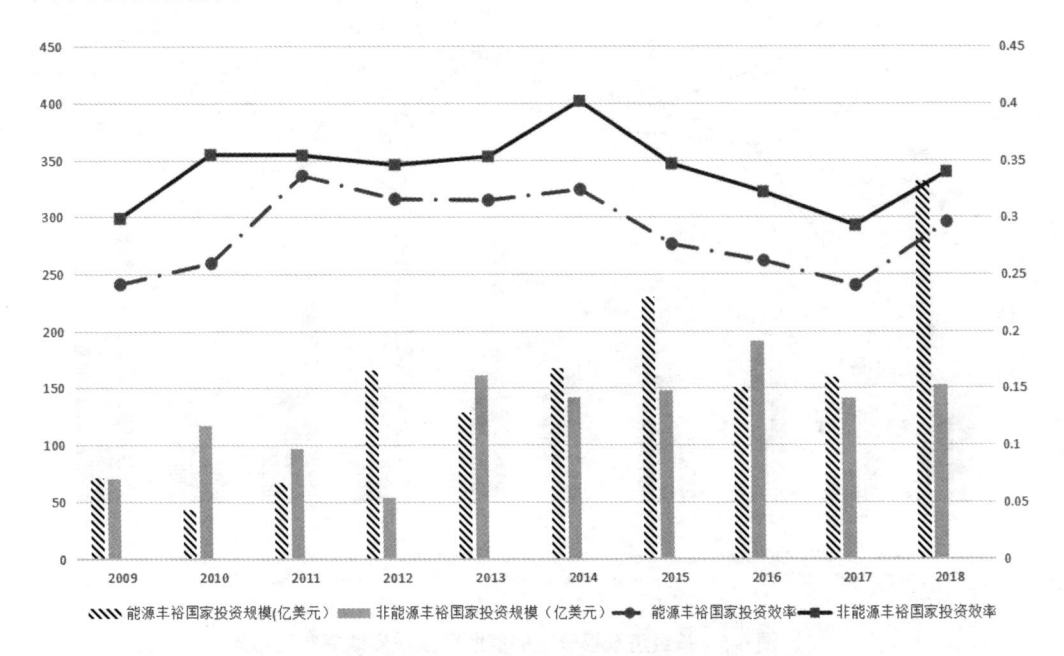

图 6-4 按能源禀赋分组的能源行业投资效率变化趋势

如图6-4所示,能源丰裕国家与非能源丰裕国家的能源投资效率均呈现先上升后下降再上升的趋势,但能源丰裕国家的投资效率始终低于非能源丰裕国家。从投资规模与投资效率对比上来看,中国在能源行业的投资规模不断增加,但投资效率并没有随之提高。从两种类型的国别差异看,除2016年外,中国对能源丰裕国家的投资规模均高于非能源丰裕国家,但其能源行业投资效率明显低于非能源丰裕国家。从目前情况看,虽然能源丰裕国家的投资效率相对较低,但其能源行业投资规模较大,因此其未来的投资潜力较大,仍然是中国在能源行业投资的主要方向。由此可见,进一步提高能源丰裕国家的投资效率,并充分释放其投资潜力,将进一步促进中国在能源行业的对外直接投资。

6.4.2.3 按经济规模分组的能源行业投资效率分析

由实证结果可以看出，东道国的经济规模对中国在能源行业的直接投资具有一定影响。因此，本节依据上一章的划分方式，将样本国按经济规模分为大、中、小规模三组。图 6-5 表示三种经济规模国家能源行业的投资规模及投资效率年度变化趋势。

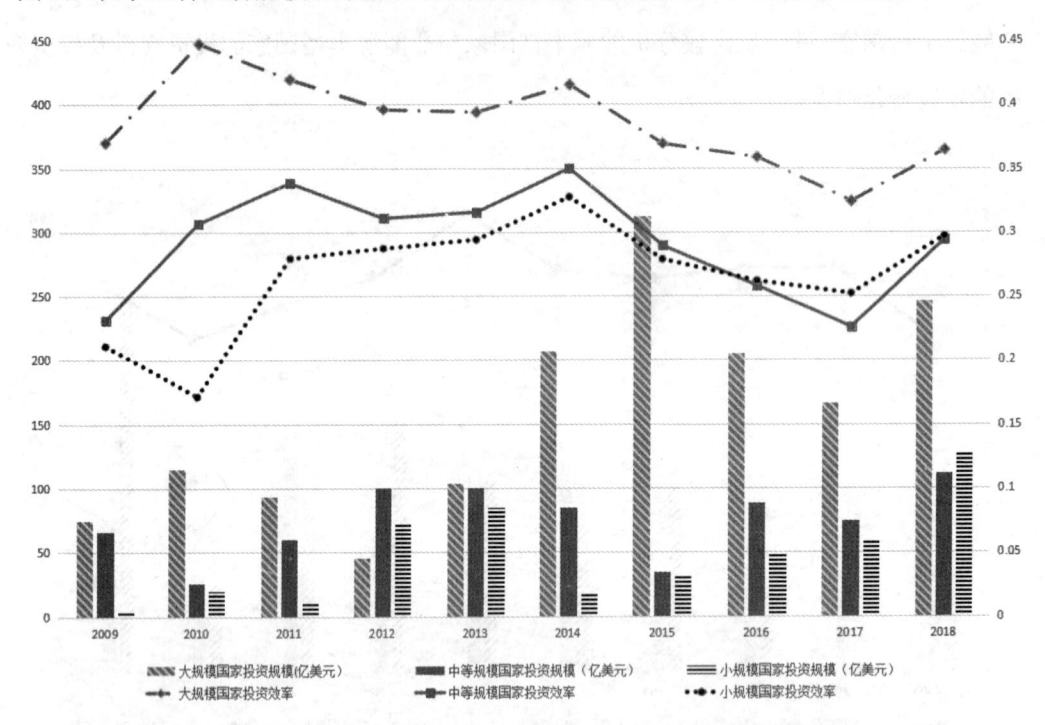

图 6-5　按经济规模分组的能源行业投资效率变化趋势

从投资规模来看，中国在能源行业对三种经济规模国家的投资额均有所增加。从对比情况看，大规模国家的能源行业投资规模最大，特别是 2013 年以来，中国在能源行业对大规模国家的投资量迅速增长；其次是中等规模国家；投资量最小的是小规模国家，但 2018 年小规模国家的投资量首次超过中等规模国家。从投资效率看，大规模国家在能源行业的投资效率最高，基本处于 0.35~0.45；中等规模国家的投资效率居中，基本处在 0.25~0.35；小规模国家的投资效率最低，但 2016 年以来，小规模国家的投资效率逐渐超过中等规模国家，2018 年小规模国家与中等规模国家的投资效率基本持平。

6.4.3 运输行业投资效率分析

表 6-16 列出了中国在运输行业投资的效率值,由表中数据可以看出,2009—2018 年,中国在运输行业的直接投资效率的平均值为 0.105 3,处于较低水平。从投资效率的年度变化情况来看,中国在运输行业的投资效率整体波动较小。

表 6-16 中国在运输行业直接投资效率

国家	2009	2010	2011	2012	2013	2014	2015	2016	2017	2018	均值
新加坡	0.023 4	0.025 6	0.025 6	0.024 3	0.026 8	0.029 4	0.027 7	0.026 1	0.024 2	0.022 8	0.025 6
菲律宾	0.133 6	0.142 7	0.129 8	0.144 8	0.090 1	0.089 1	0.095 3	0.114 6	0.134 5	0.129 2	0.120 4
马来西亚	0.113 3	0.108 4	0.084 4	0.085 8	0.105 8	0.082 4	0.073 8	0.091 9	0.098 6	0.070 0	0.091 4
泰国	0.077 4	0.088 1	0.058 8	0.063 9	0.058 6	0.071 0	0.076 1	0.076 8	0.068 8	0.069 6	0.070 9
印度尼西亚	0.162 1	0.178 5	0.164 7	0.129 3	0.138 7	0.127 8	0.149 0	0.127 9	0.128 8	0.113 2	0.142 0
越南	0.052 5	0.056 1	0.056 0	0.055 1	0.058 9	0.066 4	0.067 8	0.071 5	0.071 6	0.075 6	0.063 2
俄罗斯	0.069 5	0.079 9	0.069 3	0.063 2	0.059 0	0.054 4	0.052 8	0.059 3	0.053 4	0.047 7	0.060 9
韩国	0.018 1	0.017 8	0.016 3	0.018 8	0.019 4	0.024 7	0.020 6	0.018 3	0.017 9	0.017 4	0.018 9
印度	0.261 9	0.288 4	0.244 3	0.276 9	0.373 2	0.518 2	0.399 7	0.488 4	0.445 5	0.237 4	0.353 4
巴基斯坦	0.304 7	0.362 1	0.360 4	0.370 0	0.364 9	0.405 3	0.397 9	0.456 3	0.499 8	0.397 0	0.391 8
斯里兰卡	0.144 2	0.134 5	0.116 2	0.104 3	0.128 5	0.162 5	0.137 2	0.122 3	0.122 4	0.123 5	0.129 6
孟加拉国	0.293 1	0.258 1	0.257 3	0.239 5	0.224 5	0.227 3	0.281 4	0.343 9	0.364 5	0.374 1	0.286 4
尼泊尔	0.079 5	0.111 1	0.096 0	0.098 7	0.090 6	0.084 7	0.102 5	0.141 9	0.124 0	0.116 5	0.104 6
以色列	0.077 9	0.086 0	0.072 4	0.068 4	0.060 3	0.067 6	0.073 8	0.067 5	0.072 9	0.065 9	0.071 3
卡塔尔	0.047 0	0.064 9	0.067 8	0.063 2	0.067 7	0.076 0	0.070 4	0.051 6	0.056 6	0.062 0	0.062 7
阿联酋	0.038 7	0.041 6	0.041 7	0.043 3	0.049 4	0.058 4	0.053 7	0.063 5	0.049 6	0.047 4	0.048 7
科威特	0.064 5	0.070 1	0.063 3	0.072 9	0.083 4	0.097 3	0.092 3	0.122 7	0.112 4	0.111 7	0.089 1
伊朗	0.093 1	0.107 3	0.101 2	0.111 6	0.109 1	0.110 3	0.108 9	0.113 3	0.118 9	0.127 1	0.110 1
土耳其	0.064 6	0.071 2	0.074 0	0.079 6	0.097 7	0.093 5	0.090 1	0.108 8	0.108 3	0.089 3	0.087 7
哈萨克斯坦	0.048 8	0.059 8	0.083 2	0.086 5	0.084 3	0.075 7	0.060 6	0.056 9	0.060 8	0.057 3	0.067 4
吉尔吉斯斯坦	0.054 4	0.055 1	0.057 7	0.055 7	0.057 0	0.065 1	0.078 6	0.086 5	0.072 5	0.071 1	0.066 8
乌克兰	0.114 4	0.106 3	0.088 2	0.080 0	0.067 5	0.109 8	0.107 2	0.116 6	0.096 3	0.104 1	0.099 0
斯洛文尼亚	0.039 5	0.032 2	0.028 5	0.029 3	0.026 4	0.029 1	0.020 7	0.022 6	0.022 4	0.022 1	0.027 3
克罗地亚	0.038 0	0.044 4	0.035 4	0.036 9	0.037 5	0.033 5	0.026 7	0.030 5	0.028 5	0.029 7	0.034 1

续表

国家	2009	2010	2011	2012	2013	2014	2015	2016	2017	2018	均值
塞尔维亚	0.057 6	0.062 4	0.053 7	0.051 7	0.044 1	0.046 3	0.034 6	0.030 3	0.033 3	0.035 7	0.045 0
保加利亚	0.040 7	0.044 8	0.044 8	0.043 9	0.041 1	0.043 7	0.048 3	0.045 2	0.045 0	0.049 6	0.044 7
拉脱维亚	0.022 5	0.026 2	0.023 1	0.023 3	0.020 2	0.020 4	0.018 3	0.017 9	0.021 3	0.026 0	0.021 9
黑山	0.063 4	0.075 9	0.070 6	0.064 3	0.054 2	0.053 0	0.041 9	0.043 6	0.047 3	0.048 5	0.056 3
希腊	0.033 9	0.044 0	0.040 1	0.051 4	0.050 8	0.047 8	0.049 2	0.050 7	0.049 8	0.049 5	0.046 7
波兰	0.036 8	0.035 7	0.032 1	0.020 5	0.018 6	0.020 7	0.020 0	0.019 3	0.018 6	0.019 9	0.024 2
埃及	0.086 6	0.098 3	0.115 9	0.127 5	0.137 9	0.164 3	0.177 0	0.150 5	0.177 0	0.175 8	0.141 1
肯尼亚	0.105 8	0.123 9	0.132 4	0.175 0	0.203 9	0.258 3	0.226 4	0.222 8	0.210 8	0.203 3	0.186 2
尼日利亚	0.331 1	0.455 9	0.422 7	0.387 7	0.335 4	0.374 6	0.312 6	0.346 9	0.305 5	0.324 6	0.359 7
摩洛哥	0.053 0	0.062 8	0.065 9	0.067 0	0.077 8	0.074 8	0.065 9	0.078 1	0.090 9	0.072 6	0.070 9
阿尔及利亚	0.076 5	0.084 5	0.087 0	0.095 8	0.103 1	0.117 0	0.111 2	0.114 4	0.118 6	0.137 1	0.104 5
加纳	0.068 4	0.075 3	0.065 4	0.077 6	0.103 5	0.112 3	0.110 5	0.134 2	0.142 1	0.120 1	0.100 9
坦桑尼亚	0.097 9	0.125 6	0.107 3	0.116 0	0.098 4	0.119 6	0.129 5	0.134 9	0.148 7	0.157 3	0.123 6
巴拿马	0.046 1	0.050 1	0.050 9	0.057 6	0.062 0	0.053 2	0.054 2	0.062 3	0.051 9	0.052 8	0.054 1
年度均值	0.093 0	0.104 1	0.097 5	0.099 0	0.101 0	0.112 6	0.107 2	0.116 2	0.116 1	0.106 7	0.105 3

注：表中数据为作者根据实证模型计算而得。

6.4.3.1 按地区分组的投资效率分析

由图 6-6 可以看出，2009—2018 年，中国在运输行业的投资效率较低，各区域投资效率均在 0.3 以下。其中，中国对南亚地区的投资效率均值最高为 0.253 1，其次是非洲及拉美地区，投资效率均值在 0.1 以上，其余 5 个区域的投资效率都在 0.1 以下。

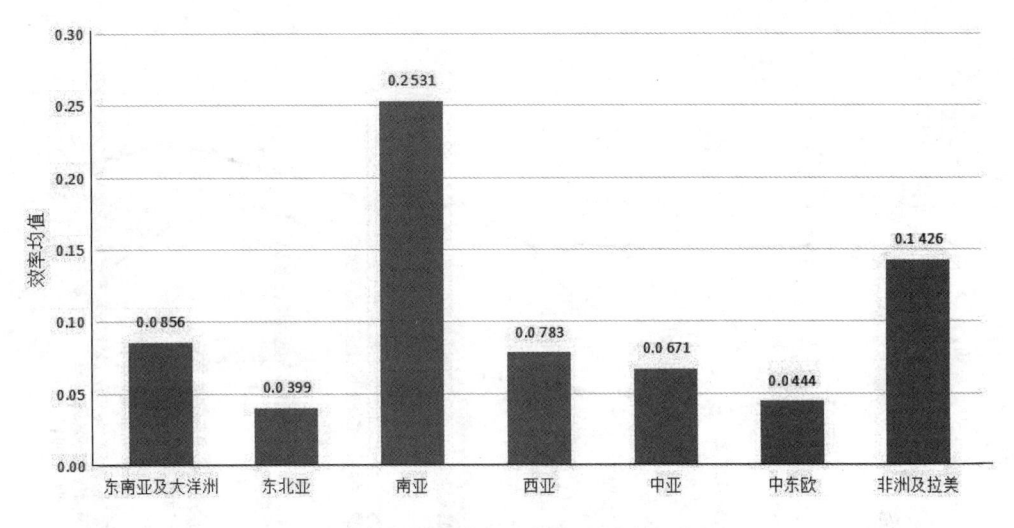

图 6-6 运输行业分区域投资效率均值

6.4.3.2 按经济规模分组的投资效率分析

图 6-7 所示为中国对三种经济规模国家在运输行业的投资规模及投资效率年度变化趋势。从投资规模来看，2013 年以来，中国在运输行业对三种经济规模国家的投资规模增长较快，除个别年份外，中国对大规模国家的投资额较大，对小规模国家的投资额较小。从投资效率看，三种规模国家在运输行业的投资效率均处于较低水平，其中小规模国家运输行业的投资效率最低，处在 0.1 以下；在 2013 年以前，大规模和中等规模国家的投资效率较为接近，但在 2013 年以后，中国对中等规模国家的投资效率明显高于大规模国家，为 0.13 以上。

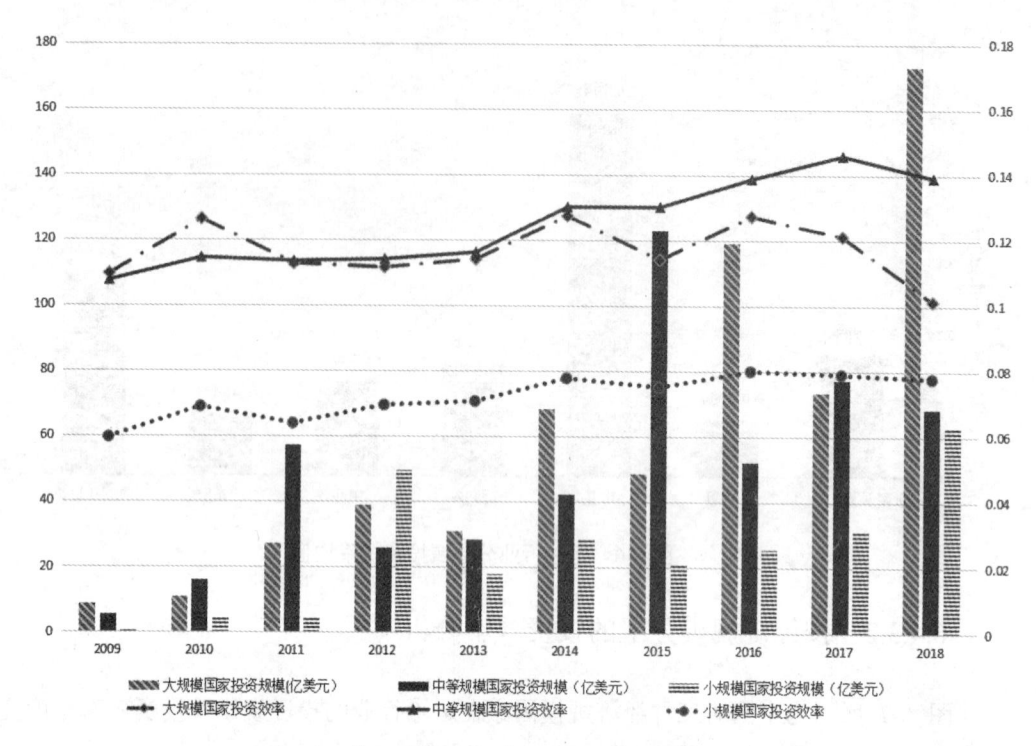

图 6-7 按经济规模分组的运输行业投资效率变化趋势

6.4.3.3 按收入水平分组的投资效率分析

参照上一章的分组方式，本节将运输行业样本国划分为高收入、中高等收入、中低等收入三个组别。如图 6-8 所示，2009—2018 年，中国在运输行业的投资较多集中于中低等收入国家，其次是中高等收入国家，投资规模最小的是高收入国家。2013 年以来，中国在运输行业对中低等收入国家的投资规模逐渐扩大，主要原因在于中低等收入国家的交通基础设施较为落后，迫切需要外来投资改善国内运输行业的现状，而中国的对外直接投资为双方在运输行业的投资合作搭建了良好的桥梁，进而促进了中国对中低等收入国家的投资；而高收入国家的交通基础设施相对更加完善，在这方面的投资需求不大，因此中国对高收入国家在运输行业的投资规模最小。从投资效率看，中低等收入国家的投资效率最高，基本在 0.15~0.2；其次是中高等收入国家，效率值基本处于 0.075 左右；最低的是高收入国家，效率值低于 0.05。

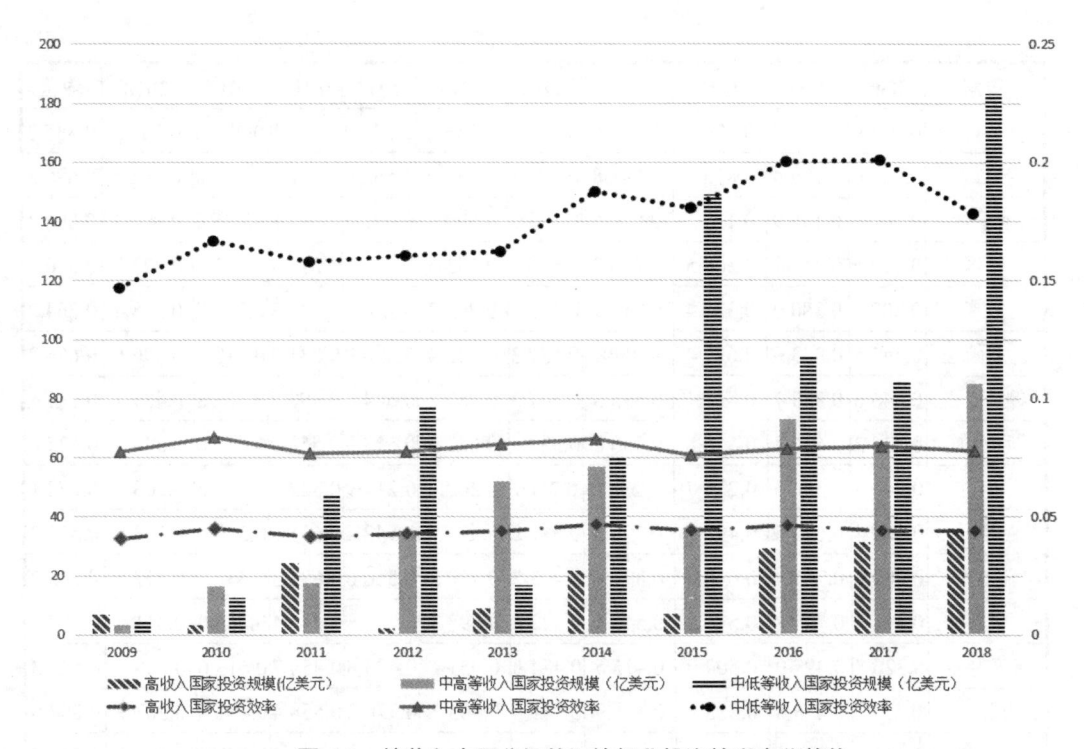

图 6-8 按收入水平分组的运输行业投资效率变化趋势

6.4.4 房地产行业投资效率分析

表 6-17 列出了中国在房地产行业的对外直接投资效率值,由表中数据可以看出,2009—2018 年,中国在房地产行业的直接投资效率的平均值为 0.439 6,处于中等水平。从投资效率的年度变化情况来看,中国在运输行业的投资效率均值在 0.31 与 0.57 之间,2013 年之前波动较频繁,2013 年以来整体波动幅度较为平缓。

表 6-17 中国在房地产行业直接投资效率

国家	2009	2010	2011	2012	2013	2014	2015	2016	2017	2018	均值
新加坡	0.207 6	0.271 0	0.229 7	0.130 5	0.140 1	0.250 8	0.215 9	0.225 4	0.211 8	0.212 2	0.209 5
菲律宾	0.631 2	0.817 7	0.738 7	0.622 3	0.393 1	0.623 6	0.522 4	0.536 6	0.749 7	0.797 1	0.643 2
马来西亚	0.362 8	0.456 5	0.310 9	0.200 1	0.231 3	0.355 4	0.287 1	0.333 4	0.317 8	0.280 7	0.313 6
泰国	0.407 4	0.511 1	0.380 6	0.244 3	0.221 2	0.359 5	0.284 9	0.337 1	0.250 5	0.285 8	0.328 2
印度尼西亚	0.384 7	0.548 2	0.446 3	0.313 9	0.290 4	0.483 7	0.451 1	0.455 5	0.491 0	0.411 3	0.427 6

续表

国家	2009	2010	2011	2012	2013	2014	2015	2016	2017	2018	均值
越南	0.2869	0.5037	0.4908	0.3326	0.2143	0.3567	0.2769	0.2728	0.2830	0.3553	0.3373
新西兰	0.7056	0.9994	0.8755	0.6818	0.3891	0.7579	0.5684	0.6528	0.6090	0.6655	0.6905
俄罗斯	0.1060	0.1359	0.1165	0.0706	0.0732	0.0996	0.0914	0.0978	0.0950	0.0973	0.0983
韩国	0.3125	0.4127	0.3685	0.2649	0.1862	0.3433	0.2703	0.3134	0.3078	0.3239	0.3104
印度	0.3027	0.3800	0.3354	0.2129	0.1924	0.2953	0.2365	0.2333	0.2247	0.2284	0.2642
巴基斯坦	0.5475	0.9330	0.6214	0.4868	0.5373	0.8024	0.5989	0.8313	0.7125	0.4906	0.6562
斯里兰卡	0.6466	0.8537	0.8171	0.5953	0.5473	0.7872	0.5442	0.4987	0.5338	0.4897	0.6314
尼泊尔	0.4382	0.6268	0.5568	0.3368	0.3944	0.6223	0.5139	0.5539	0.6190	0.5940	0.5256
卡塔尔	0.2413	0.3466	0.2757	0.2387	0.2160	0.2621	0.2179	0.3236	0.2950	0.3035	0.2721
阿联酋	0.6024	0.6235	0.4980	0.2983	0.3172	0.5766	0.5424	0.6316	0.5690	0.5130	0.5172
科威特	0.7009	0.7374	0.6106	0.3914	0.4032	0.7302	0.5666	0.6013	0.4378	0.3575	0.5537
伊朗	0.4733	0.7208	0.5761	0.5403	0.3226	0.6983	0.5256	0.4434	0.3660	0.4114	0.5078
阿塞拜疆	0.3267	0.4979	0.5049	0.4755	0.4746	0.6511	0.4238	0.4547	0.6136	0.8597	0.5283
土耳其	0.2575	0.4258	0.3889	0.2289	0.2616	0.4037	0.3702	0.5584	0.4914	0.2839	0.3670
哈萨克斯坦	0.4643	0.6409	0.5260	0.3448	0.3876	0.6042	0.4734	0.5589	0.5588	0.4478	0.5007
塔吉克斯坦	0.3613	0.5344	0.4837	0.3369	0.1985	0.3778	0.2254	0.2514	0.2424	0.2120	0.3224
保加利亚	0.3647	0.4520	0.4262	0.3061	0.2602	0.3336	0.2883	0.3755	0.3835	0.3852	0.3575
捷克	0.1974	0.2533	0.2525	0.2161	0.1528	0.2182	0.2057	0.1906	0.1962	0.2197	0.2103
埃及	0.4103	0.4157	0.3282	0.2155	0.1617	0.2389	0.2251	0.2307	0.2270	0.2326	0.2686
肯尼亚	0.7570	0.8180	0.9960	0.6314	0.7280	0.8196	0.6570	0.7951	0.7504	0.6182	0.7571
尼日利亚	0.5457	0.7575	0.5944	0.4211	0.3752	0.5820	0.4838	0.6657	0.8693	0.7848	0.6080
摩洛哥	0.3989	0.4833	0.5301	0.3946	0.5046	0.7829	0.4850	0.4832	0.5009	0.3959	0.4959
阿尔及利亚	0.2453	0.3043	0.2509	0.1611	0.1586	0.3167	0.3564	0.4062	0.4417	0.4711	0.3112
加纳	0.6088	0.9964	0.7043	0.5741	0.5040	0.5793	0.3992	0.5996	0.4619	0.4855	0.5913
坦桑尼亚	0.3156	0.4196	0.4244	0.3613	0.3198	0.4768	0.4103	0.4107	0.3951	0.3856	0.3919
突尼斯	0.5732	0.7276	0.6276	0.5306	0.3516	0.5037	0.4801	0.6167	0.6496	0.7945	0.5855
巴拿马	0.4306	0.5286	0.4271	0.2577	0.2774	0.6026	0.4627	0.7197	0.5630	0.5640	0.4833
年度均值	0.4255	0.5667	0.4911	0.3568	0.3183	0.4967	0.3957	0.4581	0.4506	0.4362	0.4396

注：表中数据为作者根据实证模型计算而得。

6.4.4.1 按地区分组的投资效率分析

由图 6-9 可以看出，2009—2018 年，中国在房地产行业对各区域的投资效率均在 0.2 以上。其中，中国对南亚地区的投资效率均值最高，在 0.5 以上；其次是非洲及拉美、西亚、东南亚及大洋洲地区，投资效率均值在 0.4 以上；投资效率最低的是中东欧及东北亚地区，投资效率为 0.2~0.3。

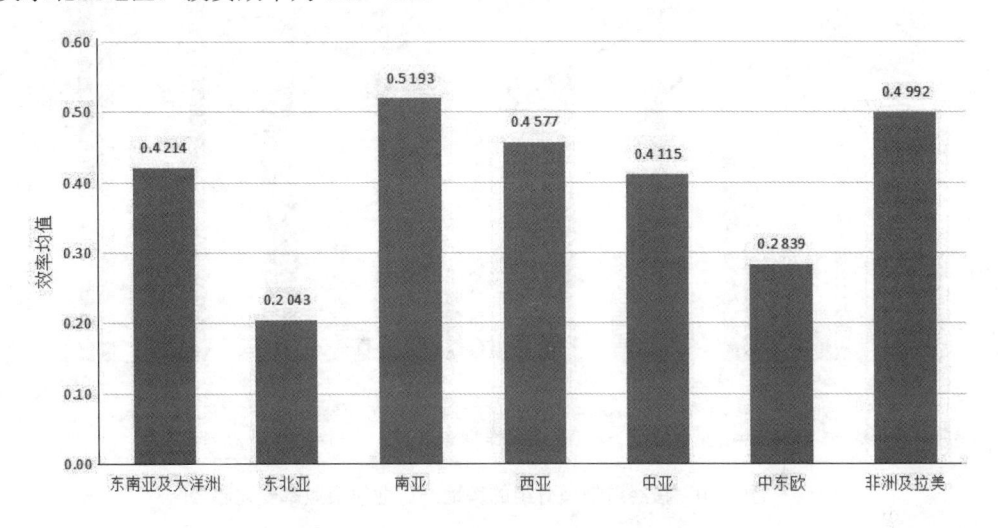

图 6-9　房地产行业分区域投资效率均值

6.4.4.2 按经济规模分组的投资效率分析

图 6-10 表示中国对不同经济规模国家在房地产行业的投资规模及投资效率的年度变化趋势。从投资规模来看，中国在房地产行业对大规模国家的投资额明显高于其他两种经济规模国家。2016 年以来，中国对中等规模国家的房地产投资额有显著提升，但对小规模国家的房地产投资额一直不高。从投资效率波动看，三种经济规模国家的房地产投资效率均呈"M"形波动；从投资效率均值看，中国对小规模国家的房地产投资规模虽然较小，但投资效率却高于其他两种规模国家，效率均值在 0.4 以上；中国对大规模国家的房地产投资效率并没有随投资规模的扩大而提升，反而处于最低水平，10 年间的效率均值都在 0.5 以下；中等规模国家的房地产投资效率居中，为 0.3~0.6。

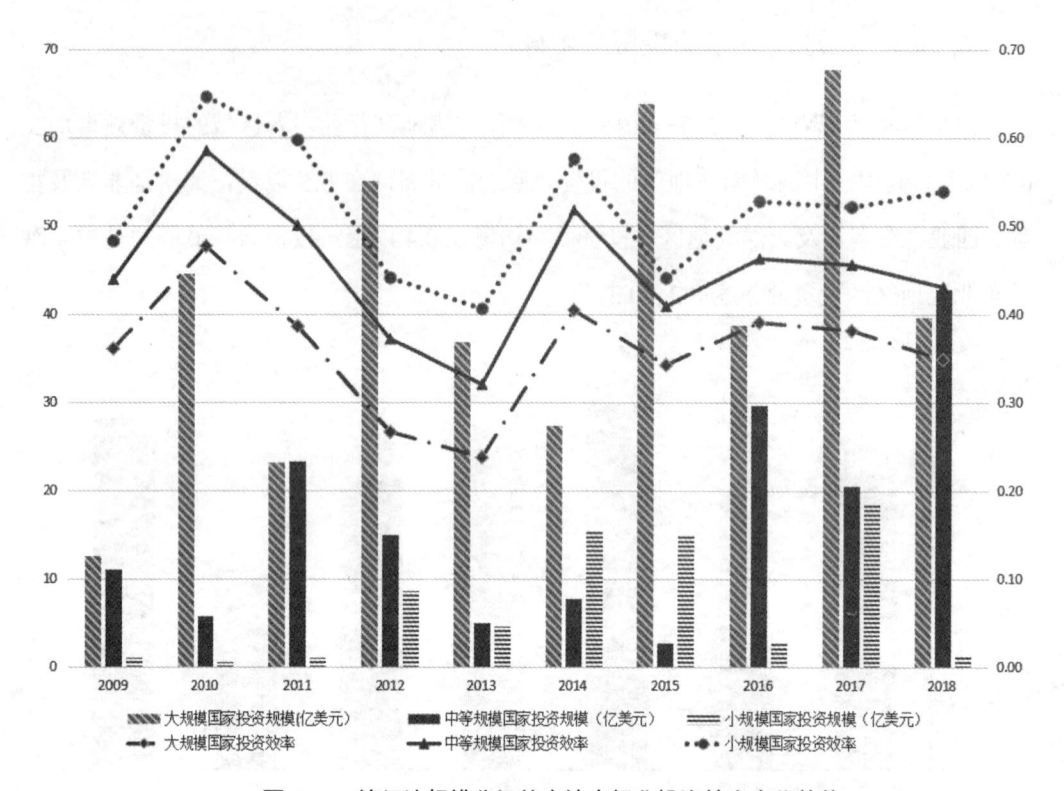

图 6-10 按经济规模分组的房地产行业投资效率变化趋势

6.4.4.3 按收入水平分组的投资效率分析

如图 6-11 所示，在 2013 年之前，中国在房地产行业投资较多集中于高收入及中高等收入国家；2013 年以后，中国对中低等收入国家的房地产投资明显增多，且超过对中高等收入国家的投资规模。从投资效率看，中国在房地产行业对中低等收入国家的投资效率最高，基本处于 0.4~0.65；高收入及中高等收入国家的投资效率比较接近，基本处于 0.3~0.5。

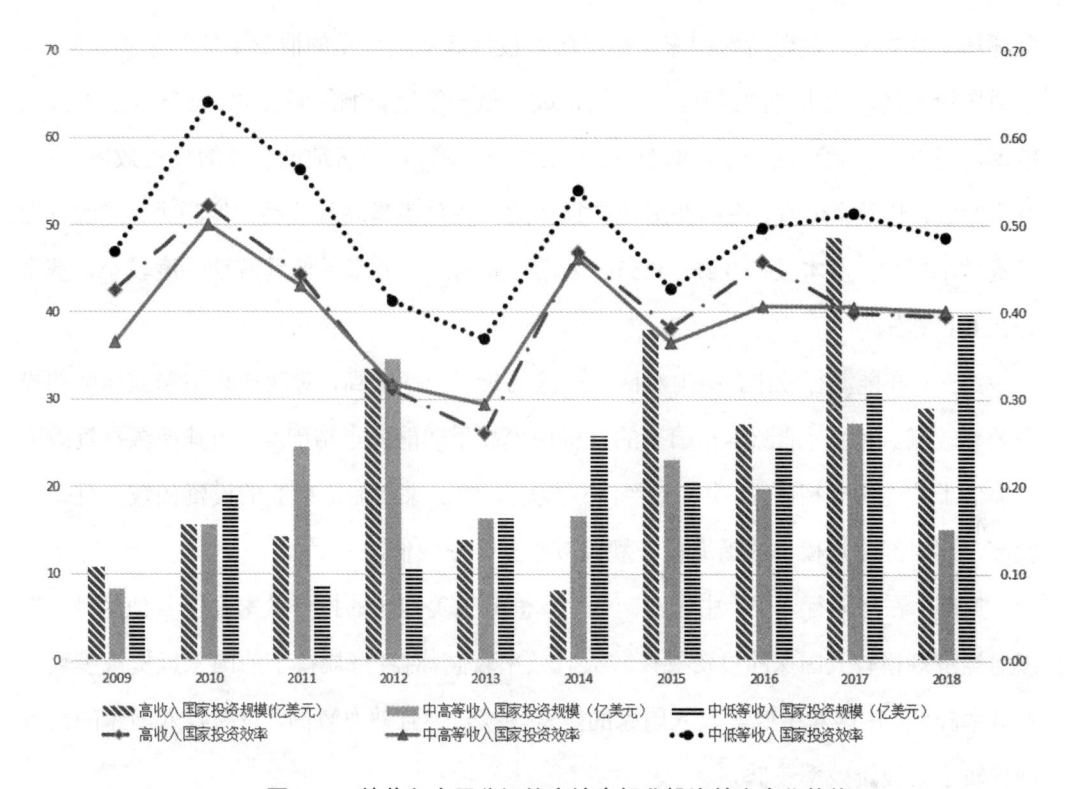

图 6-11 按收入水平分组的房地产行业投资效率变化趋势

6.5 本章小结

本章进一步采用随机前沿引力模型,结合中国全球投资跟踪统计报告对中国在能源行业、运输行业以及房地产行业的直接投资效率进行了异质性实证分析。

第一,在能源行业中,东道国的营商环境、政治环境、金融及经济环境与投资效率损失正相关,劳动力供给环境、政策及法制环境与投资效率损失负相关。在运输行业中,东道国的营商环境、政治环境与投资效率损失正相关,政策及法制环境与投资效率损失负相关。在房地产行业中,政治环境、金融及经济环境与投资效率损失正相关,政策及法制环境、基础设施环境与投资效率损失负相关。以上结论在考虑内生性问题、更换投资环境测算方法、剔除特殊国家、剔除问题投资和双边缩尾的情形下依然稳健。同时，东道国投资便利化水平的提升，通过投资成本这一渠道影响能源行业、运输行业的投资效率，通过经营效率这一渠道影响能源行业、运输行业和房地产行业的投资效率。

第二，从效率值看，中国在房地产行业的投资效率最高且波动幅度最大；能源行业投资效率居中，基本处在0.25～0.35；运输行业的投资效率最低且波动幅度较小，基本处在0.1左右。

第三，在能源行业中，中国对南亚地区的投资效率最高，对西亚和中东欧地区的投资效率较低。中国对能源丰裕国家的投资规模高于非能源丰裕国家，但其能源投资效率明显低于非能源丰裕国家。中国对经济规模较大的国家在能源行业的投资额较大且效率较高，而对经济规模小的国家投资规模较小且效率较低。

第四，在运输行业中，中国对南亚、非洲及拉美地区的投资效率高于其他区域。中国对经济规模较大国家的投资规模较大且效率较高，对经济规模小的国家投资规模较小且效率较低。中国对中低等收入国家的投资规模较大且效率较高，对高收入国家的投资规模较小且投资效率较低。

第五，在房地产行业中，中国对南亚地区的投资效率均值最高，对中东欧及东北亚地区的投资效率则较低。中国对经济规模较大国家的投资规模较大但效率较低，对经济规模小的国家投资规模一直不大但投资效率较高。2013年以来，中国对低等收入国家的房地产投资明显增多且投资效率较高，而对高收入及中高等收入国家的投资效率比较接近，基本处于0.3～0.5。

第 7 章 研究结论与对策建议

7.1 研究结论

作为国际化合作的重要方式，对外直接投资为经济的可持续发展提供了新动力。然而，由于投资东道国数量较多且在投资便利化水平方面存在较大差异，给中国对外直接投资的高质量持续稳定发展带来了一定挑战。鉴于此，笔者系统梳理了现有关于对外直接投资的文献及相关理论，深入分析了中国对外直接投资现状及存在的主要问题；构建了东道国投资便利化评价指标体系，采用主成分分析法对东道国的投资便利化水平进行了测度与分析；采用随机前沿引力模型，实证分析了东道国的投资便利化水平对投资效率的影响，并进一步测算了中国对东道国的投资效率及投资潜力；基于行业异质性视角，实证分析了东道国的投资便利化水平对中国在能源、运输以及房地产行业投资效率的影响，并具体测算了每个行业的投资效率；最后，提出了提升中国对外直接投资效率的具体对策。基于以上研究内容，笔者得到了如下主要结论：

第一，中国对外直接投资呈现规模持续扩大、重点地区集中、行业分布多元化等特点。近年来，中国与东道国的多边投资合作机制不断完善，境外经贸合作区建设稳步推进，问题投资次数逐渐减少。中国对东道国的直接投资具有明显的区域差异性，中国对东南亚地区的直接投资规模远大于其他区域；2013 年以来，中国对非洲的直接投资增长最快。然而在中国对外直接投资规模不断扩大的同时，受到国际政治经济环境以及东道国投资环境变化等因素的影响，中国在对外直接投资过程中遇到了一系列的问题与挑战，如全球不确定性因素带来的潜在投资风险增加，东道国投资环境复杂多变，投资行业多为大国博弈焦点，投资主体相对单一，社会差异较大等。

第二，结合中国对外直接投资的特点，笔者选取营商环境、金融及经济环境、劳动力供给环境、政策及法制环境、政治环境、基础设施环境构建评价指标体系,并采用主成分分析法,衡量东道国的投资便利化水平。研究结果显示,2009—2018 年,样本东道国的总体投资便利化水平的平均得分为 0.502 8,处于中等水平,且呈逐渐改善的趋势。从区域对比结果来看,东道国间的总体投资便利化水平存在着较大的区域差异。其中,东南亚及大洋洲地区的总体投资便利化水平得分最高,南亚地区的总体投资便利化水平得分最低。投资便利化各分项指标间也存在着较大区域差异。其中,东南亚及大洋洲地区在金融及经济环境、劳动力供给环境、政策及法制环境、基础设施环境方面的水平相对较高,东北亚地区在营商环境方面的得分较高,中东欧地区在政治环境方面的得分相对较高。

第三,笔者采用随机前沿引力模型实证分析了 2009—2018 年中国对东道国的直接投资效率。实证结果显示:中国对东道国的直接投资存在较大的效率损失。其中,东道国的营商环境、政策及法制环境、基础设施环境与投资非效率负相关,是提升中国对东道国直接投资效率的主要因素;劳动力供给环境对中国的对外直接投资没有显著影响;金融及经济环境、政治环境与投资非效率正相关,是阻碍投资效率提升的主要因素。从收入水平异质性实证检验结果来看,东道国良好的政策及法制环境、完善的基础设施环境能够显著地提高中国对高收入国家的直接投资效率;东道国良好的营商环境和政治环境能够显著地提高中国对中高等收入国家的对外直接投资的效率;东道国良好的劳动力供给环境、政策及法制环境能够显著提高中国对中低等收入国家的投资效率。

第四,笔者进一步测算了 2009—2018 年中国对东道国的直接投资效率,结果显示,效率均值仅为 0.241 0,效率水平较低且存在较大国别差异。中国对新加坡、吉尔吉斯斯坦、泰国、坦桑尼亚的投资效率一直较高,效率均值在 0.7 以上;而对摩尔多瓦、黎巴嫩、拉脱维亚、斯洛文尼亚的投资效率较低,效率均值在 0.01 以下。从区域对比来看,中亚、东南亚及大洋洲地区的投资效率较高,中东欧地区的投资效率较低。从经济规模对比来看,经济规模较大的国家投资效率较高。从收入水平对比来看,中低等收入国家的投资效率最高,高收入国家的投资效率相对较低。

第五,从投资潜力测算结果看,中国对各区域的直接投资潜力均呈逐年上升趋势。

其中对东南亚及大洋洲、东北亚、南亚地区的投资潜力最大,具有较大的开拓空间。从投资潜力总量及年均增长率来看,经济规模较大的国家属于缓慢平稳增长且潜力巨大型,中等经济规模的国家属于波动增长且潜力适中型,小经济规模的国家属于缓慢平稳增长但潜力较小型。从收入水平的对比来看,中低等收入和中高等收入国家属于缓慢平稳增长且潜力巨大型。

第六,笔者针对东道国的投资便利化水平与中国对外直接投资效率的关系,在能源行业、运输行业以及房地产行业中进行了异质性实证分析,结果显示:东道国的营商环境在能源和运输行业中与投资效率负相关,但对房地产行业没有显著影响;金融及经济环境在能源和房地产行业中与投资效率负相关,但对运输行业没有显著影响;劳动力供给环境的改善有助于提升能源行业的投资效率,但对运输和房地产行业没有显著影响;政策及法制环境的改善能够显著提升中国在这三个行业的投资效率;政治环境是造成中国在这三个行业对外投资效率损失的主要因素;基础设施环境的改善能够显著提升房地产行业的投资效率,但对能源行业和运输行业没有显著影响。从这三个行业效率均值对比可知,中国在房地产行业的投资效率最高且波动幅度最大;能源行业投资效率居中,基本处在0.25~0.35;运输行业的投资效率最低且波动幅度较小,基本处在0.1左右。

7.2 对策建议

为了进一步提升中国对外直接投资效率,实现中国对外直接投资的提质增效,本节在前文研究结论的基础上,从国家、产业、社会等多层面入手,提出相应的政策建议。

7.2.1 国家层面：参与改善东道国投资环境及投资合作机制，优化投资布局

目前部分东道国整体投资环境欠佳，这不但阻碍了其自身投资便利化水平的提升，也给中国开展对外直接投资带来了不利影响：一方面，使得中国对外直接投资的效率不高；另一方面，使得进一步投资的意愿降低。因此，亟须从国家层面为改善东道国投资环境、完善投资合作机制体制改革、优化投资布局作出努力，以全面推进中国对外直接投资的高质量发展。

7.2.1.1 协同推进改善东道国投资环境，畅通投资合作渠道

第一，协助提升部分东道国的基础设施水平。东道国的基础设施环境能够显著促进中国对外直接投资效率的提升。部分经济欠发达的东道国交通基础设施水平相对落后，因此，首先中国应进一步加大对这些东道国的交通基础设施建设投资，提升其在交通基础设施方面的质量和水平。其次，中国还应加强与部分东道国在通信基础设施方面的投资合作，积极参与探索共建互联网信息平台，共同推进与东道国通过"互联网＋"的方式深化交流合作。通过完善交通、通信等基础设施建设，构建双方快捷、高效的互联互通体系，有效降低中国对东道国的投资交易成本，提高投资效率。

第二，积极参与并改善部分东道国的营商环境。东道国营商环境的改善有助于提升中国对其直接投资的效率，因此在营商环境方面，中国应以双边或多边外交活动为契机，加强同东道国的信息交流，积极推进营商规则谈判和磋商，及时了解和协调各方利益诉求，对标新加坡、新西兰等营商环境较好的国家，共同就简化行政审批手续、优化办事流程、创新服务监管等达成协议，与东道国协调共建国际化的高效、透明、公平、公开的营商环境，保障中国在东道国的直接投资可以基于良好的营商环境，降低投资成本，提高投资效率。

第三，协调构建东道国投资政策规则，优化投资准入环境。东道国良好的投资政策及法制环境能够显著提升中国对外直接投资效率。中国应通过高层会晤、高峰论坛、行

业商会等形式，并联合东盟、G20、RCEP、亚太经合组织，进一步加强与投资东道国在投资政策规则方面的谈判与协调，比如加强对投资者的保护、对知识产权的保护等，积极主动地与东道国构建具有创新性、包容性且符合大多数国家共同需求、共同利益的投资规则体系，签订范围更广、层次更高的自由投资协定，激发投资东道国的市场活力和竞争力，优化其投资的市场准入环境，从而提高中国对外直接投资效率。

7.2.1.2 加强与东道国投资便利化合作平台建设，完善投资合作体制机制改革

第一，深入了解投资东道国的投资环境，完善对其进行投资的便利化协作机制。首先，加强与东道国政府部门的联系与合作，深入了解东道国的投资环境，及时收集关于东道国投资环境、投资政策、投资风险等方面的信息，为国内投资企业提供参考信息及决策指导，使企业能够对东道国的投资环境进行客观的评价，减少投资的不确定性及可能的效率损失。其次，积极与东道国就投资便利化领域的相关内容进行多边谈判与协商，建立多元化投资合作平台，加强东道国投资体制的协调性，逐步形成双边及多边投资便利化合作框架及合作协定，共建透明、合理、互惠共赢的国际经贸规则体，促进东道国投资环境的持续优化。此外，政府部门还应以多元化平台建设为依托，加强对企业在重点国别与领域的投资引导，进一步扩大中国对外直接投资。既要持续扩大优化与新加坡、俄罗斯等传统投资东道国的投资合作，又要兼顾对一些小国的直接投资；既要进行国内产业转移，又要有助于东道国的经济发展，从而充分发挥投资便利化协作机制的区域联动效应。

第二，构建多元化的投融资框架和合作机制。目前部分投资东道国的金融环境还不够完善，导致中国投资企业在国外市场往往会受到融资约束，从而造成投资效率的损失，有时甚至导致投资失败。因此，为了保障中国企业在海外顺利开展投资活动，政府部门首先应加快开拓多元化的投融资渠道，拓展金融市场和金融机构服务的深度和广度，逐步完善境外金融监管组织体系，深化与东道国区域金融合作平台的合作，提升金融业服务于对外直接投资的效率。其次，周期长、回报慢的基础设施建设项目，对资金的需求非常大，在对东道国进行基础设施投资的过程中，需要东道国和中国共同努力，充分整

合亚投行、丝路基金、世界银行等融资渠道，加大金融支持力度，探索建立市场化多主体合作机制，保障中国对东道国基础设施建设有序进行。此外，还应稳步推进人民币国际化进程，鼓励人民币在该区域内的跨境结算，积极落实货币互换协议和离岸人民币金融项目，降低金融服务成本，提升金融服务领域的便利化水平。

第三，与东道国共建投资争端解决机制。在东道国的政策及法制环境中，争端解决机制是重要组成部分，由于东道国在法律规则、市场准入等方面的差异，在直接投资过程中经常会出现投资争端与风险。因此，在综合考虑各国历史、文化、政治、经济等因素的基础上，基于已有的国际商事争端解决办法，中国应与东道国逐步协调共建一套更为完整的风险预警与争端解决机制，使投资双方能够本着公平、公正、透明的原则参与争端解决，对投资项目进行有效的衔接、规划与运行，从而提升投资效率。

7.2.1.3 结合投资便利化水平及投资效率，优化沿线国家投资布局

第一，将东南亚及大洋洲、东北亚、南亚三大区域打造成中国对外直接投资的战略核心区。中国对这三个区域的直接投资存在着巨大的挖掘潜力。因此，中国应充分发挥中国—东盟自贸区、中蒙俄经济走廊、中巴经济走廊、RCEP等区域合作组织对直接投资的作用，推进投资的持续推进与实施。具体而言，对于东南亚及大洋洲、东北亚区域这两个投资效率较高且投资潜力较大的区域，中国应继续维系并持续扩大对其直接投资的规模；对于南亚这一投资效率较低但投资潜力较大的区域，中国应深入了解该区域内国家的总体投资环境，并据此适时扩大中国的对外直接投资。

第二，将西亚、中亚和中东欧地区打造成中国对外直接投资的战略支撑区。西亚、中亚和中东欧地区拥有得天独厚的地理条件和丰富的能源基础，中国对这三大区域的直接投资存在较大的投资缺口。因此，中国应充分利用资源优势与区位优势，依托新亚欧大陆桥经济走廊、中国—中亚—西亚经济走廊以及中欧班列便利化的运输条件，逐步扩大对西亚、中亚和中东欧地区的投资规模；以西亚、中亚的能源投资为支点，促进中国与西亚地区形成新的投资格局；以中国对中东欧地区的直接投资为支点，使其成为中国进一步打入欧洲市场的通道，强化对欧洲市场的辐射和带动作用。

第三，将非洲及拉美地区打造成中国对外直接投资的战略拓展区。虽然目前中国对非洲及拉美地区的直接投资规模不大，但近年来的投资增长速度却位居前列，随着非洲及拉美地区投资环境的改善，中国对该区域的投资潜力将持续扩大。同时，近年来中国对非洲地区的对外援助，有效提升了受援国的政府治理水平和经济发展水平，同时也扩大了中国对非洲的直接投资规模，实现了双赢。因此，中国应持续扩大对非洲及拉美地区的投资规模，充分利用技术优势获得垄断优势，从而进一步发掘非洲及拉美地区的投资潜力，提升中国在该区域的投资质量和投资层次。

7.2.2 产业层面：客观评价东道国投资便利化水平，构建产业投资新格局

7.2.2.1 加强对东道国投资便利化评估，增加嵌入其产业网络的广度深度

第一，充分调研评估东道国的投资环境。纵观中国对外直接投资失败案例，很大一部分失败的原因是对东道国投资环境的了解、评估不足。比如，2009年由中海外联合体中标的波兰A2高速公路A、C两个标段的项目，是中国首个对欧盟国家基础设施工程总承包项目，当时中海外联合体急于打开欧盟市场，以波兰政府预算46%的价格获得该项目，但由于中海外联合体对波兰的投资环境以及欧洲法律制度了解不足，导致在劳动力使用、资金投入、变更索赔等方面遇到重重困难，最终导致项目失败。因此，在投资前期，应在东道国市场开展细致调研，如可以尝试与东道国的相关机构进行交流合作，以获得有效的投资信息，从而全面客观地评估东道国的投资环境，对投资项目进行可行性分析，以降低投资风险，提升投资效率。

第二，充分嵌入东道国产业网络体系，积极融入当地经济。在调研评估东道国投资环境的基础上，秉承"立足当地、共谋发展"的理念，充分释放与东道国的产业互补优势，通过产业转移和产能合作等方式，以高效的资源配置，深度嵌入东道国的产业体系，全面融入当地经济，以进一步优化中国及东道国的产业结构，提升中国对外直接

投资效率。

7.2.2.2 结合东道国投资环境,制定差异化产业投资策略

第一,在科学评估国内发展需求与东道国产业特点的基础上,遵循投资发展规律,制定差异化的投资策略,合理规划对东道国直接投资的重点行业与重点项目,持续优化投资结构,达到优势互补与互惠共赢。针对能源较为丰裕国家,中国可采取向东道国提供技术、资金等方式,在兼顾东道国投资风险的前提下,扩大能源领域的投资,增强中国对外直接投资的可持续性。交通基础设施较为落后的国家迫切需要通过外来投资来改善国内运输行业的现状,而中国在基础设施投资方面具有较好的基础与经验,因此中国应继续坚持以交通基础设施投资为重点,进一步加大力度,对其进行直接投资,同时可以采取恰当的投资模式,进一步扩大在中低等收入国家的投资,以达到国内经济发展与东道国繁荣的共赢局面。

第二,优化投资策略,提升竞争水平。投资企业将前期调研评估的东道国投资环境与自身发展水平、经营能力以及发展定位相匹配,优化投资决策。首先,在对外直接投资过程中,应强化政企合作意识,主动与东道国的政府沟通,避免政企之间的信息不对称,为在东道国开展投资经营活动创造更为便捷的环境。其次,在充分了解官方意向与产业现状的基础上,不断加强自身的技术创新与质量升级,优化投资进入策略,提升在东道国的市场竞争力与市场的认可度。此外,企业还可以采用抱团出海的方式,有效整合优势资源,规避投资风险,提升中国在东道国的竞争水平。

7.2.2.3 推进全球发展倡议,形成产业投资合作新格局

第一,结合东道国的自身优势、要素禀赋及产业特征等,形成多层次的产业对接与合作,推动区域价值链上、中、下游全产业链的深度融合发展。首先,针对发展水平较高、投资便利化水平较高的国家,扩大经贸合作规模,再以它们为支点形成全区域的辐射带动作用。其次,充分考虑国别产业优势,选择合适的对接对象。比如,把具有一定制造业发展基础和技术水平的国家作为技术密集型中高端制造业的产业合作对象,促进

中国技术与当地技术有机结合,加快创新步伐;把劳动力资源丰富且成本较低的国家作为劳动密集型低端制造业的产业对接对象,进行完整的价值链布局,在稳定供应链、产业链的基础上,实现产业链与全球生产体系的对接融合,保证这些国家的工业化进程,构建区域内多梯度的产业网络。

第二,面对百年变局叠加新冠肺炎疫情的巨大挑战,以全球发展倡议为指引,充分发挥 RCEP 的示范效应及辐射带动作用,统筹疫后复苏,加强与东道国在公共卫生和健康、生态建设、保障民生等领域开展全方位、深层次、高水平合作,推动医药、健康和人工智能的深度融合,拓展产业链的分工协作。

第三,抓住新一轮产业革命的机遇及后疫情时代全球经济数字化、网络化、智能化的发展契机,与东道国共商产业体系的分工布局,推动产业结构的深度调整,共建互利共赢的现代化产业体系。以数字制造、数字经济、数字基础设施等为投资合作重点,按照区域化、本地化、多元化、数字化的新趋势,推动数字经济与实体经济融合发展,维护供应链、产业链稳定,提升发展动力,践行真正的多边主义,构建国际竞争新优势,形成共商、共建、共享的高质量产业投资合作新格局。

7.2.3 社会层面:加强多形式信息交流,夯实社会认同

7.2.3.1 促进文化交流,开创投资新空间

文化互通是中国与东道国深化投资合作的重要保障与基础。中国与东道国进行良好的文化沟通与交流,有助于凝聚共识,协调各方关系,开创更多的投资发展空间。

第一,积极与东道国构建良好的沟通对话长效机制,通过各领域、各层级的人文交流与媒体宣传,主动融入当地社会,增进彼此的了解与信任,将中国"开放、包容"的文化理念传递给沿线国家,化解一些国家对中国的误解,拉近彼此的"文化距离",形成更加紧密互信的双边及多边经贸合作关系。

第二,创新文化交流的形式,通过举办丰富多样的文化论坛等活动,精心打造文化交流品牌,在教育、科技等领域拓展新型交流合作模式,加深与东道国的文化交流。同

时，通过与东道国进行文化交流，充分了解当地的经济、政治、文化环境，提高对外直接投资的成功概率，从而使双方能够基于紧密互信、融洽共赢的合作理念，提升投资合作意愿，扩大投资合作规模。

7.2.3.2 承担大国责任，彰显大国担当

第一，积极履行国际责任和义务，认真贯彻党的十九大报告提出的"加大对发展中国家特别是最不发达国家援助力度，促进缩小南北发展差距"，在南南合作框架下加强与发展中国家的合作，在国际舞台上担负起发展中大国的责任。

第二，疫情当下，在国际抗疫中积极分享经验、提供帮助，彰显大国担当。在全球疫情尚未得到有效控制的情况下，中国在满足国内需求的前提下，还应继续尽力向更多的国家提供疫苗和抗疫物资，以全球发展倡议为指引，统筹疫后复苏和长远发展，坚持行动和效果导向，使其他国家从中国的实际行动中切身体会到中国所提倡的互利共赢的理念，从而加强政治互信，构筑更加坚实的"人类命运共同体"，为中国对外直接投资奠定良好的政治基础。

7.2.3.3 增强责任感，树立良好形象

企业在东道国承担的社会责任会直接影响企业与当地社会的融入水平。目前，东道国特别是经济发展水平较高的国家，特别重视外资企业在当地社会责任的履行。因此，中国企业应切实增强在东道国的社会责任意识。

第一，通过多种方式积极融入当地社会。比如，采用本土化经营策略，加大对东道国公益事业的投入，提升对当地的贡献水平，树立起良好的国际声誉，推进企业经营战略与社会责任协调统一，为实现持续性高质量对外直接投资提供有力保障。

第二，重视东道国生态环保，秉持可持续发展方针，主动承担并积极履行环境保护实践，在对东道国的直接投资中，优化投资行业结构，严守环保关，尽量减少和避免对东道国污染性投资项目的输出，在东道国树立良好的环保社会形象，增加投资机会，降低投资风险，为对外直接投资创造良性、和谐的外部发展空间。

参 考 文 献

[1] 陈晖. 东道国制度质量与OFDI[D]. 沈阳：辽宁大学，2017.

[2] 陈浦秋杭，邓晶，陈清华. 对外直接投资是否存在逆向技术溢出效应？[J]. 世界经济与政治论坛，2020（6）：158-166.

[3] 陈升，过勇. 东道国营商环境与母国对外直接投资——基于中国对"一带一路"沿线国家OFDI的实证研究[J]. 世界经济与政治论坛，2021（3）：78-105.

[4] 陈万灵，杨永聪. 区域金融发展与FDI流入规模的实证研究——基于省际面板数据的分析[J]. 国际经贸探索，2013，29（4）：73-84.

[5] 陈岩，马利灵，钟昌标. 中国对非洲投资决定因素：整合资源与制度视角的经验分析[J]. 世界经济，2012，35（10）：91-112.

[6] 成雪婷. 中国对"一带一路"沿线国家直接投资的动机与政治制度的交互影响研究[D]. 武汉：中南财经政法大学，2020.

[7] 程学童. 浙江对外直接投资的战略地位及潜力[J]. 中共浙江省委党校学报，2001（3）：30-34.

[8] 程中海，南楠. 中国对"一带一路"国家直接投资的效率及潜力评估[J]. 商业研究，2017（8）：64-73.

[9] 楚建波，胡罡. 发展中国家FDI理论的新探索——"跨国投资门槛论"[J]. 中央财经大学学报，2003（7）：77-80.

[10] 崔娜，柳春，胡春田. 中国对外直接投资效率、投资风险与东道国制度——来自"一带一路"沿线投资的经验证据[J]. 山西财经大学学报，2017，39（4）：27-38.

[11] 崔日明，李丹，王秋怡. 中国对东盟直接投资效率及潜力研究——基于多维制度视角[J]. 中国—东盟研究，2019（3）：159-176.

[12] 崔日明，李丹. 东道国制度质量对中国对外直接投资效率的影响——基于RCEP

国家的实证分析[J]．信阳师范学院学报（哲学社会科学版），2021，41（5）：40-48．

[13] 董艳，张大永，蔡栋梁．走进非洲——中国对非洲投资决定因素的实证研究[J]．经济学（季刊），2011（2）：675-690．

[14] 董有德，夏文豪．投资便利化、中国OFDI拓展与效率提升[J]．上海经济研究，2021（7）：115-128．

[15] 杜群阳，朱勤．中国企业技术获取型海外直接投资理论与实践[J]．国际贸易问题，2004（11）：66-69．

[16] 范兆斌，潘琳．中国对TPP成员国的直接投资效率及影响因素——基于随机前沿引力模型的研究[J]．国际经贸探索，2016，32（6）：71-86．

[17] 冯德连，白一宏．长江经济带对外直接投资的逆向技术溢出效应与区域创新能力[J]．安徽大学学报（哲学社会科学版），2021，45（1）：115-123．

[18] 付韶军，王茜．中国对东盟10国直接投资效率及影响因素研究[J]．兰州学刊，2019（3）：77-88．

[19] 高鹏飞．中国OFDI动因演变、多元特征与潜在挑战[J]．国际贸易，2019（10）：73-79．

[20] 高越，张孜豪．制度质量对中国OFDI投资效率的影响——基于"一带一路"沿线国家数据的检验[J]．经济体制改革，2020（5）：135-142．

[21] 顾艺玮．"一带一路"沿线国家基础设施投资效率实证分析[J]．武汉商学院学报，2018，32（2）：34-39．

[22] 郭飞，黄雅金．全球价值链视角下OFDI逆向技术溢出效应的传导机制研究——以华为技术有限公司为例[J]．管理学刊，2012，25（3）：61-65．

[23] 郭秦雯．中国对东盟直接投资潜力分析[D]．北京：外交学院，2020．

[24] 海力皮提木·艾比卜拉，谢富纪，叶广宇．"东道国引资偏好"下企业对外直接投资进入策略选择的演化博弈分析[J]．管理评论，2021，33（6）：232-241．

[25] 韩萌．我国对中东欧国家直接投资的区位选择研究[D]．北京：对外经济贸易大

学，2019.

[26] 韩先锋，李勃昕，刘娟. 中国 OFDI 逆向绿色创新的异质动态效应研究[J]. 科研管理，2020，41（12）：32-42.

[27] 何欢，冯春风. 中国对东盟直接投资的效率测算[J]. 统计与决策，2021，37（4）：146-149.

[28] 何文彬. 我国对"中国—中亚—西亚经济走廊"直接投资效率及其影响因素分析——基于随机前沿引力模型[J]. 投资研究，2019，38（12）：94-113.

[29] 胡冰，王晓芳. 投资导向、东道国金融生态与中国对外投资效率——基于对"一带一路"沿线国家的研究[J]. 经济社会体制比较，2019（1）：126-136.

[30] 胡翠平. 中国企业顺向与逆向 OFDI 的动因及影响因素对比分析[J]. 国际经贸探索，2015，1（5）：86-98.

[31] 胡浩，金钊，谢杰. 中国对外直接投资的效率估算及其影响因素分析[J]. 世界经济研究，2017（10）：45-54，136.

[32] 胡玫，郑伟. 中国对东盟直接投资的效率研究——基于 DEA 模型[J]. 山西大学学报（哲学社会科学版），2021，44（3）：142-152.

[33] 黄宪，张羽. 转型背景下中国 OFDI 结构演化分析——基于企业投资动机和东道国需求结构的双重视角[J]. 国际贸易问题，2018（1）：123-134.

[34] 季凯文，周吉. "一带一路"建设下我国对外直接投资效率及其影响因素——基于随机前沿引力模型[J]. 经济与管理评论，2018，34（4）：138-148.

[35] 冀相豹. 中国对外直接投资影响因素分析——基于制度的视角[J]. 国际贸易问题，2014（9）：98-108.

[36] 贾庆国. 大胆设想需要认真落实 "一带一路"亟待弄清和论证的几大问题[J]. 人民论坛，2015（9）：28-30.

[37] 姜慧. 东道国腐败控制指标对我国基础设施投资的东道国经济效应影响——基于"一带一路"沿线国家的实证研究[J]. 当代经济管理，2017，39（12）：72-75.

[38] 蒋岱位. "一带一路"沿线国家交通基础设施投资效率变化研究[D]. 兰州：兰

州大学，2018．

[39] 蒋冠宏，蒋殿春，蒋昕桐．我国技术研发型外向 FDI 的"生产率效应"——来自工业企业的证据[J]．管理世界，2013（9）：44-54．

[40] 蒋冠宏，蒋殿春．中国对发展中国家的投资——东道国制度重要吗?[J]．管理世界，2012a（11）：45-56．

[41] 蒋冠宏，蒋殿春．中国对外投资的区位选择：基于投资引力模型的面板数据检验[J]．世界经济，2012b，35（9）：21-40．

[42] 焦文仪．中国对"一带一路"沿线国家直接投资的影响因素研究[D]．广州：暨南大学，2020．

[43] 金波．中国对非投资促进非洲东道国经济增长的效率评价——基于 DEA[J]．技术经济，2011，30（10）：58-65．

[44] 金刚，沈坤荣．中国企业对"一带一路"沿线国家的交通投资效应：发展效应还是债务陷阱[J]．中国工业经济，2019（9）：79-97．

[45] 李计广，钊锐，张彩云．我国对"一带一路"国家投资潜力分析——基于随机前沿模型[J]．亚太经济，2016（4）：96-103．

[46] 李金叶，徐俊，郝雄磊．中国与"一带一路"沿线国家双向投资效率对比研究[J]．新疆社会科学，2018（5）：63-72．

[47] 李坤．中国对"一带一路"国家直接投资的产业选择研究[D]．武汉：湖北大学，2016．

[48] 李磊，郑昭阳．议中国对外直接投资是否为资源寻求型[J]．国际贸易问题，2012（2）：146-157．

[49] 李连辉．中国对"一带一路"沿线国家直接投资区位分布及产业选择分析[J]．区域金融研究，2019（4）：79-84．

[50] 李童，皮建才．中国逆向与顺向 OFDI 的动因研究：一个文献综述[J]．经济学家，2019（3）：43-51．

[51] 李文霞，杨逢珉．中国农产品出口丝绸之路经济带沿线国家的影响因素及贸易

效率——基于随机前沿引力模型的分析[J]．国际贸易问题，2019（7）：100-112．

[52] 廖萌．"一带一路"建设背景下我国企业"走出去"的机遇与挑战[J]．经济纵横，2015（9）：30-33．

[53] 林进智，郑伟民．FDI促进内资技术创新产生溢出效应的实证研究[J]．科研管理，2013，34（11）：27-35．

[54] 林良沛，揭筱纹．比较视角下中国对"一带一路"国家直接投资的影响因素分析[J]．广东财经大学学报，2017，32（1）：57-62．

[55] 刘惠敏．中国对"一带一路"沿线国家直接投资影响因素研究[D]．上海：华东政法大学，2019．

[56] 刘来会．中国对"一带一路"沿线国家直接投资：现状、动机与政策建议——基于Heckman两阶段的实证研究[J]．国际商务（对外经济贸易大学学报），2017（5）：42-52．

[57] 刘力明．我国对"一带一路"沿线国家直接投资效率分析[D]．西安：西安电子科技大学，2019．

[58] 刘孟旎，汪晓恒，叶阿忠．我国对"一带一路"沿线国家的直接投资效率研究[J]．福建农林大学学报（哲学社会科学版），2017，20（5）：29-35．

[59] 刘敏，刘金山，李雨培．母国投资动机、东道国制度与企业对外直接投资区位选择[J]．经济问题探索，2016（8）：100-112．

[60] 刘文勇．对外直接投资研究新进展[J]．经济学动态，2020（8）：146-160．

[61] 刘欣．中国对"一带一路"国家直接投资的决定因素研究[D]．北京：北京理工大学，2017．

[62] 柳香如，邬丽萍．对外直接投资逆向技术溢出的产业升级效应——基于吸收能力门槛效应的PSTR模型分析[J]．武汉金融，2020（8）：56-63．

[63] 罗瑾，刘文翠．中国对中亚五国直接投资的影响因素及潜力分析——基于随机前沿模型[J]．开发研究，2017（3）：32-37．

[64] 罗玮燃．"一带一路"沿线国家基础设施投资效率分析[D]．广州：广东外语外

贸大学，2018．

[65] 马亚明，张岩贵．策略竞争与发展中国家的对外直接投资[J]．南开经济研究，2000（4）：29-32．

[66] 孟祺．基于"一带一路"的制造业全球价值链构建[J]．财经科学，2016（2）：72-81．

[67] 孟庆强．中国对"一带一路"沿线国家直接投资动机的实证研究[J]．工业经济论坛，2016，3（2）：136-144．

[68] 倪鲲，王雷．我国对"一带一路"国家OFDI效率研究——基于Malmquist指数[J]．中国管理信息化，2021，24（11）：166-170．

[69] 倪沙，王永兴，景维民．中国对"一带一路"沿线国家直接投资的引力分析[J]．现代财经（天津财经大学学报），2016，36（5）：3-14．

[70] 裴长虹，樊瑛．中国企业对外直接投资的国家特定优势[J]．中国工业经济，2010（7）：45-54．

[71] 彭继增，柳媛，范艺君．我国对"一带一路"沿线国家直接投资区位选择的决定因素分析[J]．江西社会科学，2017，37（4）：43-51．

[72] 祁春凌，黄晓玲，樊瑛．技术寻求、对华技术出口限制与我国的对外直接投资动机[J]．国际贸易问题，2013（4）：115-122．

[73] 齐晓华．中国学者有关FDI理论及模型的比较分析[J]．世界经济研究，2004（5）：58-61．

[74] 乔晶，胡兵．中国对外直接投资：过度抑或不足[J]．数量经济技术经济研究，2014，31（7）：38-51．

[75] 邱立成，杨德彬．中国企业OFDI的区位选择——国有企业和民营企业的比较分析[J]．国际贸易问题，2015（6）：139-147．

[76] 饶光明，卿春丽．中国对"一带一路"沿线国家直接投资的影响因素分析——基于东道国制度环境因素[J]．重庆理工大学学报（社会科学），2019，33（8）：41-51．

[77] 尚涛，赵玉锦．"一带一路"沿线国家营商环境对中国对外直接投资的影响研究[J]．山西师大学报（社会科学版），2021，48（1）：54-61．

[78] 佘梦莹，刘宏伟．中国高铁对"一带一路"沿线国家对外直接投资的区位选择研究[J]．现代商贸工业，2020，41（19）：17-18．

[79] 史正富．论一带一路投资机制创新[J]．开放导报，2015（4）：11-15．

[80] 司月芳，陈思雨，Ingo Liefner，等．中资企业研发国际化研究——基于华为WIPO专利分析[J]．地理研究，2016，35（10）：1869-1878．

[81] 宋利芳，武皖．东道国风险、自然资源与国有企业对外直接投资[J]．国际贸易问题，2018（3）：149-162．

[82] 宋勇超．中国对外直接投资目的效果检验——以资源寻求型OFDI为视角[J]．经济问题探索，2013（8）：123-129．

[83] 孙楚仁，何茹，刘雅莹．对非援助与中国企业对外直接投资[J]．中国工业经济，2021（3）：99-117．

[84] 孙建中．资本国际化运营：中国对外直接投资发展研究[M]．北京：经济科学出版社，2000．

[85] 孙江明，刘萌，巩师恩．多维制度环境影响下的中国对外直接投资效率研究[J]．现代经济探讨，2019（2）：55-62．

[86] 孙泽生，严亚萍，赵红军．域外竞争影响中国对"一带一路"沿线国家直接投资吗？[J]．亚太经济，2021（1）：82-89，151．

[87] 邰俊杰．基于投资环境评价的中国对"一带一路"区位投资策略研究[D]．南京：南京财经大学，2019．

[88] 田泽，顾欣，杨欣远．中国对非洲直接投资效率评价研究——基于超效率DEA方法[J]．经济经纬，2016，33（4）：50-55．

[89] 田泽，施滢滢，任芳容，等．中国对"一带一路"亚非欧重点国家直接投资效率评价研究——基于动态DEA方法[J]．工业技术经济，2021，40（4）：29-37．

[90] 屠年松，王浩．中国对东盟直接投资效率及影响因素实证分析[J]．国际商务（对

外经济贸易大学学报),2019(1):84-96.

[91] 王继源,陈璋,龙少波."一带一路"基础设施投资对我国经济拉动作用的实证分析——基于多部门投入产出视角[J].江西财经大学学报,2016(2):11-19.

[92] 王娟,方良静.中国对外直接投资区位选择的影响因素[J].社会科学家,2011(9):79-82,87.

[93] 王丽丽.中国对印度直接投资潜力探讨[J].南亚研究季刊,2006(1):116-119,5.

[94] 王梦娇.基于空间视角的中国对"一带一路"沿线国家直接投资影响因素研究[D].昆明:昆明理工大学,2017.

[95] 王培志,潘辛毅,张舒悦.制度因素、双边投资协定与中国对外直接投资区位选择——基于"一带一路"沿线国家面板数据[J].经济与管理评论,2018,34(1):5-17.

[96] 王诗慧.中国水泥行业在"一带一路"沿线国家投资环境研究[D].武汉:武汉理工大学,2018.

[97] 王书杰.中国企业海外直接投资的绩效研究[D].北京:中共中央党校,2016.

[98] 王霞,程磊,刘甜.文化差异、制度质量对中国对"一带一路"沿线国家直接投资的影响[J].投资研究,2020,39(11):96-106.

[99] 王也.中国对"一带一路"沿线国家投资效率研究——基于DEA的实证分析[J].全国流通经济,2020(21):38-40.

[100] 王颖,吕婕,唐子仪.中国对"一带一路"沿线国家直接投资的影响因素研究——基于东道国制度环境因素[J].国际贸易问题,2018(1):83-91.

[101] 王昱.中国对"一带一路"国家直接投资动因及广义距离因素研究[D].合肥:合肥工业大学,2018.

[102] 温忠麟,叶宝娟.中介效应分析:方法和模型发展[J].心理科学进展,2014,22(5):731-745.

[103] 吴彬,黄韬.二阶段理论:外商直接投资新的分析模型[J].经济研究,1997(7):

25-31.

[104] 冼国明, 杨锐. 技术累积、竞争策略与发展中国家对外直接投资[J]. 经济研究, 1998（11）: 57-64.

[105] 项本武. 东道国特征与中国对外直接投资的实证研究[J]. 数量经济技术经济研究, 2009, 26（7）: 33-46.

[106] 肖勇. 中国对G20成员国的OFDI效率研究[D]. 华侨大学, 2018.

[107] 协天紫光, 樊秀峰. 投资便利化建设是否促进了中国对外直接投资——基于东道国异质性的门槛检验[J]. 国际商务（对外经济贸易大学学报）, 2019（6）: 59-75.

[108] 谢国娥, 许瑶佳, 杨逢珉. "一带一路"背景下东南亚、中东欧国家投资环境比较研究[J]. 世界经济研究, 2018（11）: 89-98, 137.

[109] 邢建国. 中国企业FDI研究: 理论模型与政策思路[D]. 上海: 复旦大学, 2003.

[110] 熊彬, 范亚亚. 中国对"一带一路"沿线国家直接投资效率及影响因素分析——基于异质性随机前沿引力模型[J]. 科技与经济, 2019, 32（4）: 96-100.

[111] 熊彬, 王梦娇. 基于空间视角的中国对"一带一路"沿线国家直接投资的影响因素研究[J]. 国际贸易问题, 2018（2）: 102-112.

[112] 薛昌骋, 廖青虎. 天津对"一带一路"沿线国家OFDI效率的评价研究——基于改进的DEA交叉模型与聚类分析[J]. 重庆理工大学学报（自然科学）, 2017, 31（8）: 192-198.

[113] 杨博飞, 朱晟君, 高菠阳. 基于文献视角的海外对华投资和中国对外投资的比较[J]. 经济地理, 2021, 41（5）: 122-133.

[114] 杨栋旭, 于津平. "一带一路"沿线国家投资便利化对中国对外直接投资的影响: 理论与经验证据[J]. 国际经贸探索, 2021, 37（3）: 65-80.

[115] 杨连星, 刘晓光, 张杰. 双边政治关系如何影响对外直接投资——基于二元边际和投资成败视角[J]. 中国工业经济, 2016（11）: 56-72.

[116] 杨连星, 刘晓光. 反倾销如何影响了对外直接投资的二元边际[J]. 金融研究,

2017（12）：64-79.

[117] 杨嬛，邓涛涛. 市场距离、市场规模与中国企业对外直接投资的市场进入次序[J]. 经济管理，2017，39（9）：20-34.

[118] 姚战琪. 基于全球价值链视角的中国企业海外投资效率问题研究[J]. 国际贸易，2016（2）：13-17.

[119] 余官胜. 发达国家和发展中国家企业对外直接投资动机——基于文献综述的比较研究[J]. 湖北经济学院学报，2014（6）：40-46.

[120] 翟卉，徐永辉. 中国对"一带一路"国家直接投资影响因素分析——基于东道国角度的实证研究[J]. 对外经贸，2016（9）：39-42.

[121] 翟卉. 中国对"一带一路"国家直接投资影响因素及投资潜力[D]. 青岛：青岛大学，2017.

[122] 詹琳，杨东群，秦路. 中国农业企业对"一带一路"沿线国家对外直接投资区位选择问题研究[J]. 农业经济问题，2020（3）：82-92.

[123] 张晨阳，雷良海. "一带一路"国家交通基础设施投资效率分析[J]. 经济研究导刊，2018（27）：69-71，75.

[124] 张娟，雷辉，王云飞，等. "一带一路"沿线国家的交通基础设施投资效率的比较[J]. 统计与决策，2016（19）：61-63.

[125] 张晴，杨斌来，姚佳. 我国对"一带一路"国家直接投资的影响因素分析——来自55个主要沿线国家的经验证据[J]. 兰州财经大学学报，2018，34(5)：117-124.

[126] 张友棠，杨柳. "一带一路"国家金融发展与中国对外直接投资效率——基于随机前沿模型的实证分析[J]. 数量经济技术经济研究，2020，37（2）：109-124.

[127] 赵春艳，程璐. 发达国家与发展中国家对外直接投资效率比较研究[J]. 河南社会科学，2017，25（5）：30-37，56.

[128] 郑蕾，刘志高. 中国对"一带一路"沿线直接投资空间格局[J]. 地理科学进展，2015，34（5）：563-570.

[129] 钟飞腾. "一带一路"产能合作的国际政治经济学分析[J]. 山东社会科学，2015

（8）：40-49.

[130] 钟汝谦. 中国企业对"一带一路"沿线直接投资的动因研究[D]. 长沙：中南林业科技大学，2019.

[131] 周国兰，周吉，季凯文."一带一路"倡议下中国对外投资的产业选择[J]. 企业经济，2017，36（9）：72-79.

[132] 周经，黄凯. 高质量发展背景下中国对外直接投资效率研究——基于非洲国家的实证分析[J]. 山东财经大学学报，2020，32（1）：26-38.

[133] 周乾. 营商环境如何影响中国企业对"一带一路"沿线国家直接投资[D]. 杭州：浙江财经大学，2019.

[134] 周强. 中国对"一带一路"沿线国家直接投资的影响因素——基于东道国视角的实证分析[J]. 对外经贸，2017（4）：73-75.

[135] 周升起，郑玉琳，兰珍先. 加入WTO十年来的中国对外直接投资：特征、困扰与思考[J]. 世界经济研究，2011（12）：26-33，85.

[136] 周五七."一带一路"沿线直接投资分布与挑战应对[J]. 改革，2015（8）：39-47.

[137] 朱磊. 台商对外投资的经济效率分析[J]. 台湾研究，2005（6）：30-35.

[138] 朱顺和，孙穗. 中国对外直接投资、投资效率与经济增长——以中国-东盟国家为例[J]. 工业技术经济，2019，38（9）：140-148.

[139] 庄序莹，唐煌，林海波. 东道国税收环境与中国企业对外直接投资区位选择[J]. 财政研究，2020（5）：103-116，129.

[140] 祖煜，李宗明."一带一路"背景下我国对沿线国家的直接投资效率及对东道国治理水平的影响[J]. 经济体制改革，2018（4）：159-164.

[141] Afriat S N. Efficiency Estimation of Production Functions[J]. International Economic Review, 1972, 13（3）：568-598.

[142] Aigner D J, Chu S F. On Estimating the Industry Production Function[J]. American Economic Review, 1968, 58（4）：826-839.

[143] Aigner D J, Lovell C A K, Schmidt P. Formulation and estimation of stochastic

frontier production function models [J]. Journal of Econometrics, 1977, 6 (1): 21-37.

[144] Alessia, Amighini, Roberta, Rabellotti & Marco. China's Outward FDI: An Industry-Level Analysis of Host Country Determinants[J]. Cesifo Working Paper, 2013, 8 (3): 309-336.

[145] Alfaro L, Kalemli - Ozcan S, Volosovych V. Why Doesn't Capital Flow from Rich to Poor Countries? An Empirical Investigation[J]. Review of Economics and Statistics, 2008, 90 (2): 347-368.

[146] Anyanwu J C. Why Does Foreign Direct Investment Go Where It Goes? New Evidence from African Countries[J]. Annals of Economics and Finance, 2012, 13 (2): 425-462.

[147] Armstrong Shiro. Measuring Trade and Trade Potential: A Survey[J]. Asia Pacific Economic Papers, 2007 (368): 1-19.

[148] Javorcik B S, Spatareanu, M. Do Foreign Investors Care About Labor Market Regulations? [J]. Review of World Economics, 2005, 141 (3) : 375-403.

[149] Battese G E, Coelli T J. A model for technical inefficiency effects in a stochastic frontier production function for panel data[J]. Empirical Economics, 1995, 20 (2): 325-332.

[150] Battese G E, Coelli T J. Prediction of firm-level technical efficiencies, given a generalized frontier production function and panel data: With application to the Australian dairy industry[J]. Journal of Econometrics, 1988, 38 (3): 387-399.

[151] Belkhodja O, Mohiuddin M, Karuranga E. The Determinants of FDI Location Choice in China: A Discrete-Choice Analysis[J]. Applied Economics, 2017, 49 (13): 1241-1254.

[152] Bevan A, Estrin S, Meyer K. Foreign Investment Location and Institutional development in transition economics [J]. International Business Review, 2004 (13):

43-64.

[153] Blaise S. On the Link between Japanese ODA and FDI in China: A Microeconomic Evaluation Using Conditional Logit Analysis[J]. Applied Economics, 2005, 37（1）: 51-55.

[154] Blanc-Brude F, Cookson G, Piesse J, et al. The FDI Location Decision: Distance and the Effects of Spatial Dependence[J]. International Business Review, 2014, 23（4）: 797-810.

[155] Blind K, Jungmittag A. Trade and the Impact of Innovations and Standards: The Case of Germany and the UK[J]. Applied Economics, 2005, 37（12）: 1385-1398.

[156] Blomkvist K, Drogendijk R. The Impact of Psychic Distance on Chinese Outward Foreign Direct Investments[J]. Management International Review, 2013, 53（5）: 659-686.

[157] Blonigen B A. A Review of the Empirical Literature on FDI Determinants[J]. Nber Working Papers, 2005, 33（4）: 383-403.

[158] Blonigen B A, Feenstra R C. Protectionist threats and foreign direct Investment[J]. Working Papers, 1997, 1（597）: 608-609.

[159] Buch C M, Kesternich I, Lipponer A, et al. Financial Constraints and Foreign Direct Investment: Firm Level Evidence[J]. Review of World Economics, 2014, 150（2）: 393-420.

[160] Buckley P J, Clegg L J, Cross A R, et al. The Determinants of Chinese Out ward Foreign Direct Investment[J]. Journal of International Business Studies, 2007, 38（4）: 499-518.

[161] Busse M, Hefeker C. Political Risk, Institutions and Foreign Direct Investment [J]. European Journal of Political Economy, 2007, 23（2）: 397-415.

[162] Cantwell J. Technological Innovation and Multinational Corporations [M]. Oxford: Basil Blackwell, 1989.

[163] Chan M L, Hou K, Li X, et al. Foreign Direct Investment and It's Determinants: A Regional Panel Causality Analysis[J]. The Quarterly Review of Economics and Finance, 2014, 54（4）: 579-589.

[164] Chen V Z, Jing L, Shapiro D M. International reverse spillover effects on parent firms: Evidences from emerging-market MNEs in developed markets[J]. European management Journal, 2012, 30（3）: 204 - 218.

[165] Cheng L K, Ma Z. China's Outward Foreign Direct Investment[C]. Journal of World Business, 2007: 545-578.

[166] Cheung Y W, Qian X. Emprics of China's Outward Direct Investment[J]. Pacific Economic Review, 2009, 14（3）: 312-341.

[167] Child J, Rodrigues S B. The internationalization of Chinese firms: a case for theoretical extension?[J]. Management AndOrganization Review, 2005, 1（3）: 381-410.

[168] Colen L, Persyn D, Guariso A. Bilateral Investment Treaties and FDI: Does the SectorMatter?[J]. World Development, 2016, 83: 193-206.

[169] Corcoran A, Gillanders R. Foreign Direct Investment and the Ease of Doing Business[J]. Review of World Economics, 2015, 151（1）: 103-126.

[170] De Beule F, Somers D, Zhang H. Who Follows Whom? A Location Study of Chinese Private and State-owned Companies in the European Union[J]. Management International Review, 2018, 58（1）: 43-84.

[171] De Simone E, D' Uva M. Social Support, Industrial Parks and FDI Location Choice Across Hungarian Counties[J]. Social Indicators Research, 2017, 133（3）: 1031-1045.

[172] Delios A, Henisz W J. Japanese Firms' Investment Strategies in Emerging Economies[J]. Academy of Management Journal, 2000, 43（3）: 305-323.

[173] Deng P. Foreign Direct Investment by Transnationals From Emerging Countries: The

Case of China[J]. Journal of Leadership and Organizational Studies, 2002, 10（2）:113-124.

[174] Dhanaraj C, Beamish P W. A Resource-Based Approach to the Study of Export Performance[J]. Journal of Small Business Management, 2003, 41（3）: 242-261.

[175] Dijkstra B R, Mathew A J, Mukherjee A. Environmental Regulation:An Incentive for Foreign Direct Investment[J]. Review of International Economics, 2011, 19（3）: 568-578.

[176] Dimitropoulou D, McCann P, Burke S P. The Determinants of the Location of Foreign Direct Investment in UK Regions[J]. Applied Economics, 2013, 45（27）: 3853-3862.

[177] Donaubauer J, Meyer B, Nunnenkamp P. Aid, Infrastructure, and FDI: Assessing the Transmission Channel with a New Index of Infrastructure[J]. World Development, 2016,（27）: 230-245.

[178] Du J L, Zhang Y F. Does One Belt One Road Initiative Promote Chinese Overseas Direct Investment[J]. China Economic Review, 2018, 47（2）: 189-205.

[179] Duan F, Ji Q, Liu B, et al. Energy Investment Risk Assessment for Nations along China's Belt & Road Initiative[J]. Journal of Cleaner Production, 2018,170（1）: 535-547.

[180] Dunning J H. International Product and the Multinational Enterprises[M]. London: George Allen and Unwin, 1981: 92-97.

[181] Dunning J H. The Theory of transnational corporations [M]. London: Routledge, 1993.

[182] Dunning J H. Trade Location of Economic Activities and the MNE: A Search for an Eclectic Approach[M]. The International Allocation of Economic Activities. London: Palgrave Macmillan, 1977.

[183] Fan H, Lin F, Tang L. Minimum Wage and Outward FDI from China[J]. Journal of

Development Economics, 2018,135: 1-19.

[184] Farrell M J, Pearson E S. The measurement of productive efficiency[J]. Journal of the Royal Statistical Society. Series A（General）, 1957, 120（3）: 29-253.

[185] Ferdinand P. Westward ho-the China Dream and "One Belt, One Road": Chinese Foreign Policy under Xi Jinping[J]. International Affairs, 2016, 92（4）: 941-957.

[186] Frenkel M, Funke K, Stadtmann G. A panel analysis of bilateral FDI flows to emerging economies[J]. Economic Systems, 2004, 28（3）: 281-300.

[187] Freund C L, Weinhold D. The Effect of the Internet on International Trade[J]. Journal of International Economics, 2004, 62（1）: 171-189.

[188] Galan J I, Gonzalez-Benito J, Zuñiga-Vincente J A. Factors determining the location decisions of Spanish MNEs: an analysis based on the investment development path[J]. Journal of International Business Studies, 2007, 38（6）: 975-997.

[189] Globerman S, Shapiro D. Global Foreign Direct Investment Flows: The Role of Governance Infrastructure[J]. World Development, 2002, 30（11）:1899-1919.

[190] Godine J R, Liu L. Corruption Distance and FDI Flows into Latin America[J]. International Business Review, 2015, 24（1）: 33-42.

[191] Gruber W, Mehta D, Vernon R. The R & D Factor in International Trade and International Investment of United States Industries[J]. Journal of Political Economy, 1967, 75（1）: 20-37.

[192] Habib M, Zurawicki L. Corruption and Foreign Direct Investment[J]. Journal of International Business Studies, 2002, 33（2）: 291-307.

[193] Harms P, Lutz M. Aid, Governance and Private Foreign Investment: Some Puzzling Findings for the 1990s [J]. Economic Journal,2006, 116（513）: 773-790.

[194] Head K, Ries J. Overseas Investment and Firm Exports[J]. Review of International Economics, 2001, 9（1）: 108-122.

[195] Helpman E, Melitz M J, Yeaple S R. Export versus FDI with Heterogeneous

Firms[J]. Scholarly Articles, 2004, 94（1）: 300-316.

[196] Henisz W J, Delios A. Uncertainty, Imitation, and Plant Location: Japanese Multinational Corporations,1990-1996 [J]. Administrative Science Quarterly, 2001, 46（3）: 443-475.

[197] Hoekman B, Javorcik B S. Policies Facilitating Firm Adjustment to Globalization [J]. Oxford Review of Economic Policy 2004, 20（3）: 457-473.

[198] Huang Y. Understanding China's Belt & Road Initiative:Motivation, Framework and Assessment [J]. ChinaEconomic Review, 2016, 40（9）: 314-321.

[199] Hymer S H. The Efficiency (Contradictions) of Multinational Corporations[J]. American Economic Review 1970, 60（2）: 441-448.

[200] Irshad M S, Xin Q, Arshad H. One Belt and One Road: Dose China -Pakistan Economic Corridor Benefit for Pakistan's Economy[J]. Journal of Economics and Sustainable Development, 2015, 6（24）: 200-207.

[201] Jones J. Agglomeration Economies and the Location of Foreign Direct Investment: AMeta‐Analysis[J]. Journal of Regional Science, 2017, 57（5）: 731-757.

[202] Jones J, Serwicka I, Wren C. Economic Integration, Border Costs and FDI Location:Evidence from the Fifth European Union Enlargement[J]. International Review of Economics & Finance, 2017, 54（12）: 193-205.

[203] Keeley A R, Ikeda Y. Determinants of Foreign Direct Investment in Wind Energy in Developing Countries[J]. Journal of Cleaner Production, 2017, 161: 1451-1458.

[204] Kesternich I, Schnitze r M. Who is Afraid of Political Risk? Multinational Firms and Their Choice of Capital Structure[J]. Journal of International Economics, 2010, 82（2）: 208-218.

[205] Keuschnigg C. Exports, Foreign Direct Investment, And the Costs of Corporate Taxation[J]. International Tax and Public Finance, 2008, 15（4）: 460-477.

[206] Kindleberger C P. Origins of United States Direct Investment in France[J]. Business

History Review, 1974, 48（3）: 382-413.

[207] Kiyoshi Kojima. Japanese-Style Direct Foreign Investment[J]. Japanese Economy, 1986, 14（3）:52-82.

[208] Kogut B, Chang S J. Technological Capabilities and Japanese Foreign Direct Investment in the United States[J]. Review of Economics & Statistics, 1991, 73（3）: 401-413.

[209] Kolstad I, Wiig A. Better the Devil You Know? Chinese Foreign Direct Investment in Africa[J]. Journal of African Business, 2011, 12（1）: 31-50.

[210] Kolstad I, Wiig A. What determines Chinese outward FDI?[J]. Journal of World Business, 2012, 47（1）: 26-34.

[211] Lee I H I, Hong E, Makino S. Location Decisions of Inward FDI in Sub-National Regions of a Host Country: Service Versus Manufacturing Industries[J]. Asia Pacific Journal of Management, 2016, 33（2）: 343-370.

[212] Levine R. Financial Development and Economic Growth: Views and Agenda[J]. Journal of Economic Literature, 1997, 35（2）: 688-726.

[213] Li Y, Cui L. The influence of top management team on Chinese firms' FDI ambidexterity[J]. Management and Organization Review, 2018, 14（3）: 513-542.

[214] Linnemann, Hans. An Econometric Study of World Trade Flows[M]. Amsterdam: North Holland Publishing Company, 1966.

[215] Luo Y, Tung R L. International Expansion of Emerging Market Enterprises: A Springboard Perspective[J]. Journal of International Business Studies, 2007, 38（4）: 481-498.

[216] Mathews J A. Dragon multinationals: new players in 21st century globalization[J]. Asia Pacific Journal of Management, 2006, 23（1）: 5-27.

[217] Menon N, Sanyal P. Labor Conflict and Foreign Investments: An Analysis of FDI in India[J]. Review of Development Economics, 2007, 11（4）: 629-644.

[218] Blaise S. Microeconomic Evaluation Using Conditional Logit Analysis[J]. Applied Economics, 2005, 37（1）: 51-55.

[219] Mukim M, Nunnenkamp P. The Location Choices of Foreign Investors: A District Level Analysis in India[J]. The World Economy, 2012, 35（7）: 886-918.

[220] Nocke V, Yeaple S. An Assignment Theory of Foreign Direct Investment[J]. The Review of Economic Studies, 2008, 75（2）: 529-557.

[221] Peng M W, Wang D Y L, Jiang Y. An Institution-based View of International Business Strategy: A Focus on Emerging Economies[J]. Journal of International Business Studies, 2008, 39（5）: 920-936.

[222] Quer D, Claver E, Rienda L. Political risk, cultural distance, and outward foreign direct investment: Empirical evidence from large Chinese firms[J]. Asia Pacific Journal of Management, 2012, 29（4）: 1089-1104.

[223] Ramasamy B, Yeung M, Laforet S. China's outward foreign direct investment: Location choice and firm ownership[J]. Journal of World Business, 2012, 47（1）: 17-25.

[224] Rasciute S, Downward P. Explaining Variability in the Investment Location Choices of MNEs: An Exploration of Country, Industry and Firm Effects[J]. InternationalBusiness Review, 2017, 26（4）: 605-613.

[225] Root F R, Mahmed A A. Empirical Determinants of Manufacturing Direct Foreign Investment in Developing Countries[J]. Economic Development and Cultural Change, 1979, 27（4）: 751-767.

[226] Rugman A M. Internalization as a General Theory of Foreign Direct Investment[M]. New York: Palgrave Macmillan, 2006.

[227] Stack M M, Ravishankar G, Pentecost E J. FDI performance: a stochastic frontier analysis of location and variance determinants[J]. Applied Economics, 2015, 47（30）: 3229-3242.

[228] Tan B, Vertinsky I. Strategic advantages of japanese electronics firms and the scale of their subsidiaries in the US and Canada[J]. International Business Review, 1995, 4（3）:373-386.

[229] Tan X. China's Overseas Investment in the Energy/ Resources Sector: Its Scale, Drivers, Challenges and Implications[J]. Energy Economics, 2013, 36(3): 750-758.

[230] Taylor R. Globalization Strategies of Chinese Companies: Cunent Developments and Future Prospects[J]. Asian Business and Management, 2002（2）: 209-225.

[231] Ye G. Chinese transnational corporations[J]. Ttransnational corporations, 1992, 11（2）: 125-133.

[232] Yeaple S R. Firm Heterogeneity and Structure of U.S. Multinational Activity[J]. Journal of International Economics, 2008, 78（2）: 206-215.

[233] Zhang X, Daly K. The determinants of China's outward foreign direct investment[J]. Emerging Markets Review, 2011（12）: 389-398.